の要点

100%

受験研究社

この本の特長と使い方

この本は、社会・理科・算数・英語・国語の５教科を、図や表をたくさん使ってわかりやすくまとめています。日常での学習やテストの前の確認に役立ててください。

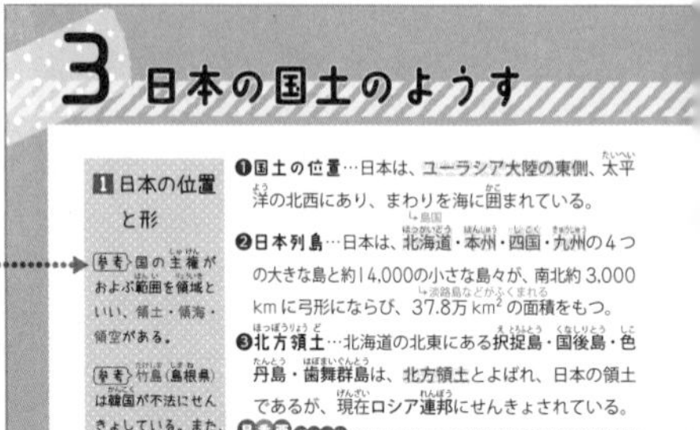
3 日本の国土のようす

1 日本の位置と形

参考 国の主権《しゅけん》がおよぶ範囲《はんい》を領域《りょういき》といい、領土・領海・領空がある。

参考 竹島《たけしま》(島根《しまね》県)は韓国《かんこく》が不法にせんきょしている。また、尖閣諸島《せんかくしょとう》(沖縄《おきなわ》県)は、中国が自国の領土であると主張《しゅちょう》している。

❶国土の位置…日本は、ユーラシア大陸の東側、太平《たいへい》洋《よう》の北西にあり、まわりを海に囲《かこ》まれている。↳島国

❷日本列島…日本は、北海道《ほっかいどう》・本州《ほんしゅう》・四国《しこく》・九州《きゅうしゅう》の４つの大きな島と約14,000の小さな島々が、南北約 3,000 km に弓形にならび、37.8万 km^2 の面積をもつ。↳淡路島などがふくまれる

❸北方領土《ほっぽうりょうど》…北海道の北東にある択捉島《えとろふとう》・国後島《くなしりとう》・色《しこ》丹島《たんとう》・歯舞群島《はぼまいぐんとう》は、北方領土とよばれ、日本の領土であるが、現在《げんざい》ロシア連邦《れんぽう》にせんきょされている。

最重要ポイント
日本の国土は、北海道、本州、四国、九州の４つの大きな島と多くの小さな島々からなる。

2 日本の周りの国

❶日本海をこえると…朝鮮《ちょうせん》半島に大韓民国《だいかんみんこく》(韓国)と朝鮮民主主義人民共和国《ちょうせんみんしゅしゅぎじんみんきょうわこく》(北朝鮮)、ロシア連邦。

❷東シナ海をこえると…中華人民共和国《ちゅうかじんみんきょうわこく》(中国)。

❸太平洋を南へ…フィリピン・オーストラリア。

3 日本の地形

参考 高地は山が幅広《はばひろ》く連なる山地。高原は標高が高く平らに広がる土地。

❶山がちな国土…日本は、国土の約４分の３が山地。本州中央部に連なる山々は、「日本アルプス」とよばれる。

❷山　地…いくつもの山が集まっている地形。

❸山《さん》　脈《みゃく》…山の峰《みね》がひとつながりになっている地形。

❹川…日本の川は流れが[illegible]で短い。

❺平　野…海に面している平地。日本は平野が少ない。

❻盆《ぼん》　地《ち》…山に囲まれている平地。

❼台　地…まわりより高く平らな地形。

10 | 社会

参考　注意
「参考」には知っておくとよい知識や発展的な内容を、「注意」には気をつけるべきポイントを簡単にまとめています。

最重要ポイント
特に重要な内容や暗記項目をまとめています。必ず覚えておきましょう。

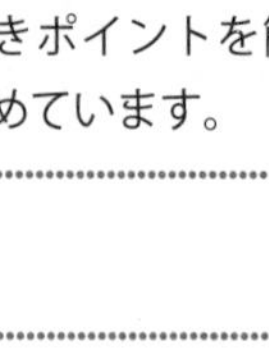

赤字で書かれた重要語句の上に消えるフィルターをのせて、答えられるまでくり返し勉強していきましょう。

くわしい学習

社会と理科の右ページは、左ページの
内容をくわしく解説しています。知識
を深めましょう。

知っ得！

学んだ内容にプラスとなる
知識をまとめています。

例題と答え

考え方

算数の右ページには、左
ページに関連した例題と
その解説をのせています。
解けないときは、左ページ
に戻って再確認できます。

くわしい学習

社会

●日本の位置と周りの国

153度59分。面積は 1.5 km²
しかなく、一般人は住んでいない。

・西のはし…与那国島（沖縄県）の東
経122度56分。はしの島の中でた
だ1つ、一般人も行くことができる。

・南のはし…沖ノ鳥島（東京都）の北
緯20度26分。小さな島が2つあ
るだけの無人島。島がしずまない
ように護岸工事を行った。

・北のはし…択捉島の北緯45度33
分。ロシア連邦がせんきょしている。

●東西南北のはしの島

・東のはし…南鳥島（東京都）の東経

●日本の主な山地・川・平野

筑後川　飛騨山脈　庄内平野　石狩山地　北見山地
木曽川　越後平野　出羽山地　北上高地
大阪平野　越後山脈
筑紫山地　中国山地　濃尾平野　夕張山地　奥羽山脈　日高山地
四国山地　紀伊山地　木曽山脈　関東平野　仙台平野　美濃三河高原
九州山地　赤石山脈　阿武隈高地
岡山平野

チェックテスト
① 日本列島の位置は、何大陸の東側になり
ますか。
② 日本の国土にしめる山地の割合は、どれ
くらいですか。分数で答えなさい。

答え
① ユーラシア大陸
② $\frac{3}{4}$

3. 日本の国土のようす | 11

算数

例題と答え

...と小数のしくみ①
...10倍、100倍、また$\frac{1}{10}$、$\frac{1}{100}$
...を答えなさい。

...162.4、100倍…1624
...24、$\frac{1}{100}$…0.1624

...と小数のしくみ②
...4.25 をどのようにした数ですか。
　　② 42.5
　　④ 0.0425

...②10倍　③1000倍　④$\frac{1}{100}$

...と小数のしくみ③
...0、2、4、6、8 の5個の数字を
...きって、いちばん小さい数をつく

答え 0.2468

考え方

1. ◆ 11

10倍、100倍したとき
は位が上がり、$\frac{1}{10}$、
$\frac{1}{100}$ にしたときは位が
下がる。

2. ◆ 11

小数点が右へ1けた移れ
ば10倍となり、小数点
が左へ1けた移れば$\frac{1}{10}$
になる。

3. ◆ 11

数を小さいほうから
順にならべよう。

チェックテスト
次の計算をしなさい。
① 52.3×10
② 45.1×100
③ 52.3÷10
④ 45.1÷100

答え
① 523　② 4510
③ 5.23　④ 0.451
考え方 10でわることは、
$\frac{1}{10}$ にすることと同じ。

1. 整数と小数 | 113

チェックテスト 一問一答式
のテストです。学習
内容が理解できてい
るか確認しましょう。

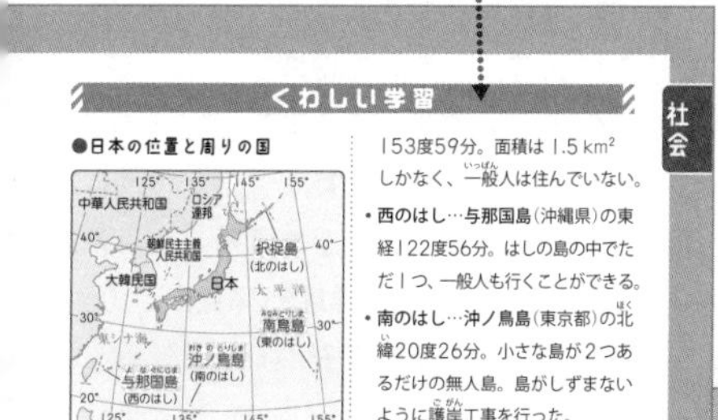

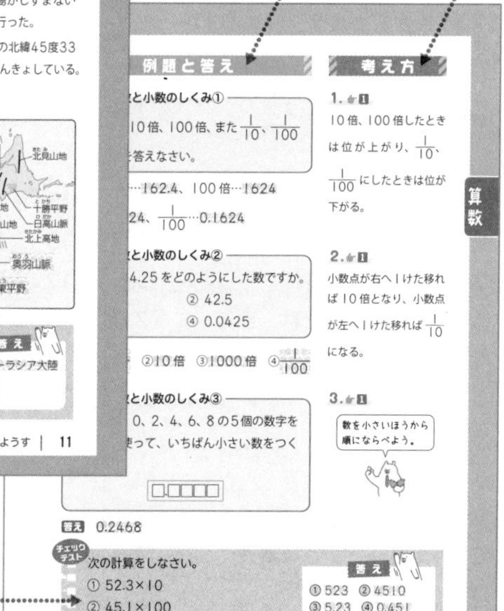

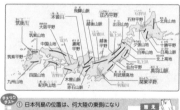

もくじ

社会

理科

算数

英語

国語

国語は巻末から始まります

1 地球儀と世界地図

❶ 地球儀《ちきゅうぎ》

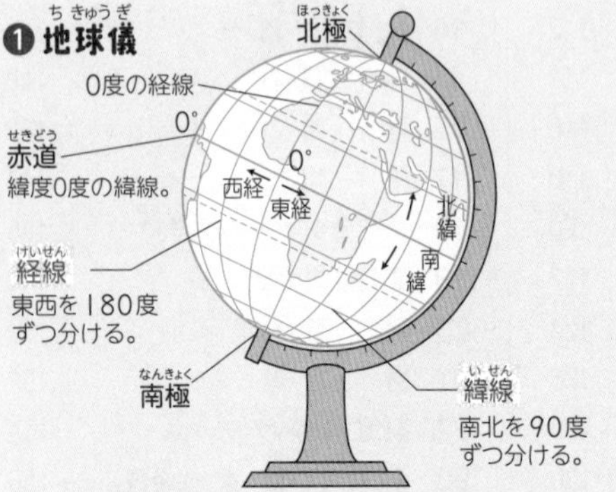

- **地球儀**…地球をそのまま縮《しゅく》小《しょう》した模型《もけい》。かたむいているのは、地軸《ちじく》のかたむきによる。
- **経　線**…北極と南極を最短で結んだ線。**イギリス**の首都**ロンドン**を通る線（**本初子午線**）を**0度**として東西をそれぞれ180度に分ける→**経度**《けいど》。
- **緯　線**…赤道と平行に引いた線。赤道を0度、北極と南極を90度とする→**緯度**《いど》。

❷ 世界地図

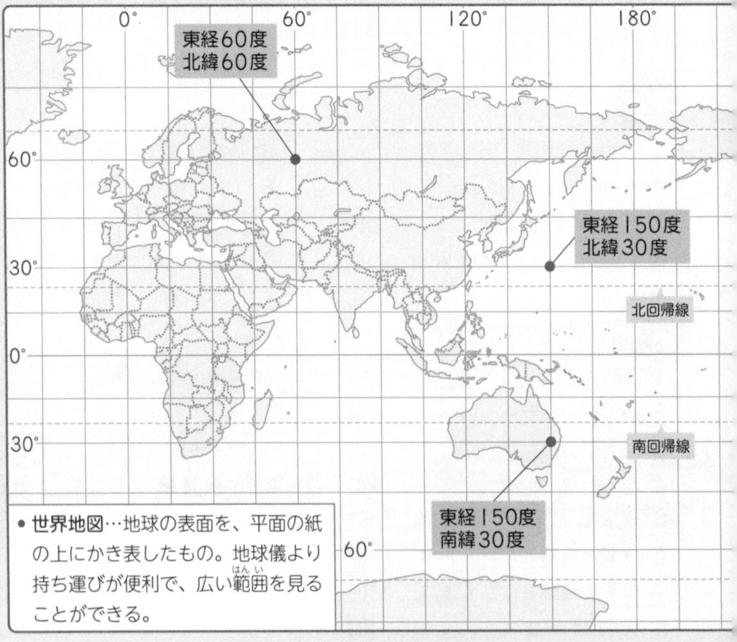

- **世界地図**…地球の表面を、平面の紙の上にかき表したもの。地球儀より持ち運びが便利で、広い範囲《はんい》を見ることができる。

● いろいろな世界地図

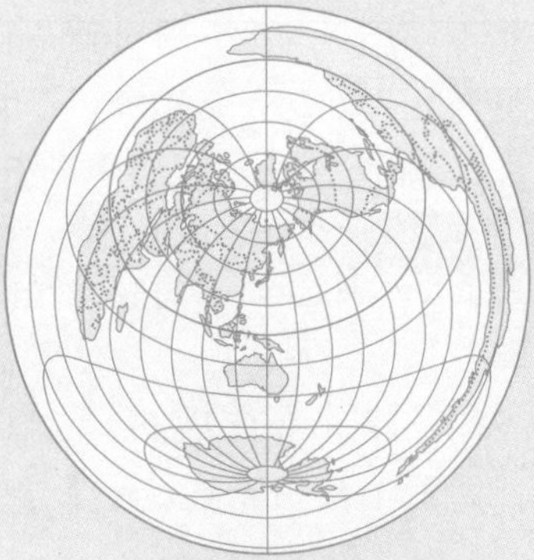

▲正距《せいきょ》方位図法

- **メルカトル図法**…地球上の２点を結ぶ直線が等角航路《こうろ》を表し、つねに経線と等しい **角度** で交わる。ただし緯度が高くなるにつれ、形や面積のゆがみが大きくなる。航海図に利用されている。
- **正距方位図法**…図の中心からある地点までの **方位** と **距離《きょり》** が正しい。最短距離を知ることができるため、航空図に利用されている。
- **モルワイデ図法**… **面積** を正しく表している。

◀メルカトル図法

● 太陽のまわりを１年かけてかたむいて回る地球

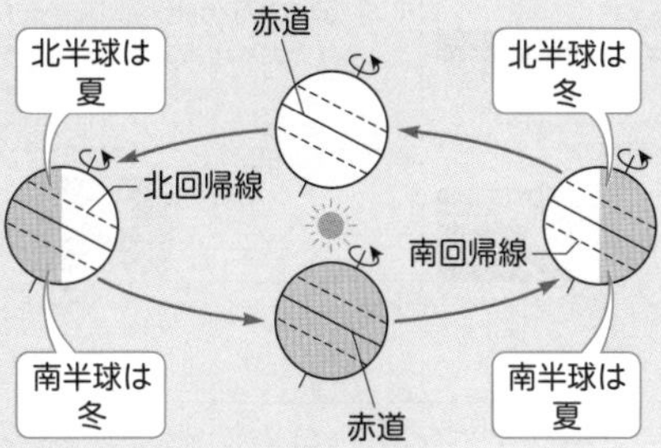

- **赤　道**…春分の日と秋分の日に太陽が真上にくる地点を結んだ線。
- **北回帰線**…夏至《げし》の日に太陽が真上にくる地点を結んだ線。
- **南回帰線**…冬至《とうじ》の日に太陽が真上にくる地点を結んだ線。

2 世界の大陸・海洋と主な国々

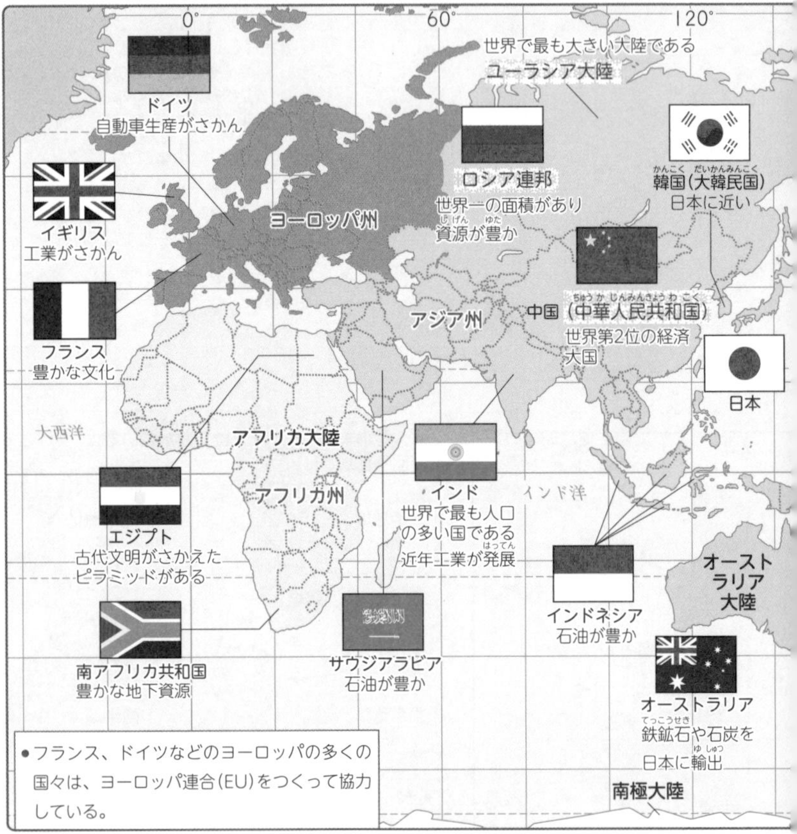

●**世界の六大陸**…日本に近い**ユーラシア大陸**が最も広い。このほか、北アメリカ大陸、南アメリカ大陸、アフリカ大陸、オーストラリア大陸、南極大陸。

●**世界の三大洋**…日本の東に広がる**太平洋《たいへいよう》**が最も広い。このほか、大西洋《たいせいよう》とインド洋がある。太平洋の「太」と大西洋の「大」をまちがえないように。

オーストラリア大陸は、1つの大陸で1つの国になっているよ。

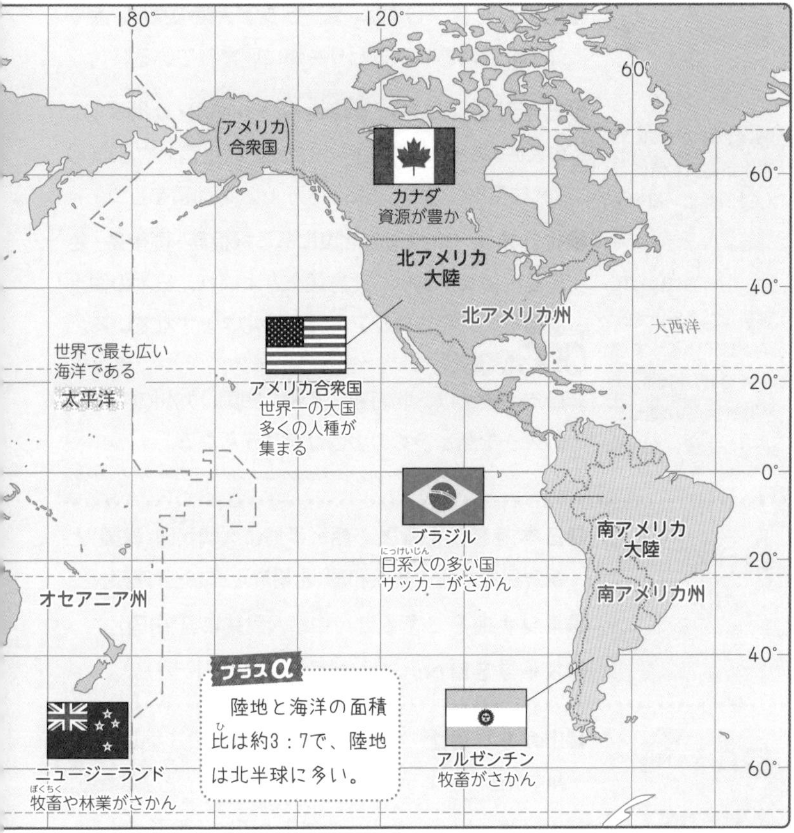

プラスα

陸地と海洋の面積比《ひ》は約3：7で、陸地は北半球に多い。

●**面積の広い国**…第1位は**ロシア連邦《れんぽう》**で、カナダ、アメリカ合衆国《がっしゅうこく》、中国、ブラジルと続く。日本の面積は世界の国の中で第61位(2021年)。

●**人口の多い国**…第1位は**インド**で約14億人。以下、中国、アメリカ合衆国、インドネシア、パキスタンと続く。日本の人口は世界の国の中で第12位(2023年)。

3 日本の国土のようす

1 日本の位置と形

参考 国の主権《しゅけん》がおよぶ範囲《はんい》を領域《りょういき》といい、領土・領海・領空がある。

参考 竹島《たけしま》(島根《しまね》県)は韓国《かんこく》が不法にせんきょしている。また、尖閣諸島《せんかくしょとう》(沖縄《おきなわ》県)は、中国が自国の領土であると主張《しゅちょう》している。

❶**国土の位置**…日本は、ユーラシア大陸の東側、太平《たいへい》洋《よう》の北西にあり、まわりを海に囲《かこ》まれている。
↳島国

❷**日本列島**…日本は、北海道《ほっかいどう》・本州《ほんしゅう》・四国《しこく》・九州《きゅうしゅう》の４つの大きな島と約14,000の小さな島々が、南北約 3,000 km に弓形にならび、37.8万 km^2 の面積をもつ。
↳淡路島などがふくまれる

❸**北方領土《ほっぽうりょうど》**…北海道の北東にある**択捉島《えとろふとう》・国後島《くなしりとう》・色《しこ》丹島《たんとう》・歯舞群島《はぼまいぐんとう》**は、北方領土とよばれ、日本の領土であるが、現在《げんざい》**ロシア連邦《れんぽう》**にせんきょされている。

最重要ポイント

日本の国土は、北海道、本州、四国、九州の４つの大きな島と多くの小さな島々からなる。

2 日本の周りの国

❶**日本海をこえると**…朝鮮《ちょうせん》半島に大韓民国《だいかんみんこく》(韓国)と朝鮮民主主義《みんしゅしゅぎ》人民共和国《じんみんきょうわこく》(北朝鮮)、ロシア連邦。

❷**東シナ海をこえると**…中華人民共和国《ちゅうかじんみんきょうわこく》(中国)。

❸**太平洋を南へ**…フィリピン・オーストラリア。

3 日本の地形

参考 高地は山が幅広《はばひろ》く連なる山地。高原は標高が高く平らに広がる土地。

❶**山がちな国土**…日本は、国土の約**4分の3**が山地。本州中央部に連なる山々は、「**日本アルプス**」とよばれる。
↳3,000 m ほどの高さ　↳日本の屋根ともいう

❷**山　地**…いくつもの山が集まっている地形。

❸**山《さん》　脈《みゃく》**…山の峰《みね》がひとつながりになっている地形。

❹**川**…日本の川は流れが急で**短い**。
↳山地が海にせまっているため

❺**平　野**…海に面している平地。日本は平野が**少ない**。

❻**盆《ぼん》　地《ち》**…山に囲まれている平地。

❼**台　地**…まわりより高く平らな地形。

くわしい学習

●日本の位置と周りの国

●東西南北のはしの島

- 東のはし…南鳥島(東京《とうきょう》都)の東経《とうけい》153度59分。面積は1.5 km^2 しかなく、一般《いっぱん》人は住んでいない。
- **西のはし…与那国島**(沖縄県)の東経122度56分。はしの島の中でただ1つ、一般人も行くことができる。
- **南のはし…沖ノ鳥島**(東京都)の北《ほく》緯《い》20度26分。小さな島が2つあるだけの無人島。島がしずまないように護岸《ごがん》工事を行った。
- **北のはし…択捉島**の北緯45度33分。ロシア連邦がせんきょしている。

●日本の主な山地・川・平野

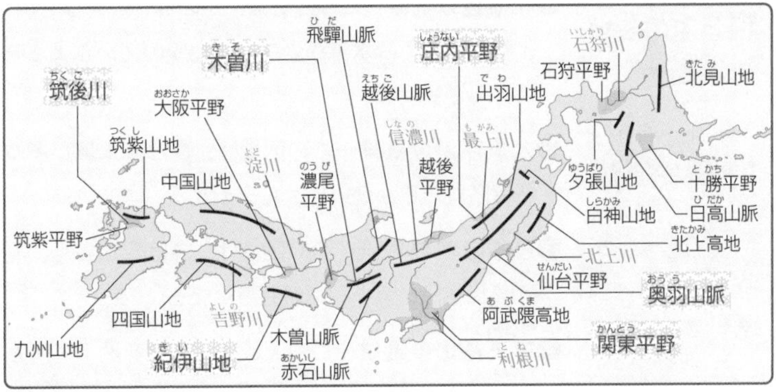

チェックテスト

① 日本列島の位置は、何大陸の東側になりますか。

② 日本の国土にしめる山地の割合《わりあい》は、どれくらいですか。分数で答えなさい。

答え

① ユーラシア大陸

② $\frac{3}{4}$

4 日本の気候のようす

1 日本の気候の特徴《とくちょう》

参考 気候は、気温・風・降水量《こうすいりょう》や地形などで決まる。

❶四季のある気候…日本の大部分の気候はおだやかな温帯《おんたい》の気候。季節によって風向きが変わる**季節風**のえいきょうを受け、**四季の変化**がはっきりしている。

↳春、夏、秋、冬

↳北海道は冷帯（亜寒帯）、南西諸島は亜熱帯

夏は南東から高温でしめった風、冬は北西から冷たい風がふく↲

❷つ　ゆ…日本は6月から7月にかけて、雨の日が多い**つゆ**となる。つゆは集中豪雨《ごうう》となることもある。

❸台　風…日本は夏から秋にかけて、強い風と大雨をともなう**台風**にしばしばおそわれる。

最重要ポイント

日本の気候は季節風のえいきょうで四季があり、つゆや台風が見られる。

2 日本の各地の気候

参考 地上にふった雨や雪などの量のことを降水量といい、ミリメートル（mm）で表される。

参考 海岸に近いところほど、夏と冬の気温の差が小さく、降水量が多い。

❶北海道《ほっかいどう》の気候…この区域《くいき》は、冬の寒さがきびしい。1年を通して降水量が少なく、**つゆ**のえいきょうをほとんど受けない。

❷太平洋《たいへいよう》側の気候…この区域は、夏は降水量が多く、冬は晴れた日が続いてかんそうする。

❸日本海《にほんかい》側の気候…この区域は、冬は雪が多く、夏は晴れた日が続き、気温も高くなる。

❹中央高地《ちゅうおうこうち》の気候…この区域は、1年を通して降水量が少なく、夏と冬の気温の差が大きい。

❺瀬戸内海《せとないかい》の気候…この区域は、1年を通して降水量が少ない。冬はやや温暖《おんだん》。

❻南西諸島《なんせいしょとう》の気候…この区域は、冬もあたたかい。1年を通して降水量が多く、**台風**がよく通る。

くわしい学習

●日本の気候区分と季節風

●台風の進路

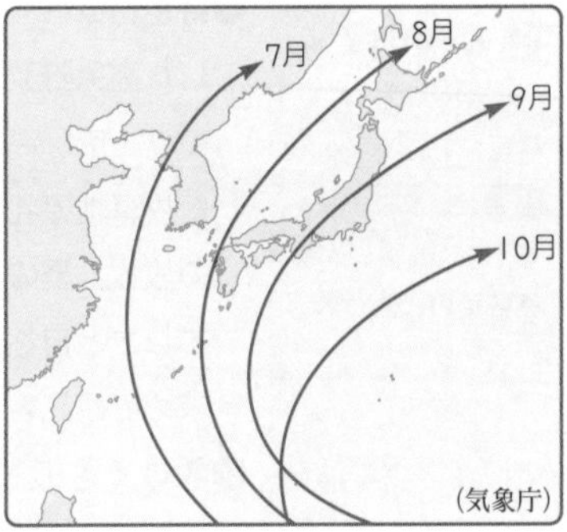

(気象庁)

●日本のさくらの開花時期

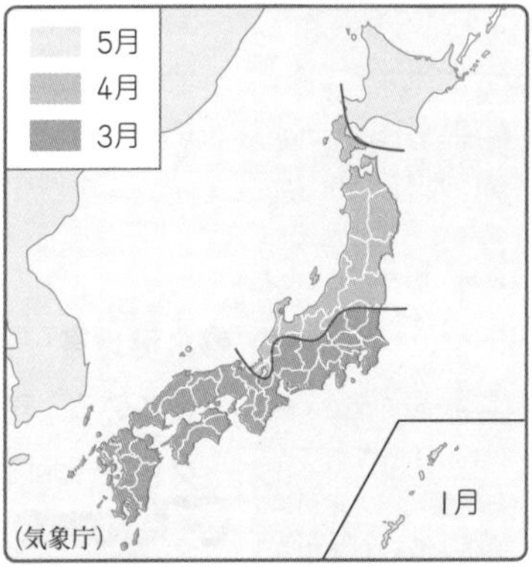

(気象庁)

チェックテスト

① 季節によってふく向きが変わる風を何といいますか。

② 冬に特に雪が多くなる気候は、どの気候ですか。

③ 冬でもあたたかい気候は、どの気候ですか。

答え

① 季節風

② 日本海側の気候

③ 南西諸島の気候

5 自然とくらし(1)（地形とくらし）

1 高原のくらし

参考 レタス・キャベツ・はくさいが高原野菜の代表作物。

❶**野辺山原**《のべやまはら》（長野県《ながのけん》南牧村《みなみまきむら》）…夏のすずしい気候を利用した高原野菜づくり。広い高原と牧草地で乳牛《にゅうぎゅう》の放牧《ほうぼく》。夏のすずしさと自然を求めて観光客が多い。

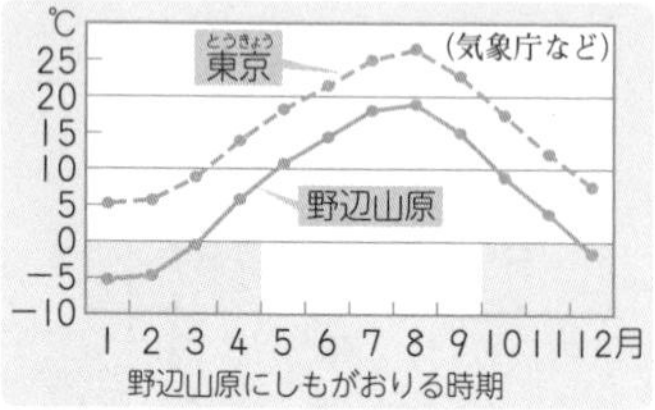

❷**冬のくらし**…スキーのシーズンは民宿などを開く。

2 低地のくらし

参考 輪中地帯の整備《せいび》により、稲作《いなさく》だけでなく小麦・大豆《だいず》・果物《くだもの》・野菜も生産されるようになった。

参考 地下水のくみ上げによっておこった地盤沈下《じばんちんか》で海面より低くなった土地を0メートル地帯という。

❶**輪中**《わじゅう》**地帯**…濃尾《のうび》平野西部の木曽《きそ》川・長良《ながら》川・揖斐《いび》川流域《りゅういき》の低地で、集落や水田をまるごと堤防《ていぼう》で囲《かこ》んだ地域のこと。いちだん高くした所に水屋《みずや》という建物をつくって、洪水《こうずい》に備《そな》えた。

↳水害のときにひなんしたり、食料をたくわえたりする

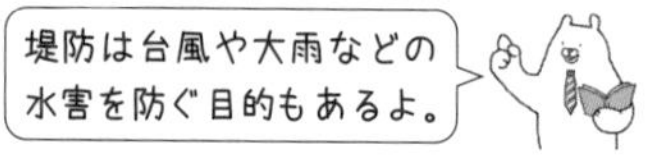

❷**水郷**《すいごう》**地帯**…利根《とね》川や筑後《ちくご》川の下流は低湿地《ていしっち》が広がっている。現在《げんざい》は**区画整理**がすすみ、**水路（クリーク）**の一部は観光用に残されている。

人工的につくられた↲

最重要ポイント

高原では高原野菜のさいばいがさかん。低地では水害を防《ふせ》いで米づくりがさかん。

3 台地のくらし

❶**台地のようす**…平地の中でいちだん高い土地なので水が得《え》にくい。火山灰《ばい》の土地も多い→水もちが悪い。

↳川は台地より低いところを流れるため

❷**農地の開発**…井戸をほったり、用水路を整備したりして田畑を開発した。

くわしい学習

● **中央高地《ちゅうおうこうち》**
（長野県を中心に木州のまん中に広がる高地）

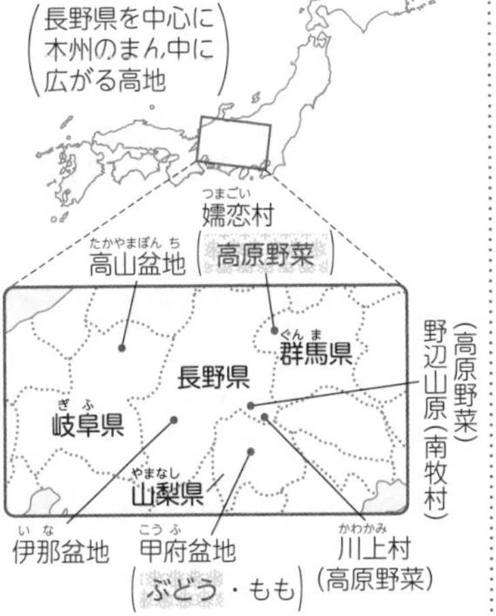

● **日本の低地**…大きな川の下流では**水路**（**クリーク**）が通り、交通にも利用してきた。近年はクリークを埋《う》め立てて新しい排水《はいすい》路をつくり、農業を行いやすいように**区画整理**をしている。

● **台地の開発**…台地は水が得にくいので、**さつまいも**（鹿児島《かごしま》県のシラス台地）や**茶**（静岡《しずおか》県の**牧ノ原《まきのはら》**）などの畑に利用されることが多い。

● **平地で見られる地形**…川が山間部から平野や盆地に出たところには**扇状地《せんじょうち》**、川が海や湖に流れこむところには**三角州《さんかくす》**が見られる。

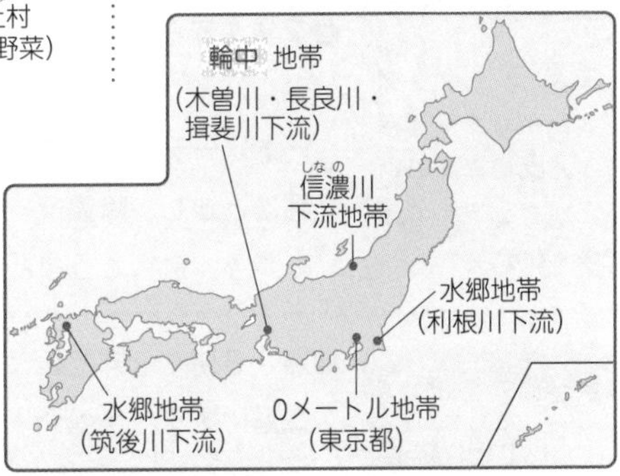

チェックテスト

① 高原のすずしい夏の気候を利用してつくる野菜を何といいますか。

② 濃尾平野西部の木曽川などの下流で、集落や水田をまるごと堤防で囲むことで水害を防いでいるのは何地帯ですか。

③ 台地で農業をするとき、どのような点が不便ですか。

答え

① 高原野菜

② 輪中（地帯）

③ 水が得にくい、水もちが悪い

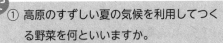

6 自然とくらし(2) (気候とくらし)

1 あたたかい沖縄《おきなわ》県

参考 ほかの産地と時期をずらして野菜や花をつくって本土に高いねだんで出荷《しゅっか》している。

❶**気候の特色**…冬でもあたたかい。台風が多く、屋根のかわらはしっくいで固められている。
↳石灰と粘土を混ぜてつくった

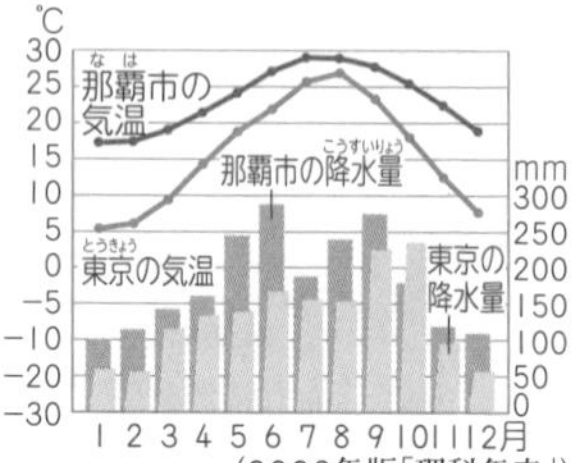

(2023年版「理科年表」)

❷**気候を生かした農業**

さとうきび・パイナップルなど。

2 冬に雪が多い新潟《にいがた》県

参考 ユーラシア大陸から太平洋《たいへいよう》へふく北西季節風のえいきょうで雪が多くなる。

❶**家を守る**…屋根の雪おろしをする。

❷**交通を守る**…道路は消雪パイプの水やロードヒーティングで雪をとかし、除雪車《じょせつしゃ》も走る。流雪こうなどの設備《せつび》。
↳雪を落とし流すみぞ

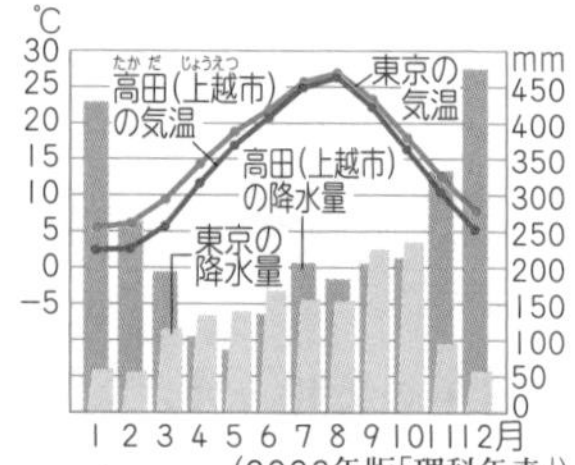

(2023年版「理科年表」)

3 寒さのきびしい北海道《ほっかいどう》

注意 日本では北海道のほか、東北《とうほく》地方や中部《ちゅうぶ》地方の高地でも、寒さのきびしい冬が長く続く。

❶**寒さを防《ふせ》ぐ**…まどを二重にする。かべやゆかに断熱材《だんねつざい》を入れるなど。

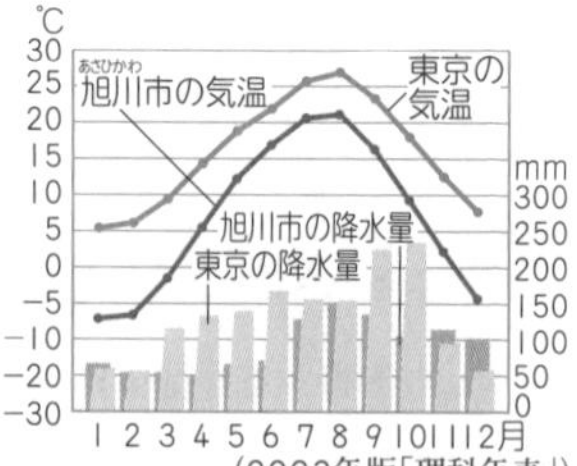

(2023年版「理科年表」)

❷**気候を生かした農業**

根釧《こんせん》台地では**酪農《らくのう》**がさかん。**十勝平野**では**畑作**がさかん。
乳牛を飼い、牛乳やチーズを生産↲
↳夏でもすずしい　↳じゃがいも、小麦、あずきなど

最重要ポイント

気候にあわせて家にくふうが見られる。気候にあわせた農業を行っている。

くわしい学習

●**沖縄県の軍用地問題**…太平洋戦争で戦場となり、アメリカ合衆国《がっしゅうこく》に占領《せんりょう》された。1972年に日本に復帰《ふっき》したが、広大な**アメリカ軍基《き》地《ち》**が残り、事故《じこ》や騒音《そうおん》などの問題をかかえる。

●**沖縄県の観光**…青い空、美しい**さんごしょう**の海、古くからの独《どく》特《とく》の文化がある。観光業がさかんで、年間を通じて観光客が多い。

●**北海道の観光**…大きな雪像《せつぞう》が立つ札幌《さっぽろ》市や旭川市の雪祭りには、多くの観光客がおとずれる。また、数多くあるスキー場はスキー客でにぎわい、オホーツク海沿岸《えんがん》におしよせる**流氷**《りゅうひょう》も見物客が多い。

●**無落雪の家**…近年は雪を落とすための急角度の屋根ではなく、雪をとかす設備をもった平らな屋根の家も増《ふ》えている。

●**雪の多い地方**（最深積雪量）

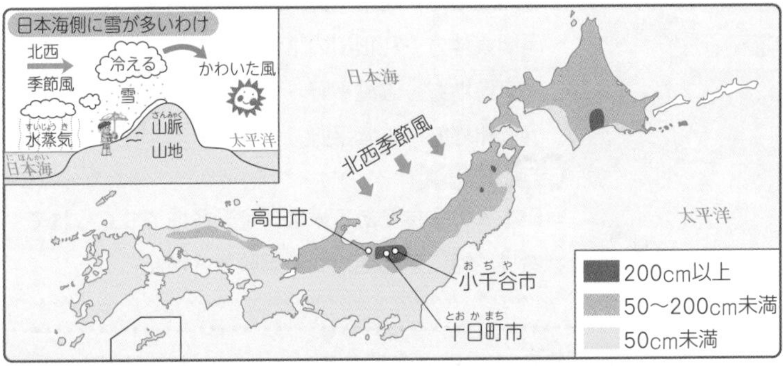

チェックテスト

① 沖縄県の家の屋根がわらは、台風に備《そな》えるため、どうしてありますか。

② 新潟県で冬に多くの雪がふるのは、日本海側から(　　)季節風がふいてきて山地にあたるからです。

③ 乳牛《にゅうぎゅう》を飼《か》って、牛乳やチーズなどの乳製《にゅうせい》品《ひん》をつくる農業は何ですか。

答え

① しっくいで固めて飛ばされないようにしてある
② 北西
③ 酪農

7 日本の米づくり

1 各地で行われている米づくり

❶稲《いね》…日本の農作物の中で最大の作付《さくづけ》のべ面積。
↳2022年

❷**各地で行われている米づくり**

㋐米は日本人の**主食**。

㋑**品種改良**で冷害《れいがい》に強い米をつくる。

2 米づくりのさかんな地《ち》域《いき》

❶**東北《とうほく》地方**・**新潟《にいがた》県**（全国一の生産）…日本を代表する
↳2022年
米の産地で、全国の米の約３分の１を生産（2022年）。

❷**米づくりのさかんなところ**

㋐**北海道《ほっかいどう》**…**石狩《いしかり》平野**・上川盆地《かみかわぼんち》。

㋑**東北地方**…秋田《あきた》平野・**仙台《せんだい》平野**・**庄内《しょうない》平野**。

㋒**北陸《ほくりく》地方**…**越後《えちご》平野**・富山《とやま》平野・金沢《かなざわ》平野。

㋓**関東《かんとう》地方**…利根川《とねがわ》の下流。

㋔**東海《とうかい》地方**…濃尾《のうび》平野。

㋕**九州《きゅうしゅう》地方**…筑紫《つくし》平野。

米は全国各地でつくられているよ。

最重要ポイント

日本人の主食である米は、全国各地でつくられており、特に東北地方や新潟県でさかん。

3 米づくりのしごと

参考 収穫《しゅうかく》した米は、カントリーエレベーターという大きなかんそう調製《ちょうせい》施設《しせつ》で保管《ほかん》される。

❶**米づくりの自然条件《じょうけん》**

㋐広い平らな土地。　㋑きれいで**豊富《ほうふ》な水**。

㋒夏に気温が高く、日照時間が長い。
↳太陽が出ている時間

❷**米づくりでたいせつなこと**

㋐**土づくり**…家畜《かちく》のふんなどからつくったたい肥《ひ》や化学肥料《ひりょう》を田にまき、**栄養分のある土**をつくる。

㋑**なえづくり**…よい種を選び、**じょうぶななえ**を育てる。

くわしい学習

●都道府県別の米の生産量

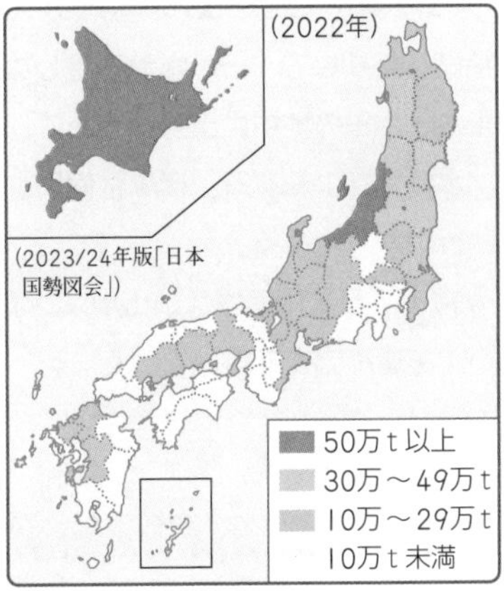

(2023/24年版「日本国勢図会」)

●米の多くとれるところ

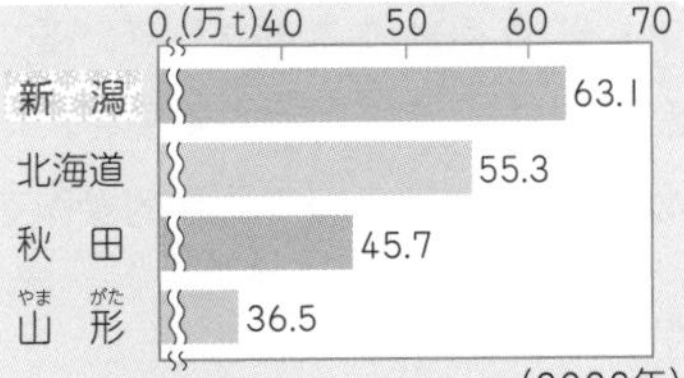

(2022年)
(2023/24年版「日本国勢図会」)

●冷　害

…冷たい北東の風（やませ）がふいたり、日照時間が短かったりして、夏になっても**気温が上がらず**、農作物が育ちにくくなる自然災害《さいがい》。北海道や東北地方の太平洋《たいへいよう》側でおこりやすい。

●米づくりの作業ごよみ

- 3月
  - 種を選ぶ
  - なえを育てる
- 4月
  - 田おこし
  - しろかき
- 5月
  - 田植え
- 6月～8月（水の管理）
  - 草とり
  - みぞをほる
  - 農薬をまく
  - 肥料をまく
- 9月
  - 稲かり

※庄内平野の場合

チェックテスト

① 日本人の主食である農作物は何ですか。

② 日本を代表する米の産地といえば、新潟県と何地方ですか。

③ 夏の気温が低いために、農作物が育ちにくくなる自然災害を何といいますか。

④ 米づくりでは、なえづくりや水の管理のほか、特にどんなことがたいせつですか。

答え

① 米
② 東北地方
③ 冷　害
④ 土づくり

8 米づくりのくふう

1 土地の改良

〔注意〕田の水の調節をしやすくするために、用水路と排水路を分けている。

❶**ほ場整備《せいび》**…小さな田を集めて広い田につくりかえたり、**用水路**を整備したりして、田の水が不足しないようにする。また、水田の地中に土管をうめて、**排水《はいすい》路**を整備し、水はけをよくする。**ほ場整備**により機械での作業が行いやすくなる。

↳水を田の中に入れる（用水路）

↳水を田の外に出す（排水路）

❷**客《きゃく》　土《ど》**…土の質《しつ》が悪くて農業に適《てき》さない土地に、ほかの土地からよい土を運んできて耕地《こうち》をつくる。

最重要ポイント

農業の機械化にはほ場整備が必要。

2 さいばい技《ぎ》術《じゅつ》のくふう

〔参考〕土地の改良や、さいばい技術の進歩によって、10a《アール》あたりの米の生産量は増加《ぞうか》し、1950年産は327kgだったものが、2022年産は536kgになった。

❶**品種改良**…性質《せいしつ》のちがう**品種**をかけ合わせ、**冷害《れいがい》**に強いなどのすぐれた性質をもつ品種をつくること。産地独自《どくじ》の**ブランド米**（銘柄米《めいがらまい》）も開発されている。

夏の気温が十分高くならず、農作物の生長が悪くなる自然災害↲（冷害）

↳味がよい、色つやがよいなど（すぐれた性質）

❷**化学肥料《ひりょう》**…栄養分をあたえて農作物の生長をよくし、生産量を高めるために使われる、**化学的操作《そうさ》**でつくられた肥料。

↳使い続けると土の力を弱める

❸**なえづくりのくふう**…育苗箱《いくびょうばこ》に種もみをまき、ビニールハウスの中などでじょうぶななえを育てる。

↳なえを育てる箱

❹**農作業の機械化**…機械を使うことで作業の時間を短くし、**しごとの能率《のうりつ》を上げる**。

↳修理代・燃料代など多くの費用がかかるのが課題

㋐**トラクター**…田おこしや、しろかきを行う。

↳田に水を入れ、土をかきならす作業

㋑**田植え機**…田になえを植える。

㋒**コンバイン**…育った稲《いね》をかり取ったあと、すぐにそのもみを稲から外す。

農薬で虫の害から守り雑草を取りのぞくよ。

くわしい学習

●主な農業機械の所有台数

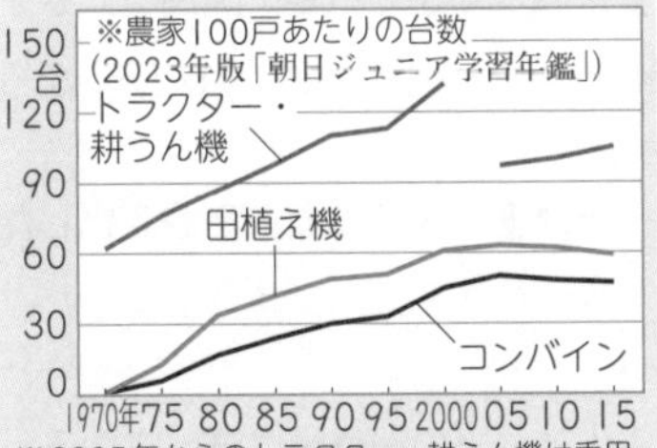

※2005年からのトラクター・耕うん機は乗用型トラクターのみの調査《ちょうさ》のため数値《すうち》は連続しない。

●**アイガモ農法**…アイガモ農法は、アイガモが雑草《ざっそう》や害虫を食べるので、農薬をまく回数をおさえられる。さらにアイガモのふんがそのまま肥料《ひりょう》になるため、化学肥料《ひりょう》の量を減《へ》らすこともできる。

●**スマート農業**…ロボット技術や情報通信技術(ICT)などの先端技術を活用して、人の作業を減らすことができるあらたな農業のこと。

●主な国の化学肥料の使用量

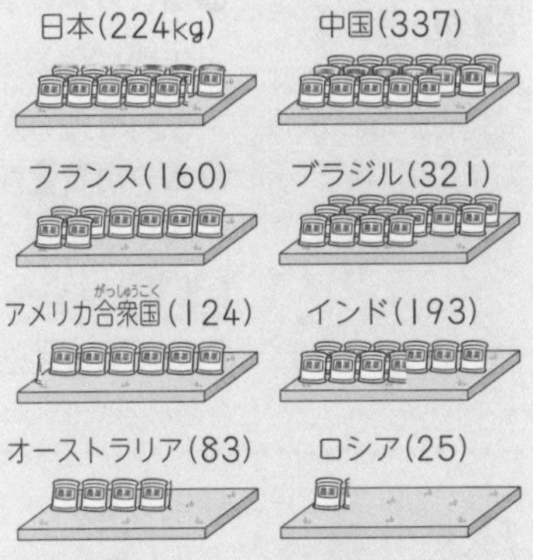

[=20kg，( )内の数値は，1ha《ヘクタール》あたりの使用量。]

(2020年)　(2023/24年版「日本国勢図会」)

●水田の地下排水のしくみ

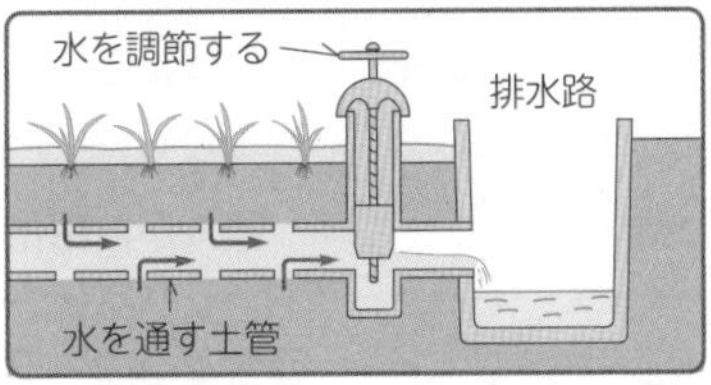

チェック
テスト

① 農業の機械化のためには、小さな田を集めて広い田につくりかえるなどの(　　)が必要です。

② 冷害に強いなどのすぐれた性質をもつ品種をつくることを、何といいますか。

③ 田おこしやしろかきに使われる機械は何ですか。

答え

① ほ場整備

② 品種改良

③ トラクター

9 米づくりのかかえる問題

1 余《あま》る米

❶国民の米の消費量が減《へ》ってきている…国民1人が1年間に消費する米の量は118㎏(1962年)から52㎏(2021年)になった。

❷米の消費量が減った理由…国民の食生活が**変化**した。肉・牛乳《ぎゅうにゅう》などの消費量が増《ふ》え、パン食も広まった。

最重要ポイント

国民の食生活の変化で、米の消費量は減っている。

2 米の輸《ゆ》入《にゅう》

注意 日本の農家は、外国の安い米に対し、おいしくて安全な米をつくるなどの努力をしている。

❶米の輸入…長い間、日本は米を輸入することを禁《きん》止していたが、貿易の制限をなくすことを話し合う国際《こくさい》的な会議が開かれ、日本は米の輸入を禁止することがむずかしくなった。そのため、制限つきながらも、1995年から**米を輸入することになった**。

(米の生産や値段を安定させるため↲)

❷輸入自由化の推進《すいしん》…米の輸入が始まると、国は米の価格《かかく》を決めて買い上げる制度を廃止《はいし》した(1995年)。1999年からは、米の輸入量の制限を廃止し、**輸入が自由化された**。

3 国と産地の取り組み

注意 1ha《ヘクタール》の耕地《こうち》で年2回作物をつくると、作付のべ面積は2haになる。

❶生産調整…国は、米が余りすぎないように、農家に稲《いね》の作付《さくづけ》面積を減らさせ、補助金を出して転作《てんさく》をすすめてきた。この生産調整は減反《げんたん》ともよばれたが、作付けをしない**休耕田**や**あれた水田**が増えた。

(↱実際に作物がつくられた面積)
(1970年から本格的に開始し↲)

❷その後…生産調整(減反)は米作りに積極的な農家の意欲を下げることになったため、2018年度に廃止された。また、産地(生産者)が自ら生産量を決めることができるよう国の政策《せいさく》が転かんされ、近年、各産地では**ブランド米**の生産が増えている。

くわしい学習

●かわってきた日本人の食べ物（1人1日あたりのカロリー摂取量《せっしゅりょう》）

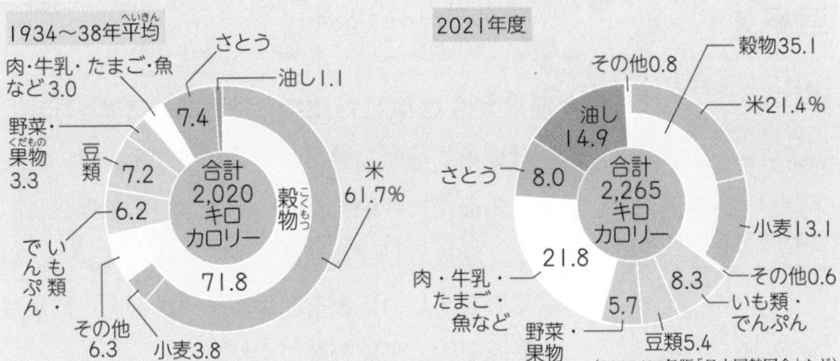

（2023/24年版「日本国勢図会」など）

●日本の米の輸入先

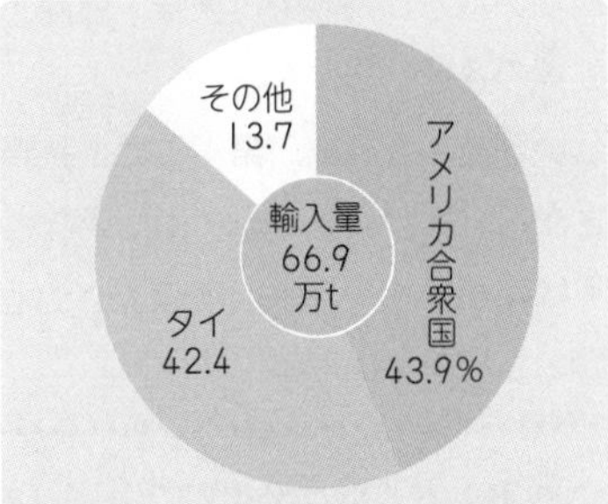

（2022年）　（2023/24年版「日本国勢図会」）

●**転　作**…水田を畑にかえ、米以外の農作物をつくること。

●**米の価格**…戦後、米の価格は生産者と消費者の両方の利益《りえき》になるように、ずっと国が決めていた。しかし、1995年からは市場での取り引きで決まるようになった。消費量が少なく、生産量が多いために、価格は低下した。

チェックテスト

① 国民1人あたりの1年間の米の消費量は、年々どうなっていますか。

② 米の消費が減った主な理由は何ですか。

③ 米の生産量を減らすために、2018年まで国が行った政策《せいさく》を何といいますか。

④ 国が米の価格決定に関わらなくなった結果、米の価格はどうなりましたか。

答え

① 減っている

② 国民の食生活が変化したこと

③ 生産調整（転作、減反）

④ 低下した

10 野菜・果物づくりと畜産

1 野菜づくり

参考 大都市の近くで近郊農業《きんこうのうぎょう》。高知県や宮崎県で野菜の促成《そくせい》さいばい。長野県や群馬県で抑制《よくせい》さいばい。

❶**大都市の近く**…大きな消費《しょうひ》地である東京《とうきょう》・大阪《おおさか》・名《な》古屋《ごや》などの近くでは、野菜づくりがさかん。
↱新鮮な野菜をいち早く消費地に運べるから

❷**大都市からはなれた地域《ちいき》**…特色ある気候を利用して、時期をずらした野菜づくりがさかん。

㋐**冬でもあたたかい気候を利用する**…宮崎《みやざき》県のピーマン・きゅうり、高知《こうち》県のなす・ピーマン。

㋑**夏でもすずしい気候を利用する**…長野《ながの》県・群馬《ぐんま》県の高原では、**高原野菜づくり**。
↳はくさい・キャベツ・レタスなど

2 果物《くだもの》づくり

参考 山梨県の甲《こう》府盆地《ふぼんち》の扇状地《せんじょうち》は水はけがよく、果物の生産がさかん。

❶**気候や地形を利用**

㋐**みかん**…あたたかい地方。和歌山《わかやま》・愛媛《えひめ》・静岡《しずおか》・熊本《くまもと》・長崎《ながさき》・佐賀《さが》の各県でさかん。

㋑**りんご**…すずしい地方。青森《あおもり》県が第1位で、**長野県**でも生産がさかん。ほかに岩手《いわて》県・山形《やまがた》県など。
↱(2021年)

㋒**ぶどう**…ぶどうは雨が少なく、水はけのよい土地を好む。山梨《やまなし》県・長野県・山形県・岡山《おかやま》県。

3 畜産《ちくさん》

参考 畜産農家は飼料《しりょう》代や輸入《ゆにゅう》品との競争、また家畜《かちく》の病気などのなやみをかかえている。

❶**乳《にゅう》　牛《ぎゅう》**…北海道《ほっかいどう》・関東《かんとう》・東北《とうほく》地方で多い。
↳乳牛を飼育し、生乳やバター・チーズなどの乳製品をつくる酪農がさかん

❷**肉　牛**…九州《きゅうしゅう》・北海道・東北地方で多い。

❸**ぶ　た**…鹿児島《かごしま》県・宮崎県・北海道で多い。

❹**たまご用にわとり**…茨城《いばらき》県・千葉県・鹿児島県で多い。

❺**肉用にわとり**…鹿児島県・宮崎県・岩手県で多い。

最重要ポイント

気候を生かした野菜・果物づくりが各地でさかん。
畜産は、北海道・九州・関東地方でさかん。

くわしい学習

●野菜・果物・畜産物の主な産地(生産量・飼育数の多い3道県)

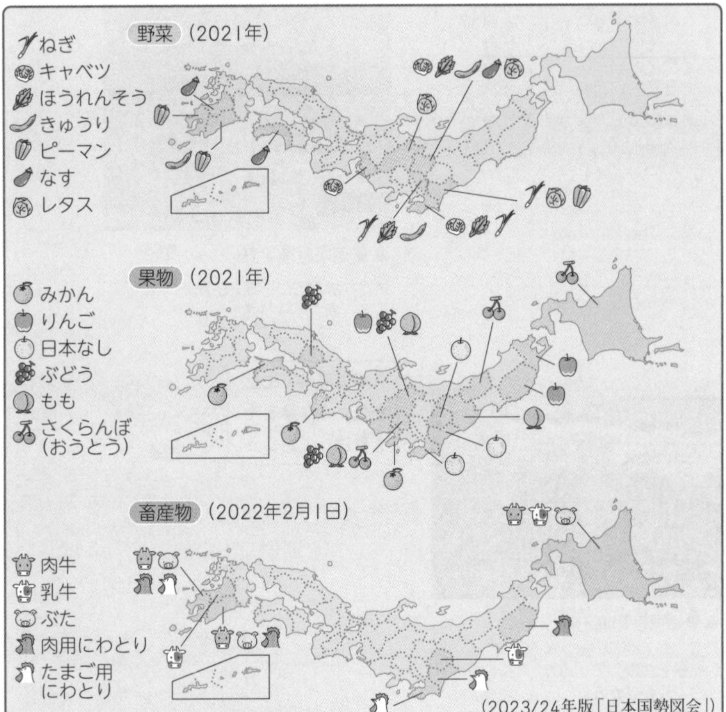

(2023/24年版「日本国勢図会」)

チェックテスト

① 長野県・群馬県の高原で夏につくられる代表的な野菜は何ですか。

② りんごは(　　)気候に適《てき》しています。

③ みかんは(　　)気候に適しています。

④ 青森県で生産が多い果物は何ですか。

⑤ 北海道で多く飼育され、バターなどの原料が得《え》られる家畜は何ですか。

答え

① レタス・はくさい・キャベツ
② すずしい
③ あたたかい
④ りんご
⑤ 乳　牛

特色ある日本各地の農業

日本で生産されている農産物には、米や野菜・果物《くだもの》・畜産《ちくさん》物があり、それぞれ地域《ちいき》の特徴《とくちょう》を生かして生産されている。

▲新潟《にいがた》県越後《えちご》平野

豊《ゆた》かな水と広い平野を生かして、米づくりがさかん。

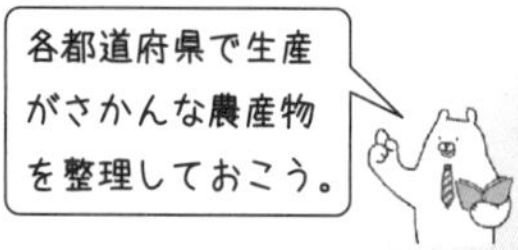
各都道府県で生産がさかんな農産物を整理しておこう。

▲愛媛《えひめ》県宇和《うわ》海沿岸《かいえんがん》

あたたかく晴れの日が多い気候を生かして、みかんづくりがさかん。

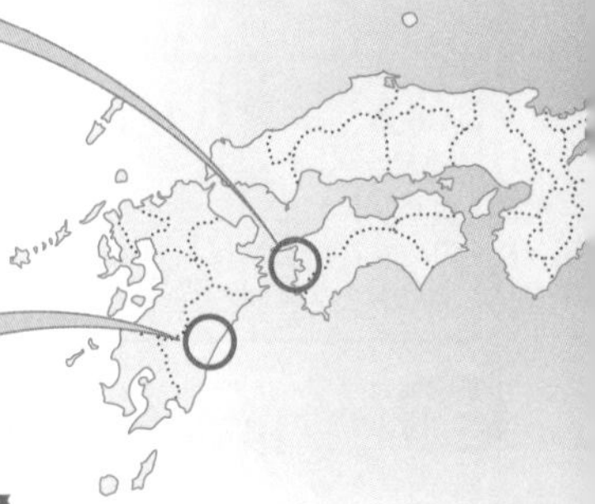

▲宮崎《みやざき》県宮崎平野

あたたかい気候を利用して、冬にピーマンづくりがさかん。

プラスα

ブランド米…北海道の「ななつぼし」、秋田《あきた》県の「あきたこまち」、新潟県の「コシヒカリ」などが有名。

ブランド牛…岐阜《ぎふ》県の「飛騨《ひだ》牛」、三重《みえ》県の「松阪《まつさか》牛」、兵庫《ひょうご》県の「神戸《こうべ》牛」などが有名。

データ

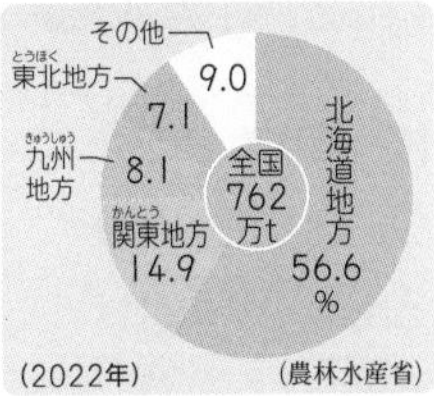

▲地域《ちいき》別の生乳生産量

◀北海道根釧《ほっかいどうこんせん》台地
寒さで作物のさいばいに適《てき》さないため、広大な土地を生かした酪農《らくのう》がさかん。

青森《あおもり》県津軽《つがる》平野▶
すずしい気候を生かして、りんごのさいばいがさかん。

データ

1位	新潟県
2位	北海道
3位	秋田県
4位	山形《やまがた》県
5位	宮城《みやぎ》県

(2022年)
(2023/24年版「日本国勢図会」)

▲米の生産量上位5道県

▲長野《ながの》県野辺山原《のべやまはら》
すずしい気候を生かして、夏にレタスづくりがさかん。

▲埼玉《さいたま》県
大都市に近く、消費地にすぐにとどけられるので、野菜のさいばいがさかん。

11 これからの農業

1 環境《かんきょう》にやさしい農業

参考 たい肥は家《か》畜《ちく》のふんなどからつくった肥料。農作物をつくる土の質《しつ》もよくなる。

❶取り組み…近年、消費《しょうひ》者の間で、体に害のない**安全な農産物**が求められていることから、化学肥料《ひりょう》や農薬の使用量を減《へ》らし、**たい肥《ひ》**による土づくりにはげむ農業が進んできている。

❷有機農業…化学肥料や農薬にたよらず、たい肥などを肥料として農作物をさいばいする農業。自然に近いさいばい方法で、**安全でおいしい**農作物ができる。

最重要ポイント

有機農業など、おいしくて安全な食料生産のための取り組みが行われている。

2 日本の農業の課題

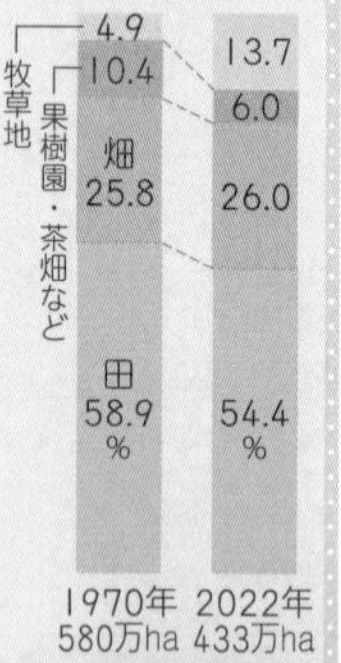

(2023/24年版「日本国勢図会」)

▲日本の耕地面積の変化

❶農業で働く人を増《ふ》やす…国内での農業生産を続けていくうえで、農業で働く人を増やすことが重要。

㋐日本では、**農業で働く人が減っており**、農業で働く人の中で、高齢《こうれい》者のしめる割合《わりあい》が増えている。

㋑近年、農業に興味《きょうみ》をもつ人が少しずつ増えてきている。これらの人が実際《じっさい》に農業で働けるように国などが手助けして、農業で働く人を増やしていくことが必要である。

都会の若い人々が地方へ移って農業を始めることも増えているよ。

❷農業の経営《けいえい》規模《きぼ》を大きくする…日本の農業は、各農家の耕地《こうち》面積が外国に比《くら》べて**小さい**ため、生産の効率《こうりつ》が悪く、農産物のねだんが**高い**。安い外国の農産物に対抗《たいこう》するうえで、農業の経営規模を大きくする必要があり、近年は**6次産業化**の動きもみられる。

↳農作物をつくるための土地（耕地）

農家の耕地面積を広げる、会社などが農業経営を行う↰（経営規模を大きくする）

↱生産から加工、販売までをまとめて行う（6次産業化）

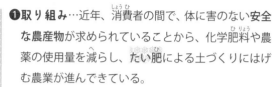

くわしい学習

●農業にたずさわる人の数の変化

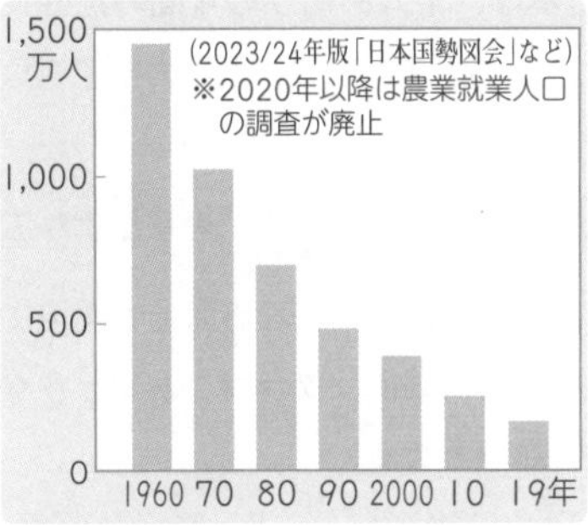

●水耕《すいこう》さいばい…土を使わず、栄養分をとかした水で農作物をさいばいする方法。

●農家の種類…農家には、売ることを目的に農業を行う**販売《はんばい》農家**と、自分の家で食べるぐらいの量をつくる**自《じ》給《きゅう》的農家**がある。販売農家は、農業だけを行う**専業《せんぎょう》農家**と、ほかのしごとも行う**兼業《けんぎょう》農家**に分けられる。

●農業の6次産業化

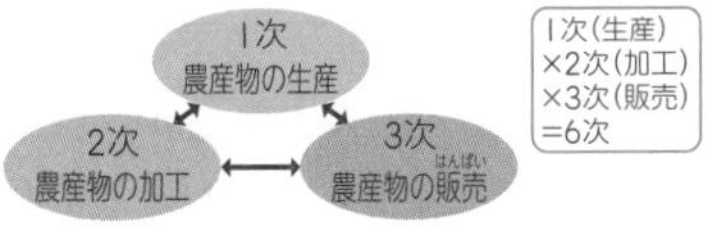

●育びょうセンター…農家の植える稲《いね》のなえを、まとめて育てるしせつ。田植え機で植えやすいように、決められた大きさに育てる。

●農業協同組合(農協、ＪＡ《ジェイエー》)…農家がお金を出し合ってつくった組合。肥料や農薬をまとめて安く買ったり、農作物を共同で市場に出《しゅっ》荷《か》したりするしごとをしている。

チェックテスト

① 家畜のふんなどからつくった、自然にやさしい肥料を何といいますか。

② 化学肥料や農薬にたよらず、①などを肥料として使って農作物をさいばいする農業を何といいますか。

③ 肥料や農薬を買うことや農作物の出荷を共同で行う組合は何ですか。

答え

① たい肥
② 有機農業
③ 農業協同組合(農協、ＪＡ)

12 日本の水産業

1 さかんな水産業

参考 日本では太《たい》平洋《へいよう》側の漁港で水あげ量が多い。東《とう》北《ほく》地方の三陸《さんりく》海岸はリアス海岸で沖《おき》合《あい》に潮目もあり好漁場。

❶**魚の消費量《しょうひ》**…日本は、1人あたりの年間の魚や貝の消費量が 23.2 kg(2021年)で、世界の中でも魚や貝を多く消費する国である。

❷**めぐまれた漁場**…日本の周りには、**大陸だな**が広
海そうや魚・貝が育ちやすい↲
がっている。また、日本近海を流れる**寒流《かんりゅう》**や**暖流《だんりゅう》**に乗って魚が集まり、特に**潮《しお》目《め》**は**プランクトン**が多く
↳寒流と暖流のぶつかるところ
集まるので、よい漁場となる。

最重要ポイント

周りを海に囲《かこ》まれた日本は、大陸だなや潮目などのよい漁場にめぐまれている。

2 いろいろな漁業

参考 大きなあみで魚の群れを囲んでとるまきあみ漁や、定置《ていち》あみ漁・底《そこ》引《び》きあみ漁など、いろいろな漁法がある。

❶**沿岸《えんがん》漁業**…小《こ》型船《がたせん》を使い、海岸近くで日帰りの漁
↳10 t 未満
をする。船を使わない漁もある。

↱10 t 以上
❷**沖合漁業**…動力船を使い、数日がかりで漁をする。
↳日本の漁業の中で最も漁獲量が多い

❸**遠洋漁業**…大型船を使い、遠くの海に出かけて数十日から数か月かけて漁をする。

❹**養殖《ようしょく》業**…魚や貝などを、いけすで育て、出荷《しゅっか》する。

❺**さいばい漁業**…人間の手で魚や貝のたまごをかえして川や海に放流し、自然の中で大きくしてからとる。

3 魚がとどくまで

❶**魚が店にならぶまで**…①水あげ→②産地の魚《うお》市場で**せり**→③消費地の市場→④小売店

❷**輸《ゆ》　送《そう》**…高速道路の広がりや、冷凍技術《れいとうぎじゅつ》の進歩によって**保冷《ほれい》トラック**で運んだり、高価《こうか》なものや軽いものは**航空機《こうくうき》**で運ぶようになった。

くわしい学習

●漁獲《ぎょかく》量の多い国

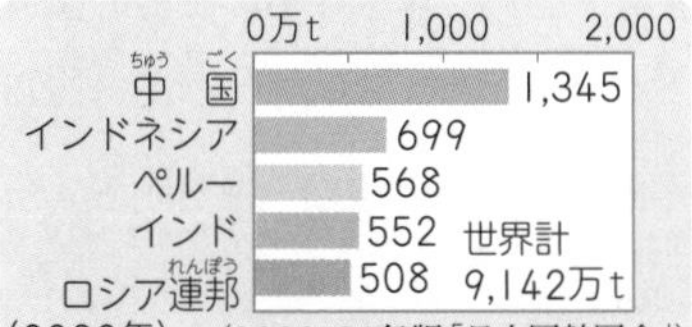

(2020年)　(2023/24年版「日本国勢図会」)

●**大陸だな**…陸地の周りにある水深200ｍくらいまでの、ゆるやかなけいしゃの海底のこと。魚のえさとなる**プランクトン**が多い。

●**プランクトン**…水にうかび、ただようとても小さな生物。

●**寒流・暖流**…一定の方向に流れている海水の流れを海流といい、海流には、周りの海水より温度の低い**寒流**と、周りの海水より温度の高い**暖流**とがある。

●日本の周りの海流

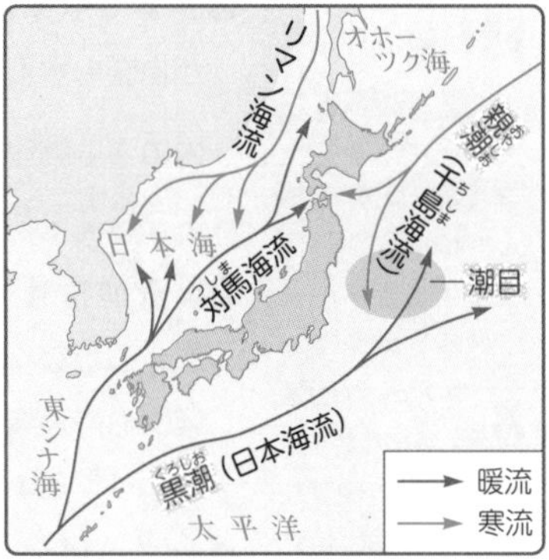

●水あげ量の多い漁港

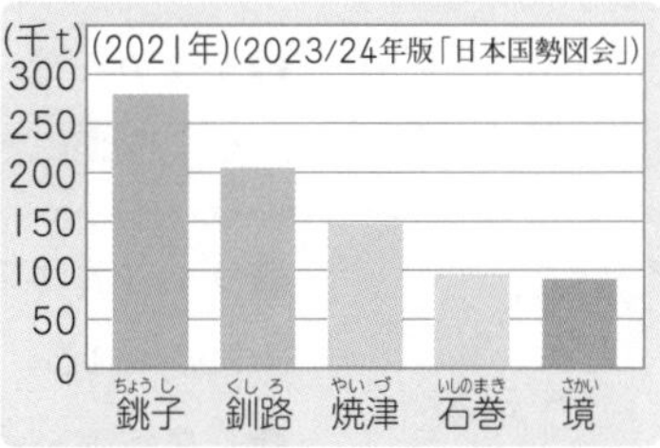

チェックテスト

① 陸地の周囲《しゅうい》の、けいしゃがゆるやかに続く水深200ｍまでの海底は何ですか。

② 海流のうち、周りの海水より温度の高い海水の流れを、何といいますか。

③ 小型船を使い、海岸近くで日帰りの漁をするのは(　　)漁業です。

④ 人の手で育てた魚を海や川に放流し、自然の中で育ててからとるのが(　　)漁業です。

答え

① 大陸だな
② 暖流
③ 沿岸
④ さいばい

13 これからの水産業

1 日本の水産業の実情《じつじょう》

注意 水産物の輸入が増《ふ》えたのは、冷《れい》凍技術《とうぎじゅつ》の進歩や航《こう》空機《くうき》輸送の発達もえいきょうしている。

注意 沿岸漁業・沖合漁業・遠洋漁業などをとる漁業というのに対して、養殖業・さいばい漁業などはつくり育てる漁業といわれる。

❶**せまくなった漁場**…1970年代から、世界の国々が自国の水産資源《しげん》を守るため、沿岸《えんがん》から**200海里《かいり》**以
↳約370km
内の海で外国の漁船がとる魚の種類・量を制限《せいげん》するようになった。

❷**減《へ》る漁獲《ぎょかく》量**…世界中で漁業を行っていた**遠洋漁業**がふるわなくなったこと、近海の魚の減少《げんしょう》が**沖合《おきあい》漁業**や沿岸漁業にえいきょうをあたえていることなどにより、日本の漁業は、年々漁獲量が減っている。

❸**輸入《ゆにゅう》の増加《ぞうか》**…日本は漁獲量が減った分、外国から多くの水産物を輸入するようになっている。

❹**今後の不安**…あとをつぐ人が少なく、**水産業で働く人が減っている**。

2 これからの水産業

注意 下の図は、水産資源や環境を大切にした「持続可能な漁業」でとられた水産物のしるし。

海のエコラベル
持続可能な漁業で獲られた水産物
MSC認証
www.msc.org/jp
TM

▲MSC「海のエコラベル」

❶**つくり育てる漁業**…**養殖《ようしょく》業**や**さいばい漁業**などに
↳香川県の「オリーブはまち」など
力を入れる。

❷**水産資源の保護《ほご》**

㋐漁の期間を決めたり、漁獲量を制限する。

㋑工場や家庭からの排水《はいすい》の制限や海のそうじなどで海のよごれを防《ふせ》ぎ、**赤潮《あかしお》**が発生しないようにする。
↳魚や貝に悪いえいきょうをおよぼす

㋒植林により森の腐葉土《ふようど》を増やし、土の中の栄養分
↳落ち葉がくさってできる栄養分の多い土
が川から海へ流れこむようにする。**プランクトン**がよく育ち、魚の育ちやすい環境《かんきょう》ができる。

最重要ポイント

これからの水産業は、沿岸・沖合・遠洋漁業のとる漁業だけでなくつくり育てる漁業にも力を入れる。

くわしい学習

●水産物の輸入量の変化

(2023/24年版「日本国勢図会」)

●海　里…船が進んだ距離《きょり》や、海上の距離を表す単位で、**200海里**は約 **370** km。沿岸から200海里以内(領海はのぞく)は排他的経済《はいたてきけいざい》水域《すいいき》(**200海里水域**)といわれ、沿岸の国に魚や石油などの鉱産《こうさん》資源をとる権利《けんり》がみとめられる。

●海洋牧場…海中に人工的に魚の住みかをつくり、音の合図でえさ場に集まるようくふうして、魚を育てる海の牧場。

●漁業別の漁獲量

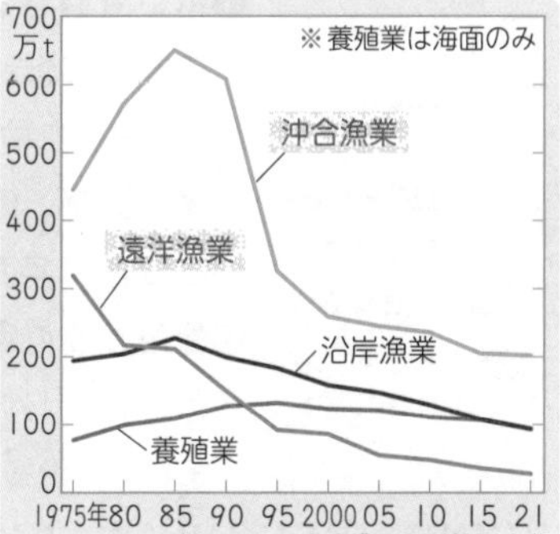

(2023/24年版「日本国勢図会」)

●赤　潮…排水にふくまれるちっ素《そ》やりんが原因《げんいん》で、ひじょうに小さい生物のプランクトンが大量発生し、水面が赤色や茶色に見えること。赤潮が発生すると水中の酸《さん》素《そ》が足りなくなり、魚や貝が死んで、養殖業などに打撃《だげき》をあたえる。三重《みえ》県の伊勢湾《いせわん》、瀬戸内海《せとないかい》などでよく発生する。

チェックテスト

① 世界の多くの国々が、自国の沿岸から(　　)海里以内の海で、外国の漁船がとる魚の種類や量を制限しています。

② 日本の漁獲量が減っているため、足りない分は(　　)をしています。

③ プランクトンの大量発生で、水面が赤く見えることを、何といいますか。

答え

① 200
② 輸入
③ 赤潮

14 これからの食料生産

1 輸入《ゆにゅう》にたよる食料

参考 国民全体が消費《しょうひ》する食料のうち、国内で生産される量のしめる割合のことを食料自給率という。

❶**低い食料自給率《じきゅうりつ》**…日本の米の自給率は98%でほぼ自給ができているが、**小麦**は17%、**大豆《だいず》**は7%で、ほとんどを輸入にたよっている。また、果物《くだもの》の自給率は39%、**肉類**は53%で、輸入にたよる割合《わりあい》が高い(2021年度)。

❷**外国からの食料の輸入が増《ふ》えた主な理由**

㋐日本より外国の農産物の方が安いこと。

㋑日本の漁獲《ぎょかく》量が減少《げんしょう》したこと。

2 食料の輸入の問題

❶**輸入の問題**…輸入にたよりすぎると、輸入先の国で不作がおこったり、日本との関係が悪化したりした場合に、食料を確保《かくほ》できない。

❷**農薬の問題**…輸入される農産物の中には、日本が使用をみとめていない農薬が使われている場合がある。

↳体に悪いえいきょうがあると考えられるもの

❸**環境《かんきょう》の問題**…東南《とうなん》アジアでは、日本に輸出するえびの養殖《ようしょく》場をつくるため、**マングローブ**の林がこわされている。

↳魚の住みかや防波堤の役割をもつ

3 食料生産の取り組み

参考 2018年に発効《はっこう》した環太平洋経済《かんたいへいようけいざい》連携協定《れんけいきょうてい》(TPP《ティーピーピー》)という、一部の輸出入品に税金《ぜいきん》がかからない協定に日本は参加している。

❶**食料自給率を上げる**…農業や水産業にたずさわる人を増やして、国内の生産をさかんにする。

↱まだ食べられるのに、捨てられてしまう食べ物のこと

❷**「食品ロス」を減《へ》らす**…フードバンクやフードドライブのしくみなどを使い、食べ物をむだにしないようにする。

↳日本は年間約600万t=東京ドーム約5杯分

❸**環境保全《ほぜん》**…生物や自然環境に害のないようにする。

最重要ポイント

日本は食料を確保するために、食料自給率を上げ、食べ物をむだにしないことが重要である。

くわしい学習

●日本の主な食料自給率

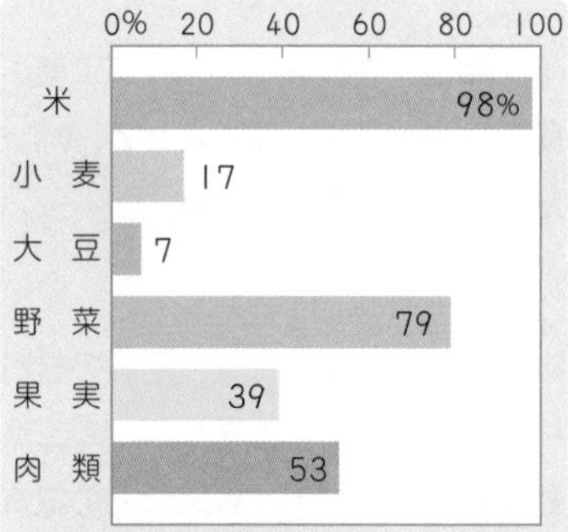

(2021年度)(2023/24年版「日本国勢図会」)

●主な国の食料自給率

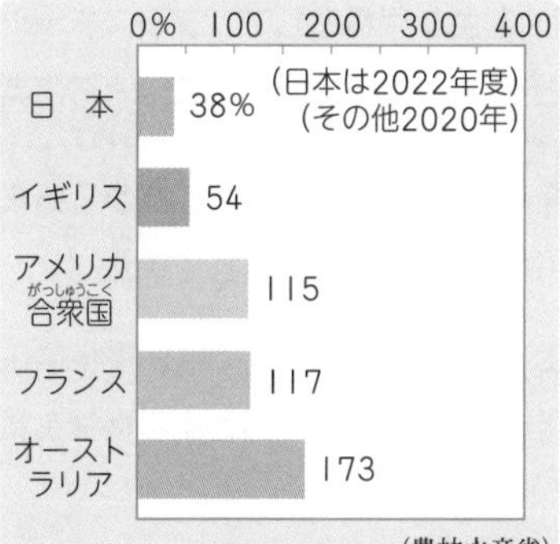

(農林水産省)

●日本の食料の輸入額《がく》の変化

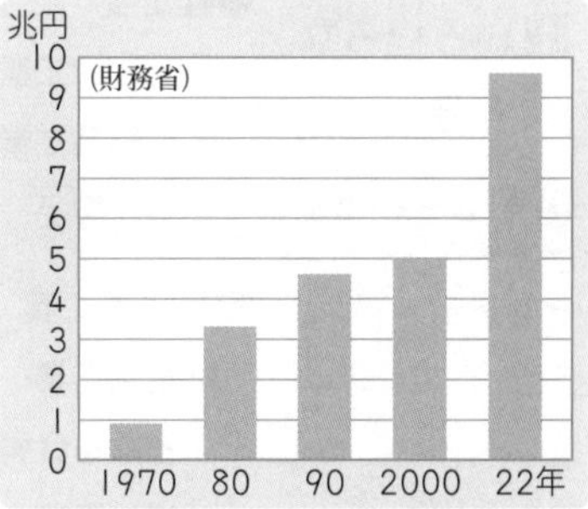

●**地産地消**…遠くから運ばれたものより、なるべくその地域《ちいき》で生産されたものをその地域で消費する考え方。

●**トレーサビリティ**…農畜産物《のうちくさんぶつ》などの生産から出荷《しゅっか》までの記録を明らかにするしくみ。

●**フードマイレージ**…「食料の輸送量(t)」と「輸送きょり(km)」をかけあわせた指標のこと。食料の輸入が地球環境に与える負荷を数値化して、はあくできる。

チェックテスト

① 日本は外国からの食料の輸入が増え、食料自給率が(　　)しています。

② 次の食料の中で、日本の自給率が特に低いものを、２つあげなさい。
【米、野菜、小麦、大豆、肉類】

③ 日本が、ほぼ自給できる穀物《こくもつ》は何ですか。

答え

① 低下
② 小麦、大豆
③ 米

15 日本の工業の特色

1 いろいろな工業

参考 木材・木製品工業や印刷業なども軽工業にふくまれる。

❶軽工業

㋐**せんい工業**…糸・織物《おりもの》・衣類などをつくる工業。

㋑**食料品工業**…農産物や水産物を原料として、パンや乳製品《にゅうせいひん》、かんづめなどをつくる工業。

❷重化学工業

㋐**金属《きんぞく》工業**…鉱物《こうぶつ》を原料として、機械や器具の材料となる金属の板や棒《ぼう》をつくる、鉄鋼業《てっこう》などの工業。

㋑**機械工業**…**自動車**や、テレビ・冷蔵《れいぞう》庫《こ》などの**電気製品**などをつくる工業。ＩＣ《アイシー》やＬＳＩ《エルエスアイ》も機械工業の製品である。
↳最も生産額が多い(2020年)（自動車）
↳集積回路（ＩＣ） ↳大規模集積回路（ＬＳＩ）

㋒**化学工業**…石油を主な原料として、プラスチックやせんざいなどをつくる、石油化学工業などの工業。

2 日本の工業の特色

参考 日本の自動車の生産台数は、世界第３位である(2022年)。

参考 日本には焼き物(陶磁器《とうじき》)やぬり物(漆器《しっき》)、織物やそめ物、和紙など伝《でん》統的《とうてき》な技術《ぎじゅつ》を受けついで製品をつくる、伝統工業も多くある。

❶日本の工業の発展《はってん》…日本の工業は軽工業から始まり、重化学工業中心の工業へと発展してきた。
↳せんい工業など（軽工業）

❷さかんな機械工業…日本は、近年では、重化学工業の中でも特に自動車工業をはじめとする機械工業がさかん。

❸多い中小工場…日本には、約22万の工場がある。そのうちの98％以上の工場が、働く人が300人未満の中小工場で、働く人が300人以上の**大工場**の数は、ほんのわずかにすぎない。

最重要ポイント

日本の工業の中心は機械工業。工場の99％以上が中小工場、生産額《せいさんがく》の割合《わりあい》は大工場が半分以上。

くわしい学習

●**ＩＣ・ＬＳＩ**…シリコンでできた基板《きばん》の上に、さまざまな小型《こがた》の電子回路を組みこんだものがＩＣ。ＬＳＩはその性能《せいのう》を、より高度にしたもの。多くの情報《じょうほう》を記憶《きおく》させておき、必要なときにその情報を取り出すことができる。コンピューターなどさまざまな製品に使われている。

●**日本の工業生産額の移《うつ》りかわり**

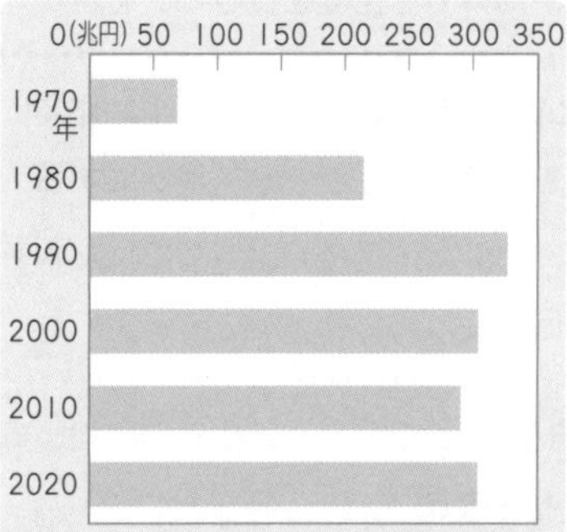

（2023/24年版「日本国勢図会」など）

●**大工場と中小工場の比較《ひかく》**

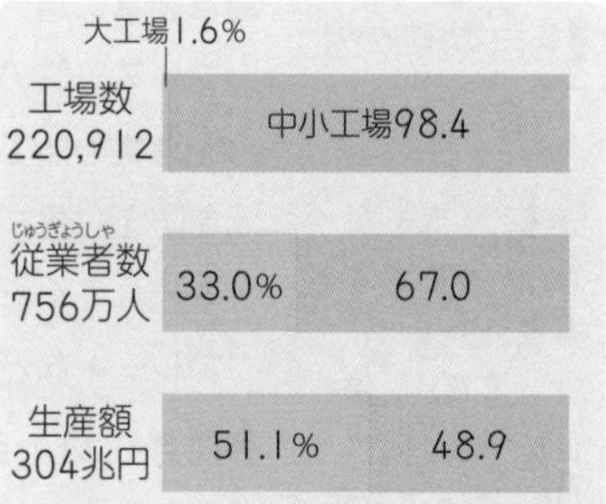

（2020年）　（2023/24年版「日本国勢図会」）

●**中小工場の役割**…中小工場は、大工場から注文を受けて生産をする、下うけを行っている工場が多く、大工場のえいきょうを受けやすい。しかし、大工場ではつくれない製品をつくる、高い技術をもつ中小工場もある。

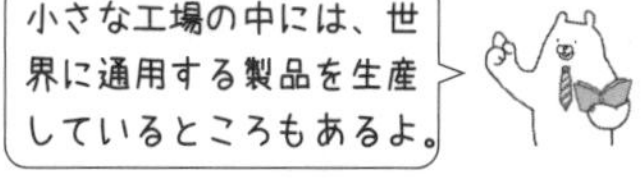

チェックテスト

① 軽工業で衣類をつくるのは、何工業ですか。
② 日本の工業の中で、最も生産額の多い工業(2020年)は何工業ですか。
③ 小さな基板の上に、小型の電子回路を組みこんだものを何といいますか。
④ 日本で大工場と中小工場の数を比《くら》べると、どちらが多いですか。

答え

① せんい工業
② 機械工業
③ ＩＣ(ＬＳＩ)
④ 中小工場

16 自動車をつくる工業

1 自動車の生産

参考 できあがった自動車は、自動車輸送用のキャリアカーで運ぶ。海外などへは、自動車専《せん》用《よう》船に積んで運ぶ。

❶**自動車工場**…自動車は、流れ作業で組み立てられる。プレス→鉄の板を折り曲げ、打ちぬく。**溶接《ようせつ》**→部品を電気の熱でとかしてつなぐ。**とそう**→車体のさびを防《ふせ》ぎ、見栄《みば》えをよくする。組み立てラインにそって流れてくる車体に、部品を取り付け組み立てる。ブレーキなどの検査《けんさ》のあと、出荷《しゅっか》される。

❷**関連工場**…自動車の部品をつくり、決められた数を決められた日時に自動車工場におさめる。

❸**海外工場**…最近では、輸出《ゆしゅつ》先の国や賃金《ちんぎん》の安い国に工場をつくり、海外でも生産を行っている。

2 自動車づくりのくふう

❶**働く人の安全と健康を守るくふう**…危険《きけん》な作業には産業用ロボットを使う。しごとを交代制《せい》にする。
（夜の勤務が続かないように↵）

❷**環境《かんきょう》にやさしいくふう**…工場で出るよごれた水をきれいにして何回も使う。

3 これからの自動車づくり

参考 足の不自由な人が手だけで運転できる車や、人が運転しない、自動で運転できる自動運転車両の開発などが進んでいる。

❶**人にやさしい自動車づくり**…しょうとつに強い車やエアバッグなどを取り付けた車など。
（↳安全装置）

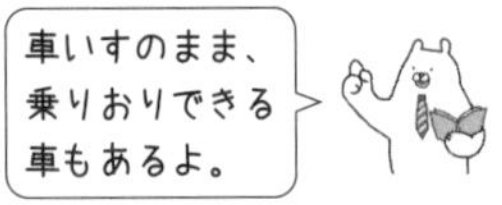
車いすのまま、
乗りおりできる
車もあるよ。

❷**環境にやさしい自動車づくり**…ハイブリッドカーや燃料《ねんりょう》電池自動車を開発する。解体《かいたい》した部品を再《さい》利用（リサイクル）できる車づくりをする。
（↳電気とガソリンで走る）
（↳水素と酸素から電気をつくる）

最重要ポイント

自動車工場では、くふうして効率《こうりつ》よく作業を行い、人と環境にやさしい車づくりを行っている。

くわしい学習

●日本の自動車の生産台数と輸出台数

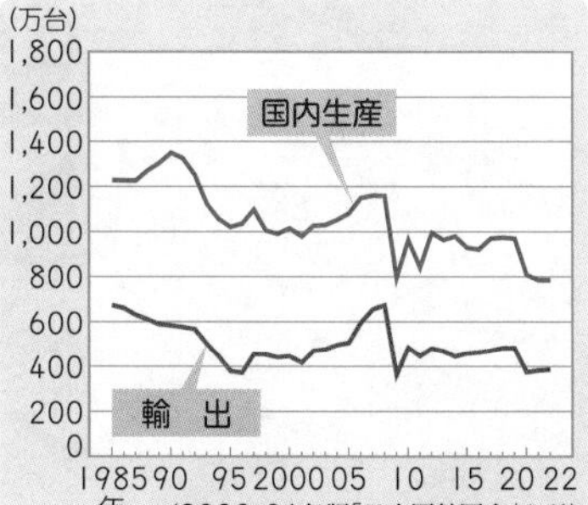

(2023/24年版「日本国勢図会」など)

●世界の自動車生産台数の割合《わりあい》

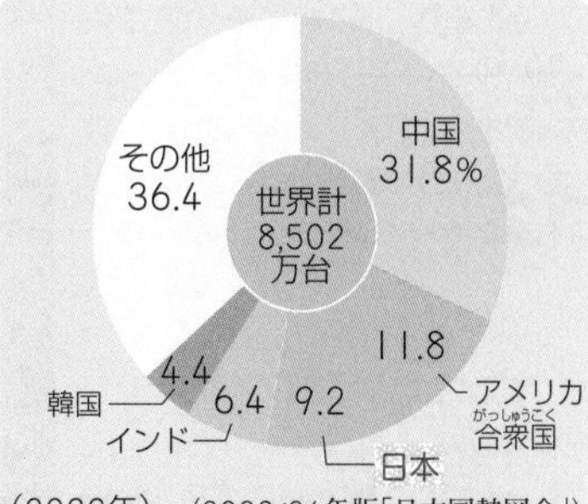

(2022年)　(2023/24年版「日本国勢図会」)

●海外での生産(現地《げんち》生産)…海外に工場を建てて現地で生産することで、日本からの輸出を減《へ》らし、生産や輸送にかかる費用《ひよう》をおさえ、現地の産業を発展《はってん》させることができる。しかし、日本国内の工場が減り、**国内の産業がおとろえる**という問題点もある。

●日本の自動車会社の海外生産

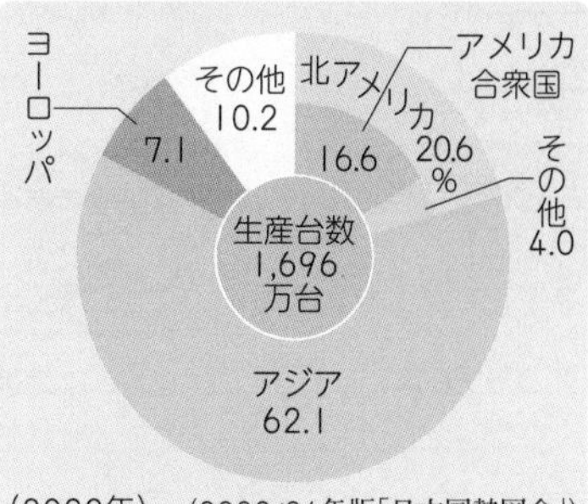

(2022年)　(2023/24年版「日本国勢図会」)

チェックテスト

① 組み立てラインを使って自動車をつくっていくのは、何作業といいますか。

② シートなどの部品を自動車工場におさめている工場を何といいますか。

③ 組み立てラインでは、危険な作業には、(　　)を使っています。

④ 古い自動車を解体した部品を再利用することを、カタカナで何といいますか。

答え

① 流れ作業
② 関連工場
③ 産業用ロボット
④ リサイクル

自動車ができるまで

　自動車は、多くの部品が流れ作業で組み立てられ、大量生産されている。危険《きけん》な作業には、産業用ロボットが使われている。

プレス機で鉄板を打ちぬいたり曲げたりして、ドアなどをつくる。▶

①プレス

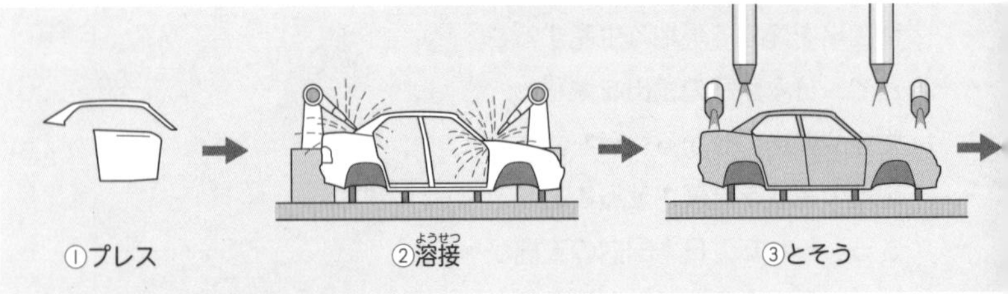

②溶接

▲プレス機でつくられた部品をロボットが溶接して車体をつくりあげる。

③とそう

▲客の注文に応《おう》じた色を車体にぬりつける。

④組み立て

◀車体にエンジン・シート・メーターなどを取り付ける。

プラスα

自動車工場では、**「ジャスト・イン・タイム」**という「必要なものを、必要なときに、必要な数だけ」つくるという生産方法がとられている。

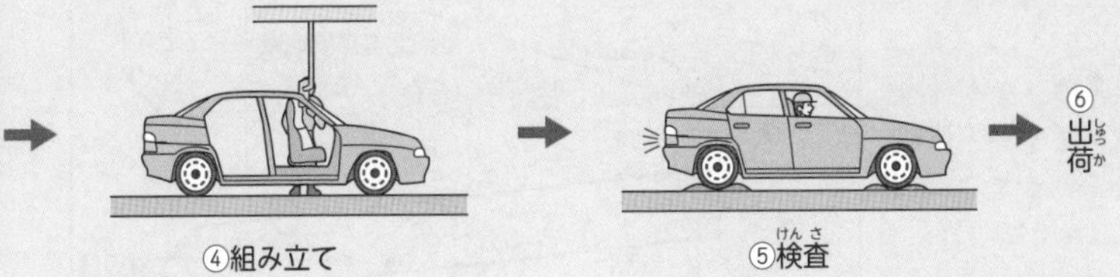

⑤検査

▲組み立てられた自動車のブレーキや排出《はいしゅつ》ガス・水もれなどを検査する。

⑥出荷

▲完成した自動車をキャリアカーに積んで、出荷していく。

17 工業のさかんな地域

1 工業が発達する条件《じょうけん》

注意 海ぞいは原料の輸入や製品の輸出に便利。

❶**土地と水**…広い工業用地と、豊《ゆた》かな工業用水が必要。

❷**交通の便**…原料や製品《せいひん》の輸送《ゆそう》に便利であること。重い物を運ぶには船が適《てき》しているので、金属《きんぞく》・化学工業は、海ぞいに発達している。

原料や製品が重くかさばる↲

❸**働く人**…労働力の確保《かくほ》が必要。

2 工業のさかんな地域《ちいき》

参考 工場がたくさん集まり、働く人も多い地域を工業地域という。また、工業のさかんな地域が集中して連続しているところを工業地帯という。

❶**太平洋《たいへいよう》ベルト**…関東《かんとう》地方の南部から九州《きゅうしゅう》地方の北部にかけての海岸ぞいに、工業地帯や工業地域が帯（ベルト）のように続いている地域。

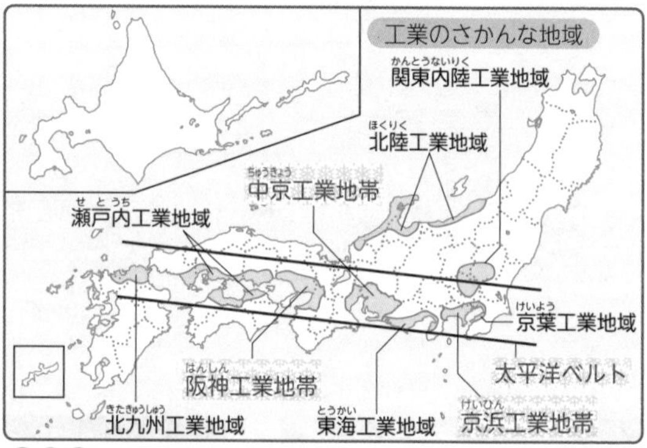

最重要ポイント

日本の工業地帯・工業地域は、主に原料を得《え》やすく、製品を運びやすい海岸ぞいに広がっている。

3 広がる工業地域

❶**内陸部**…機械工業が広がっている。

↳多くの原料を必要としない

❷**電子部品**…ＩＣ《アイシー》などは高価《こうか》で、**小さくて軽く**、遠方に運んでも採算《さいさん》がとれるので、高速道路や空港の近くに、**電子部品工場**がたくさんつくられた。

↳トラックや航空機などで

くわしい学習

●工業地帯(地域)の工業生産額《がく》

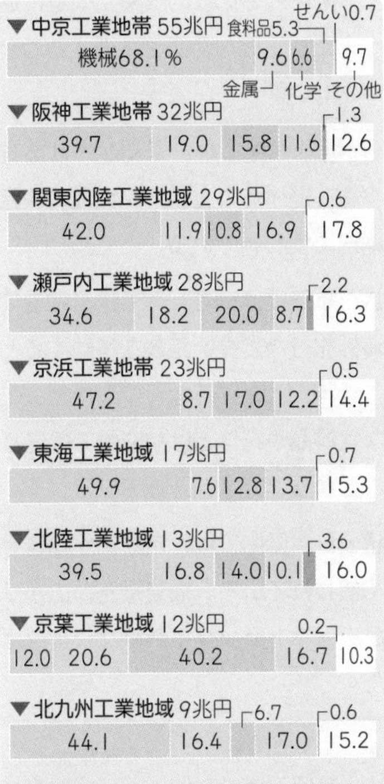

(2020年) (2023/24年版「日本国勢図会」)

●工業地帯(地域)の生産額割合《わりあい》

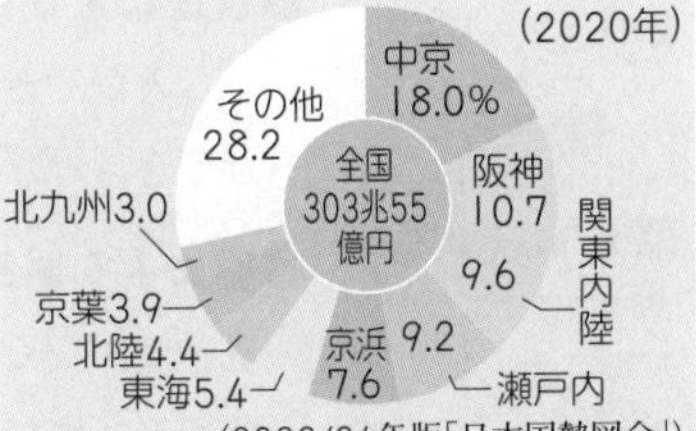

(2023/24年版「日本国勢図会」)

●電子部品(半導体《はんどうたい》)工場の分布《ぶんぷ》

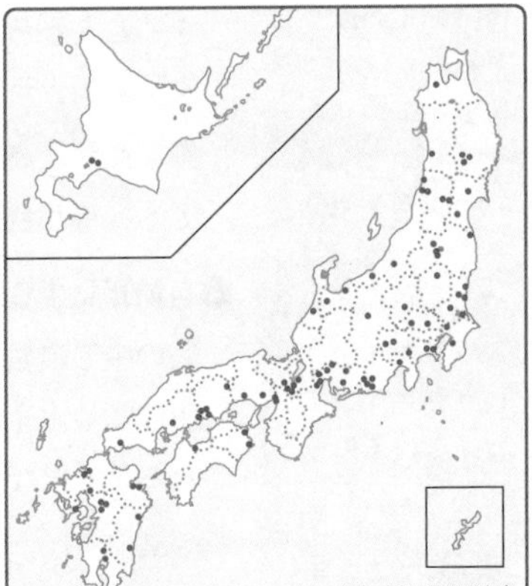

(2022年現在)
(2023年版「日本のすがた」)

チェックテスト

① 工業生産額が、日本第1位(2020年)の工業地帯はどこですか。

② 埼玉《さいたま》県・群馬《ぐんま》県・栃木《とちぎ》県には(　　)工業地域があり、東京《とうきょう》都や神奈川《かながわ》県には(　　)工業地帯があります。

③ 電子部品工場は、(　　)や高速道路の近くにつくられています。

答え

① 中京工業地帯
② (順に)関東内陸、京浜
③ 空港

18 くらしを支える運輸

1 いろいろな輸送《ゆそう》

注意 船による製品の輸送には、荷物をひとまとめにする大きなコンテナが使われる。

参考 航空機や自動車による輸送は、大量の二酸化炭素《にさんかたんそ》を排出《はいしゅつ》し、地球温暖《ちきゅうおんだん》化《か》の原因《げんいん》となる。そこで、より環境にやさしい船や鉄道にきりかえようという動きが出てきた。これをモーダルシフトという。

参考 1960年代から、自動車の普及と高速道路などの整備《せいび》が進んだことで、自動車での運輸が中心となっている。

❶**鉄道による輸送**…物や人を比較《ひかく》的**安く**、**大量**に運ぶことができる。また、正確《せいかく》な時間で輸送することができ、**環境《かんきょう》**にやさしい。

❷**船による輸送**…時間はかかるが、重くかさばる物を一度に安くたくさん運べることから、大量の**製品《せいひん》**
石油を運ぶタンカー、フェリーなど↵
や原料・燃料《ねんりょう》の輸送に使われている。

❸**航空機《こうくうき》による輸送**…航空機は、遠くへも**速く**輸送できることから、**海外旅行**など長い距離《きょり》を移動《いどう》するときに利用される。近年、人だけでなくＩＣ《アイシー》などの工業製品や、**高級な食料品**や花などは航空機で輸送しても採算《さいさん》が合うことから、貨物輸送ものびている。
↳高価で軽い
↳新鮮さが求められる魚など
↳運賃が高い

❹**自動車による輸送**…日本国内では、自動車が輸送手《しゅ》段《だん》の中で最も多く使われている。**高速道路**が広がり、農産物や水産物が、**保冷《ほれい》トラック**で新鮮《しんせん》なまま運ばれるようになった。

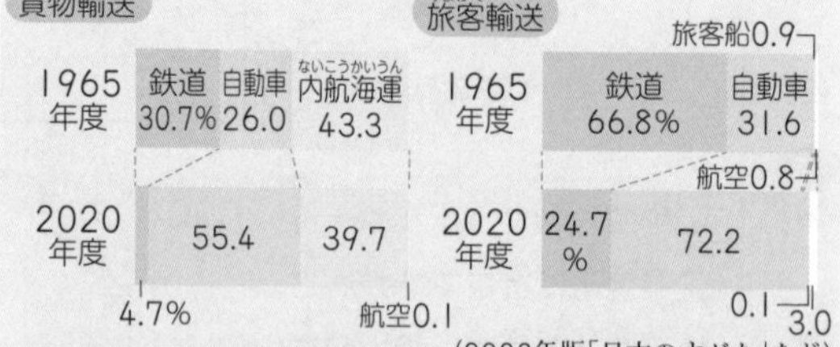

(2023年版「日本のすがた」など)
▲国内の輸送手段の変化

最重要ポイント

現在《げんざい》、自動車による輸送が最も多いが、ＩＣなど高価《こうか》で軽いものは航空輸送が増えている。

くわしい学習

●日本の主な航路・航空路・鉄道・高速道路

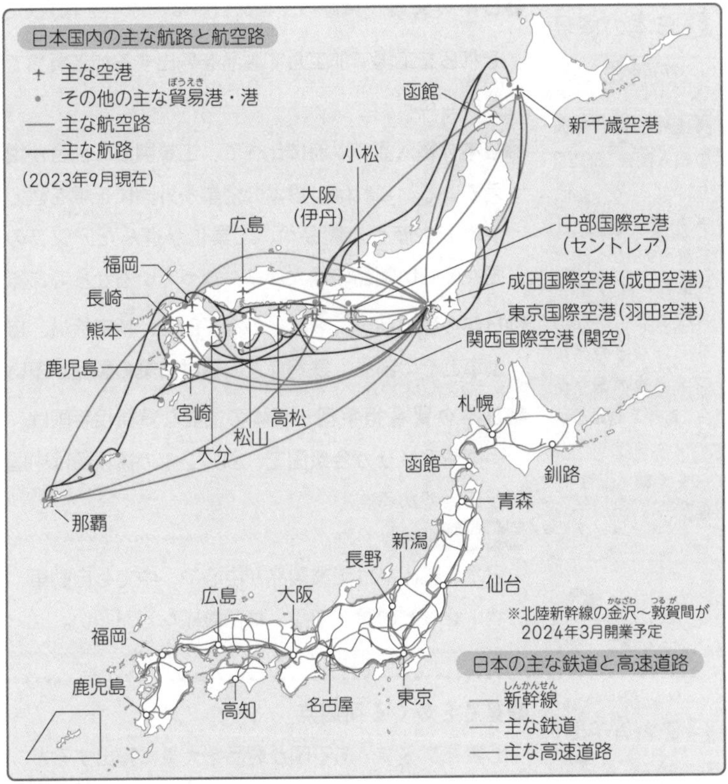

チェックテスト

① 日本国内での貨物の輸送量全体にしめる割合《わりあい》が最も高いのは、(　　)による輸送です。

② 時間が正確で、自動車に比《くら》べて人や物を大量に運ぶことができる輸送機関は、何ですか。

答え

① 自動車

② 鉄道

19 世界とつながる貿易

1 日本の貿易《ぼうえき》の特色

❶日本の貿易…資源《しげん》の少ない日本は、原料を輸入《ゆにゅう》し、それらを工場で加工して製品《せいひん》を輸出する**加工貿易**で発展《はってん》した。

石油・鉄鉱石・石炭など↲

❷日本の輸入品…以前に比《くら》べて、**工業製品の割合《わりあい》が増《ふ》えている**。これは、日本の企業《きぎょう》が外国に工場を建て、現地《げんち》で生産した製品や、工業化が進んだアジアの国々の安い製品の輸入が多くなっているからである。

↳機械や衣類など

↳賃金が安い国

❸日本の輸出品…ＩＣ《アイシー》などの電子部品、精密《せいみつ》機械、自動車とその部品、鉄鋼《てっこう》などの**機械工業の製品が多い**。

❹日本の貿易相手国…日本の主要な貿易相手国は、中国《ちゅうごく》やアメリカ合衆国《がっしゅうこく》で、2022年の貿易額《がく》は中国が最大である。

最重要ポイント

日本の輸出品は工業製品が中心で、中でも自動車やＩＣなどの電子部品、精密機械などが多い。

参考 日本の資源の輸入割合（2022年）
石油…99.7%、
石炭…99.6%、
鉄鉱石《てっこうせき》…100%

石油はサウジアラビアなどのペルシア湾岸《わんがん》の国々から、石炭と鉄鉱石はオーストラリアから多く輸入している。

2 これからの貿易

❶貿易をめぐる問題点

㋐**貿易まさつ**…ある国が製品を大量に輸出すると、相手国では自国の産業を守ろうと輸入を制限《せいげん》するため、両国の関係が悪くなる。

㋑大量の資源を輸入することにより、相手国で環境《かんきょう》の破壊《はかい》が進むことがある。

↳木材を輸出するための熱帯林のばっさいなど

❷つり合いの取れた貿易…**自国だけでなく、相手国の利益《りえき》も考え**、相手国の人々の生活や環境に負担《ふたん》をかけない貿易をすることが必要である。

↳「フェアトレード」といわれる

参考 輸入品にかける税金《ぜいきん》をなくし、輸入量を制限しないことを、貿易の自由化といい、世界の産業を活発化させる効果《こうか》がある。

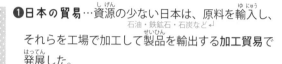

くわしい学習

●日本の輸入品の割合

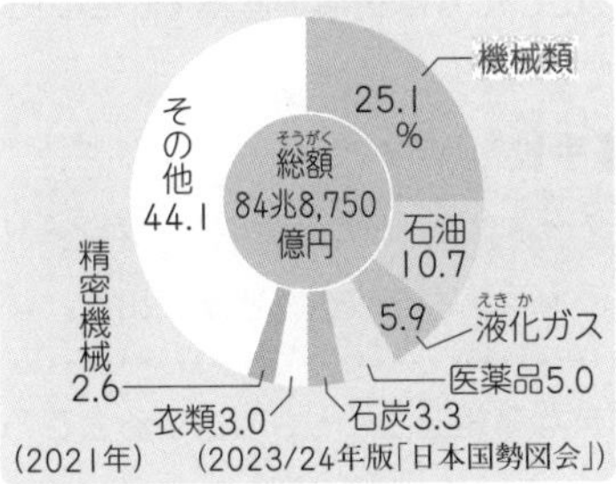

●日本の輸出品の割合

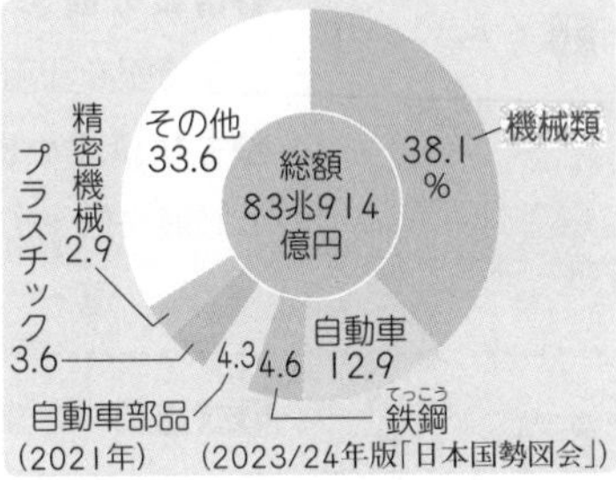

●日本の主な貿易相手先

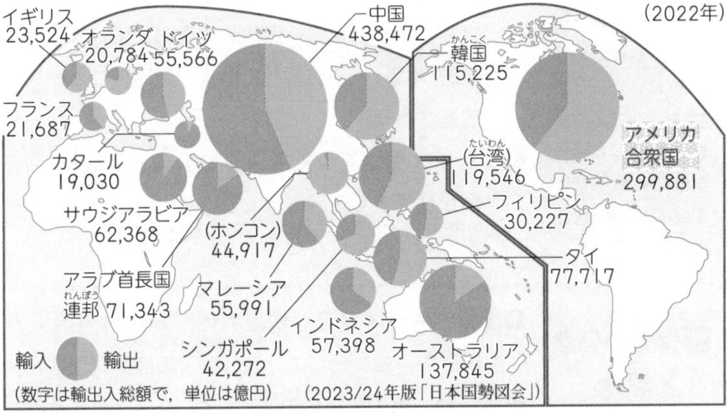

チェックテスト

① 近年、日本の貿易は、輸入にしめる原料・燃料《ねんりょう》の割合が減《へ》り、(　　)の割合が増えています。

② 日本の2021年の貿易額は、輸出と輸入のどちらが多いですか。

③ 日本は、(　　)との貿易が最もさかんです(2022年)。

答え

① 工業製品
② 輸　入
③ 中　国

20 わたしたちの生活と情報

1 くらしの中の情報《じょうほう》

❶**情報の働き**…わたしたちは生活や産業でいろいろな情報を利用している。

❷**主な情報の伝達手段《しゅだん》(メディア)**

㋐通　信…インターネット、郵便《ゆうびん》、電話、ファクシミリ。

㋑報　道…テレビ・ラジオの放送、新聞、出版《しゅっぱん》。

2 テレビ放送

参考 日本のテレビ放送には、しちょう者の受信料で運《うん》営《えい》される日本放送協会(NHK《エヌエイチケー》)と、広《こう》告《こく》(コマーシャル)の料金やしちょう者の契約《けいやく》料で運営される民間放送局がある。

❶**放送局**…さまざまな番組をつくり、放送するところ。
↳ニュース番組・スポーツ番組など

❷**ニュース番組ができるまで**

㋐取　材…事件《じけん》や事故《じこ》などの情報が集められる。

㋑打ち合わせ・**編集《へんしゅう》**…原稿《げんこう》や映像《えいぞう》の準備《じゅんび》。
↳番組の内容や順番、時間を決定

㋒放送(**本番**)…決められた順番・時間でニュースが放送される。
↳本番中に大きな事件・事故・災害の中継を行うこともある

❸**ニュース番組をつくる人々の努力とくふう**

㋐わかりやすく正確《せいかく》に伝えている。
↳むずかしいことばをわかりやすいことばにかえるなど

㋑表現《ひょうげん》のしかたなどをくふうしている。
↳見ている人がいやな思いをしないように

3 情報の発達と問題

参考 多くの情報を取りあつかうときに、気をつけなければならないルールやマナーを情報モラルという。

❶**情報を生かす産業**…情報ネットワークを生かした遠隔《えんかく》医療《いりょう》、コンビニエンスストアの商品管理など。
売れ行きの情報を管理するPOSシステム↰

❷**問　題**…情報化社会の中で、インターネットやSNSによるいじめや犯罪《はんざい》が生じたり、間違《まちが》った情報や個人情報が流されてしまうことがある。
ソーシャル・ネットワーキング・サービスの略↰
↱氏名・住所・性別など
フェイクニュース↵

❸**メディアリテラシー**…メディアが伝える情報から自分に必要なものを選び、正しく利用する能力《のうりょく》。

最重要ポイント

情報機器の発達により情報の量は増《ふ》えているが、自分に必要な情報を選んで使うことが重要。

くわしい学習

●インターネット…電話回線などを使って、世界中のコンピューターネットワークを結んだ通信網《もう》を、インターネットという。インターネットは、情報をやりとりするだけでなく、買い物やホテルの予約などにも利用されている。

●情報ネットワーク…多くの情報機器をつなぎ、情報をやりとりするしくみで、インターネットもそのひとつ。近年、病院では**電子カルテ**や離島《りとう》との**遠隔医療**で利用されている。また**緊急地震《きんきゅうじしん》速報**などの防災《ぼうさい》にも幅《はば》広く役立っている。

●新聞ができるまで

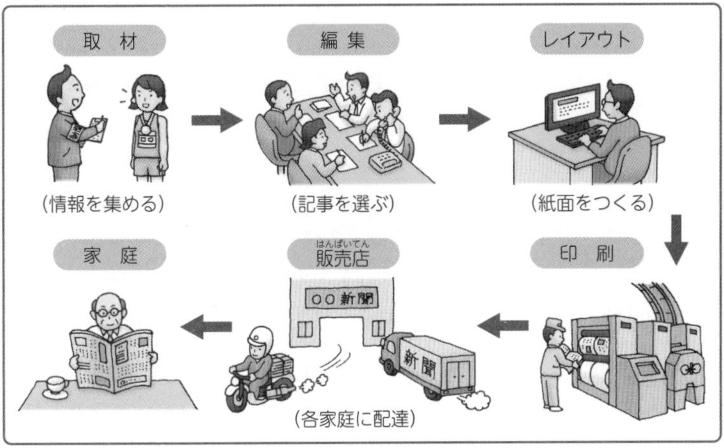

チェックテスト

① 情報を伝達する手段で、郵便、電話、テレビ・ラジオの放送などを、まとめて何といいますか。

② 多くの情報があふれている現代の社会は、(　　)社会といわれます。

③ メディアが伝える情報から必要な情報を自分で選び、正しく利用する能力を何といいますか。

答え

① メディア
② 情報化
③ メディアリテラシー

21 国土の自然環境と環境を守る森林

1 自然災害《さいがい》

参考 自然災害の被害を予測《よそく》して、色や記号を使い分け、避難《ひなん》場所も示《しめ》した地図をハザードマップという。

❶つゆの集中豪雨《ごうう》…洪水《こうずい》やがけくずれ。水とともに土砂《どしゃ》が谷や山を流れおちる**土石流《どせきりゅう》**。

❷台風による風水害…風の被害《ひがい》や水害。

❸火山の噴火《ふんか》…有毒《ゆうどく》なガスや、高温の溶岩《ようがん》。

❹地震《じしん》と津波《つなみ》…日本は世界有数の地震国。津波は、地震によって発生する巨大《きょだい》な波。

❺防災《ぼうさい》・減災《げんさい》…災害に強いまちづくりや施設《しせつ》づくりを強化していくこと。

2 林業

❶林業のしごと…苗木《なえぎ》を植えて育て、木を切って売る。

❷林業の問題点…安い輸入《ゆにゅう》木材が増加《ぞうか》し、林業で働く人が減少《げんしょう》。働く人の高齢化《こうれいか》とあとつぎ不足。

3 森林の働き

参考 森林は、「緑のダム」ともよばれる。

❶森　林…㋐家屋の材料や紙の原料となる木材を生産する。㋑**風・砂《すな》をさえぎり**、振動《しんどう》・騒音《そうおん》をやわらげる。㋒水資源《みずしげん》を守る。また、洪水や土砂くずれを防《ふせ》ぐ。
↳地中に水をたくわえる
㋓二酸化炭素《にさんかたんそ》を酸素《さんそ》にし、空気をきれいにする。
㋔動物の住みかとなり、木の実は動物の食料となる。

4 自然を守る取り決め

❶ラムサール条約《じょうやく》…水鳥などの生活の場となる湿地《しっち》を守るための条約。

❷世界自然遺産《いさん》…白神《しらかみ》山地、屋久島《やくしま》、知床《しれとこ》、小笠原諸《おがさわらしょ》島《とう》、奄美《あまみ》大島・徳之《とくの》島・沖縄《おきなわ》島北部および西表《いりおもて》島の5件《けん》が世界自然遺産に登録されている。

↱天然すぎの大木がある

↳ぶなにおおわれている　↳流氷が有名

↳独自の生態系をもつ

❸ナショナルトラスト運動…募金《ぼきん》で土地を買い取るなどして、自然環境《かんきょう》を保護《ほご》・管理する運動。

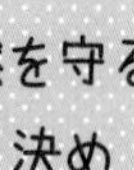

くわしい学習

●林業のしごと

①**なえづくり**…畑でなえを育てる。

②**植　林**…木のなえを山に植える。

③**下草がり**…雑草《ざっそう》をかり取る。

④**枝《えだ》うち**…下枝を切り落とす。

⑤**間《かん》　伐《ばつ》**…木と木の間が混《こ》みあわないように、弱った木や低い木を切って、間引きをする。間伐をすると、森の中に日光がよくとどくようになり、風通しもよくなる。間伐された木も、わりばしなどに加工することがある。

⑥**伐《ばっ》　採《さい》**…大きくなった木を切り出して出荷《しゅっか》する。植林から50～60年もかかる。

●日本のラムサール条約・世界自然遺産登録地と主なナショナルトラスト運動地域《ちいき》

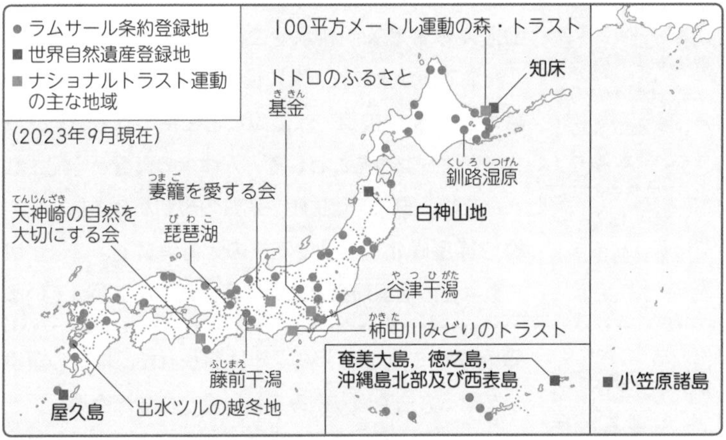

チェックテスト

① つゆのときなどに、多くの雨が集中的にふる災害を、何といいますか。

② 森林には、地中に(　　)をたくわえる働きがあります。

③ 水鳥などの生活の場となる湿地を守るための条約は何ですか。

答え

① 集中豪雨

② 水

③ ラムサール条約

22 地球の環境を守る

1 減少《げんしょう》する世界の森林

❶減少する熱帯林…ブラジルのアマゾン川流域《りゅういき》や東南アジアでは、森林が焼きはらわれたり、木が切られたりして、**熱帯林**が急速に減少している。
↱農地・牧場・道路をつくるため
木材の輸出を増やすため↵

❷酸性雨《さんせいう》…主にヨーロッパや北アメリカでは、**酸性雨**によって森林がかれる被害《ひがい》が出ている。

2 こわされる地球の環境《かんきょう》

参考 オゾン層を破壊する力の強いフロンは、1980年代に製造《せいぞう》が禁止《きんし》された。これにより近年、大気中のフロン濃度が減少し、オゾン層の回復が進んでいる。

❶砂漠化《さばくか》…北アフリカなどでは、気候の変化や家畜《かちく》の放牧のしすぎ、たきぎにするための森林の伐採《ばっさい》などにより、**砂漠**が急速に広がっている。

❷海洋のおせん…排水《はいすい》やごみ、タンカーから流出した油で海がよごれ、海に住む生物に被害が出ている。

❸オゾン層《そう》の破壊《はかい》…冷蔵庫《れいぞうこ》などに使われていた**フロン**がオゾン層をこわして、人体への影響《えいきょう》が心配されたため、国際的な生産や消費の規制がなされた。
↳地球上空を取り巻き、太陽からとどく有害な紫外線から地球上の生物を守る

❹地球温暖化《おんだんか》…石油や石炭の大量消費で、**二酸化炭《にさんかたん》素《そ》**などの**温室効果《こうか》ガス**が増え、気温が上がっている。
地球をあたたかく保つ働きがある↵

3 地球の環境を守るための取り組み

参考 地球サミットで気候変動枠組《わくぐ》み条約などが決められた。

❶地球サミット…1992年に開かれた、地球の環境を守る方法や取り組みを話し合った国際《こくさい》会議。

❷ラムサール条約《じょうやく》や**世界遺産《いさん》条約**を結ぶなど、世界の国々が協力して、自然環境を守ろうとしている。

❸環境保護《ほご》…日本も熱帯林の保護や植林、**砂漠の緑化**など、地球の環境を守ることに協力している。

最重要ポイント

熱帯林の減少や砂漠化などの地球環境問題に対して、世界の国々は協力して取り組む必要がある。

くわしい学習

●**熱帯林**…一年中気温が高く、よく雨のふる熱帯地方の森林。いろいろな生物の住みかであるため、熱帯林の減少で、それらの生物が絶《ぜつ》滅《めつ》するおそれがある。

●**エコマークなどの環境関連マーク**

▲エコマーク
環境にやさしい製品《せいひん》につけられる

▲バイオマスマーク
生物由来の資源を使用した製品に表示できる

●**酸性雨**…工場から出るけむりや、自動車の排出《はいしゅつ》ガスなどがとけこんで、酸性度の強くなった雨。この雨は、森林をからしたり、農作物に被害をあたえたりする。また、川や湖に流れこみ、水質《すいしつ》をわるくして生物を死滅させる。

●**地球温暖化**…赤外線《せきがいせん》を吸収《きゅうしゅう》する、大気中の二酸化炭素やメタンなどのガスを**温室効果ガス**という。この温室効果ガスが増《ふ》えると、地球に熱がたまって温室のようになり、地球温暖化がおこる。温暖化がおこると、海面の上昇《じょうしょう》やかんばつ、水不足、農作物の不作などわたしたちの生活に悪いえいきょうをおよぼすと考えられる。

●**SDGsと気候変動**…SDGsは、2015年の国連サミットで採択された「**持続可能な開発**」のために、2030年までに達成すべき17の目標のこと。その1つに「気候変動に具体的な対策を」がある。

チェックテスト

① アマゾン川流域では、農地や道路をつくるために(　　)が失われています。

② 主にヨーロッパや北アメリカでは、(　　)のために森林がかれる被害が出ています。

③ 大気中の(　　)などが増えると、地球の温暖化が進んでしまいます。

④ 資源《しげん》を再利用《さいりよう》するなど、環境にやさしい製品につけられるマークは何ですか。

答え

① 熱帯林(森林)
② 酸性雨
③ 二酸化炭素
④ エコマーク

23 くらしと公害

1 工業の発達と公害

参考 公害にはほかに、大量のごみの問題、ごみ処理《しょり》場から出る有害な物質（ダイオキシン）の問題などもある。

❶公害の発生…工業の発達は、生活を便利で豊《ゆた》かにしてきたが、いっぽうで環境《かんきょう》を破壊《はかい》し、公害がおこるようになった。
人々の健康に害をあたえる↲

❷主な公害

㋐**大気のよごれ**…工場や自動車の排出《はいしゅつ》ガスなどにふくまれる有害物質《ぶっしつ》が増《ふ》え、空気がよごれること。

㋑**水や土のよごれ**…工場や家庭の排水《はいすい》にふくまれる有害物質などで川や海・土などがよごれること。

㋒**騒《そう》音《おん》**…工場や自動車などの音が原因《げんいん》。

㋓**地盤沈下《じばんちんか》・悪臭《あくしゅう》・振動《しんどう》**

最重要ポイント

日本は、1960年代から工業が発達したが、人々の健康に害をあたえる公害が各地で広まった。

2 四大公害

参考 四大公害は1950~60年代に表面化し、人の健康より産業の発展《はってん》が優先《ゆうせん》される中で深《しん》刻化《こくか》した。現在《げんざい》でも多くの人が健康被害《ひがい》に苦しむ。

❶水俣病《みなまたびょう》…化学工場の排水から出た有機水銀をふくんだ魚や貝を食べた人がかかった病気。
↳八代海沿岸（熊本県・鹿児島県）
手足がしびれたり、口がきけなくなったりした↲

❷新潟《にいがた》水俣病…新潟県の阿賀野川流域《あがのがわりゅういき》で発生した。
↳水俣病と同じ症状であった

❸イタイイタイ病…鉱山《こうざん》の排水にふくまれたカドミウムをふくむ水や食物を口にした人がかかった病気。
↳神通川下流域（富山県）
骨がもろくなり、折れやすくなった↲

❹四日市《よっかいち》ぜんそく…工場のけむりにふくまれていた亜硫酸《ありゅうさん》ガスによる大気のよごれが原因のぜんそく。
↳三重県

3 公害をなくす努力

❶国や県・市の取り組み…公害を防《ふせ》ぐ決まりを定め、有害物質をおさえる基準《きじゅん》を決めている。

❷取り組み…住民運動で工場に整備《せいび》などをもとめる。

くわしい学習

●四大公害病

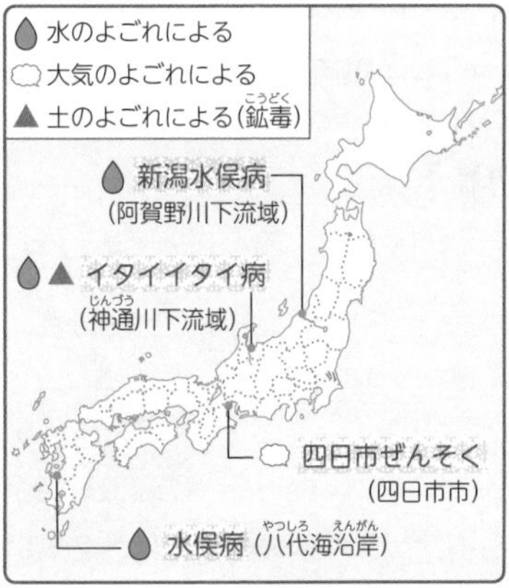

●公害に対する苦情《くじょう》

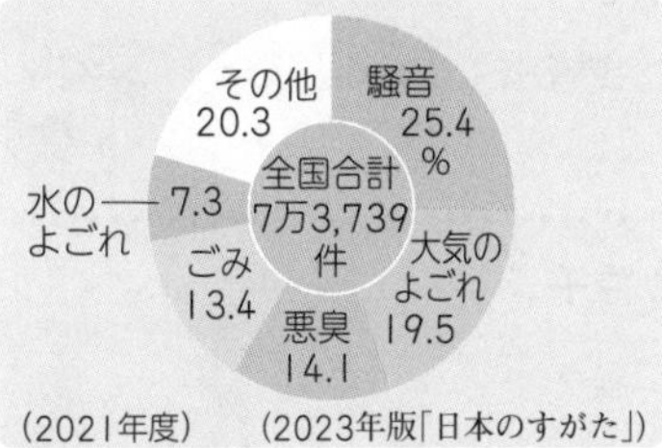

(2021年度)　(2023年版「日本のすがた」)

●**公害対策《たいさく》**…廃棄物《はいきぶつ》をほかの産業の原料とすることでゴミをなくす**循環型《じゅんかんがた》社会**を目ざす、**エコタウン事業**が進められている。また、地《ち》球温暖化《きゅうおんだんか》の原因となる、二酸化炭《にさんかたん》素《そ》などの排出を積極的に減《へ》らす取り組みをする都市は、国によって**環境モデル都市**(帯広《おびひろ》市・横浜《よこはま》市・北九州《きたきゅうしゅう》市など)に指定されている。

●公害に対する国の取り組み

年	できごと
1967	**公害対策基本《きほん》法**ができる
1971	**環境庁《ちょう》**を設《もう》ける
1993	**環境基本法**ができる
1995	容器包装《ようきほうそう》リサイクル法
1999	ダイオキシン類対策特別措置《そち》法
2001	環境庁が**環境省**になる

チェックテスト

① 水俣病の原因は、工場から出た有害物質です。それは何ですか。

② 新潟県阿賀野川流域でおきた公害は何ですか。

③ 三重《みえ》県四日市市で工場から出る亜硫酸ガスが原因でおきた公害は何ですか。

④ 公害を防ぐために、1967年に初めてできた法律《ほうりつ》は何ですか。

答え

① 有機水銀
② 新潟水俣病
③ 四日市ぜんそく
④ 公害対策基本法

1 種子の発芽と養分

1 種子の発芽

あたたかくなると、多くの植物が土から芽を出す。種子から芽や根が出ることを**発芽**という。

2 インゲンマメの種子のつくり

注意 マメのなかまの種子は、はい(子葉やはいじくや幼根など)からできている。

❶インゲンマメの種子

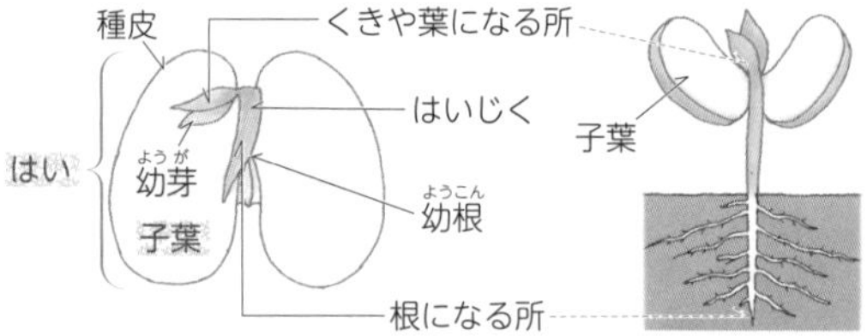

❷種子のつくり…インゲンマメの種子には、2まいの**子葉**と、根・くき・葉になる部分とがあり、これをまとめて**はい**という。

↱発芽のときの養分がたくわえられている（子葉）

↱種子から外側の種皮をのぞいた部分（はい）

❸呼《こ》 吸《きゅう》…種子は、**呼吸**をしている。

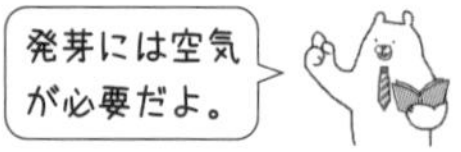

3 トウモロコシの種子のつくり

注意 イネ・カキのなかまの種子は、はいとはいにゅうからできている。

❶トウモロコシの種子

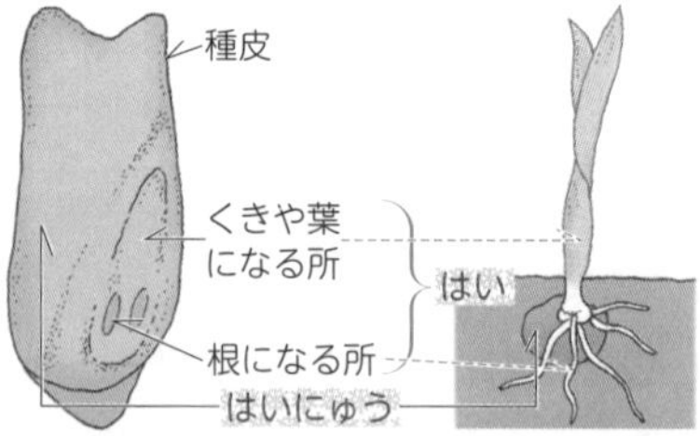

❷種子のつくり…トウモロコシの種子には、はいのまわりに**はいにゅう**がある。

↳発芽のときの養分がたくわえられている（はいにゅう）

最重要ポイント

はいは、発芽して根・くき・葉になる。

くわしい学習

理科

●**種子の種類**

❶**有はいにゅう種子**…はいにゅうに養分をたくわえるもの➡イネ・ムギ・トウモロコシ・カキ・マツなど。

❷**無はいにゅう種子**…子葉に養分をたくわえるもの➡ダイズ・インゲンマメ・ヘチマ・クリなど。

●**種子の表面**…種子の表面のへその近くに、小さなあながあいている。種子はここで呼吸する。

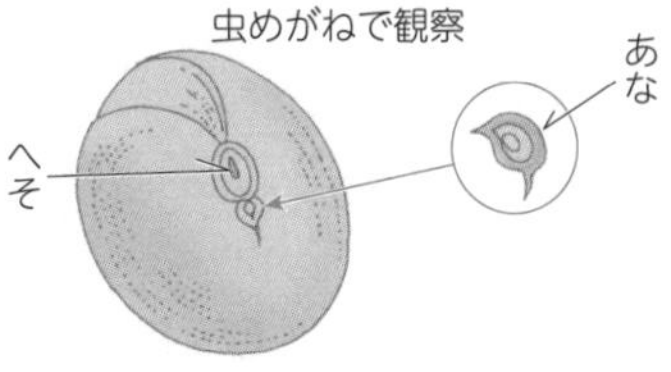

●**有はいにゅう種子と無はいにゅう種子の比較《ひかく》**

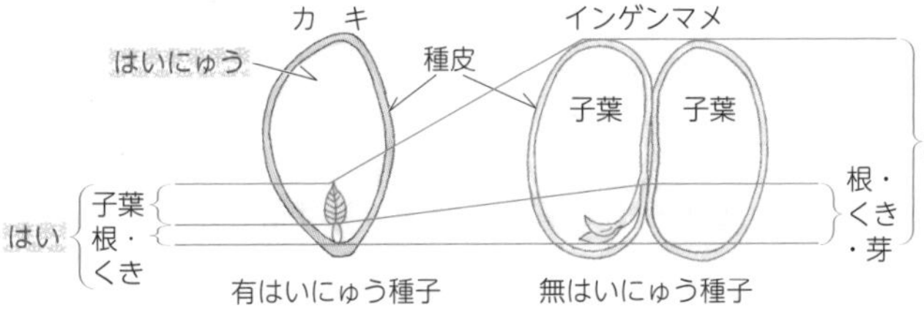

●**種皮のはたらき**…種皮は、種子のなかみをかんそうなどからまもるはたらきをしている。種子を長く保存《ほぞん》できるのは、このためである。

●**種子以外の発芽の養分**

❶**チューリップ**…葉が変化した、りんぺんの養分を使う。

❷**サツマイモ**…根にたくわえられている養分を使う。

チェックテスト

① 発芽後、根・くき・葉になる部分を何といいますか。

② 種子は、人と同じように、呼吸をしますか。

③ インゲンマメとイネの種子のつくりで、発芽のときの養分をたくわえている部分は、それぞれどこですか。

答え

① はい

② する

③ (インゲンマメ)子葉
(イネ)はいにゅう

2 発芽に必要な養分

1 インゲンマメの発芽と養分

注意 インゲンマメが発芽し、成長するために、種子の中にたくわえられているでんぷんが使われる。

❶インゲンマメの種子の発芽前と発芽後のようす

❷発芽する前の種子

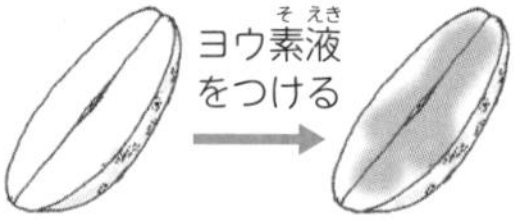

でんぷんがふくまれている。

└ヨウ素液をつけると青むらさき色になる。

❸芽や根がのびたころの子葉

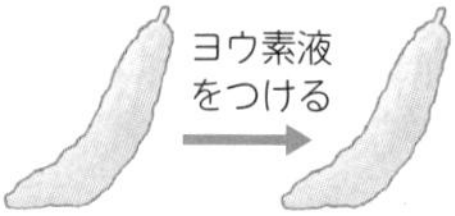

でんぷんがほとんどなくなっている。

2 トウモロコシの発芽と養分

注意 トウモロコシの種子は、地上に出ない。

❶トウモロコシの種子の発芽前と発芽後のようす

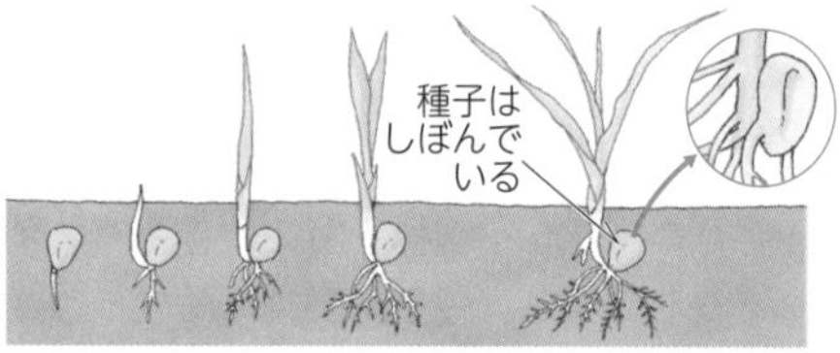

❷発芽する前の種子

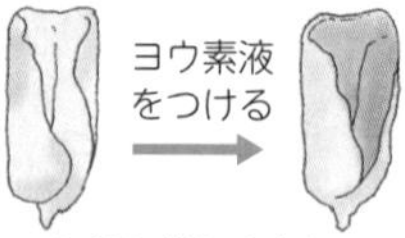

でんぷんがふくまれている。

└トウモロコシの種子ははいにゅうに養分をたくわえている。

❸芽や根がのびたころの種子

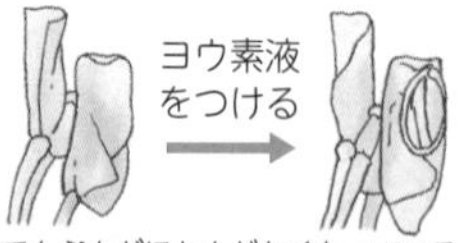

でんぷんがほとんどなくなっている。

最重要ポイント

子葉やはいにゅうには、発芽とその後少しの間育つための**養分**がたくわえられている。

くわしい学習

●でんぷんの調べ方

でんぷんにうすめたヨウ素液をつけると、青むらさき色になる。

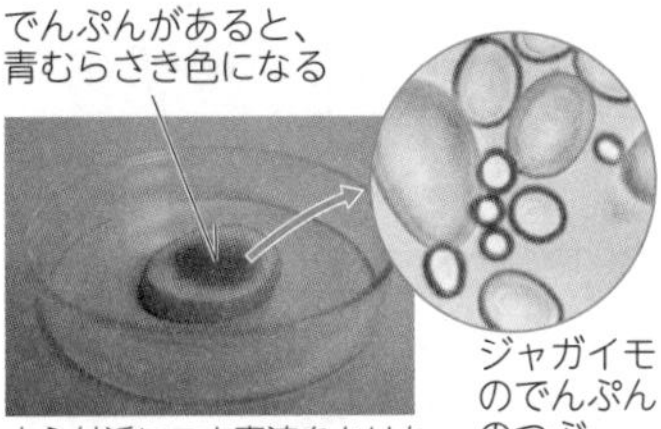
中心付近にヨウ素液をかけた

●はいにゅうの大きさと成長のちがい

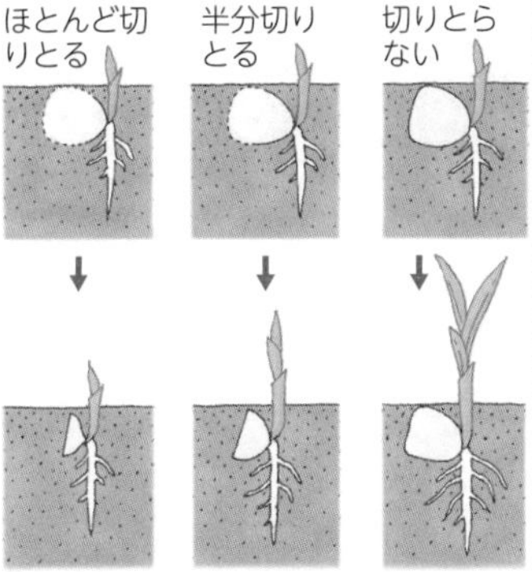

▲トウモロコシのはいにゅうの大きさと成長

●子葉の大きさと成長のちがい

子葉の中には植物が成長するための養分があることがわかる。

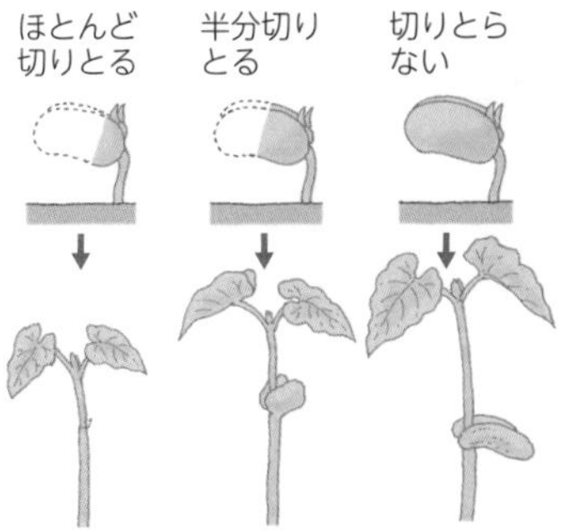

▲インゲンマメの子葉の大きさと成長

●イネの発芽のようす

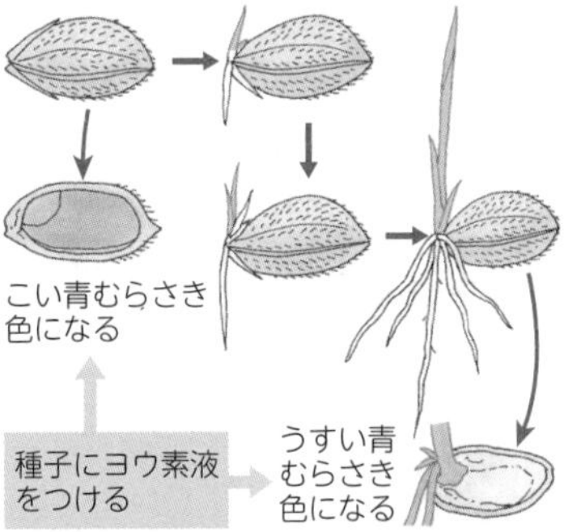

チェックテスト

① インゲンマメやイネが発芽するときの養分は、それぞれどこにありますか。

② 発芽するときの養分は、おもに何ですか。

③ ヨウ素液は、でんぷんがあると何色に変わりますか。

答え

① (インゲンマメ)子葉
(イネ)はいにゅう

② でんぷん

③ 青むらさき色

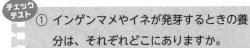

3 種子の発芽の条件

1 種子の発芽と水

注意 水以外の条《じょう》件《けん》を同じにするため、2つの容器は同じ場所に置く。

❶**種子の発芽と水**…種子が発芽するためには、**水**が必要である。

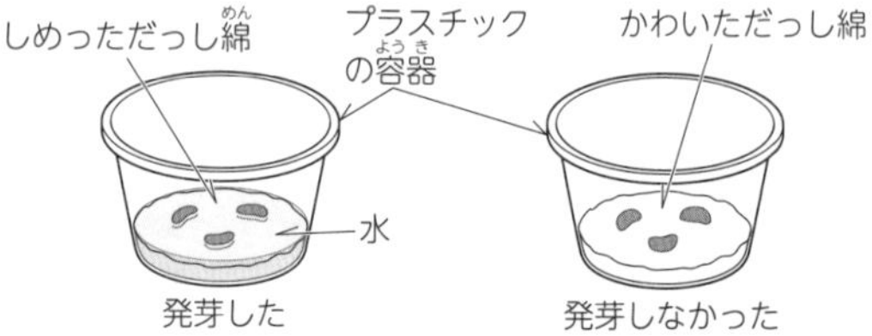

2 種子の発芽と空気

注意 種子はへその近くのあなで呼《こ》吸《きゅう》をしている。
(⇨ p.57)

❶**種子の発芽と空気**…種子が発芽するためには、**空気**が必要である。
↳水には空気がわずかしかとけない

3 種子の発芽と適当《てきとう》な温度

注意 種子は綿《わた》の上や定温器の中でも発芽するので、発芽には土や日光は必要ではない。

❶**種子の発芽と温度**…種子が発芽するためには、**適当な温度**が必要である。

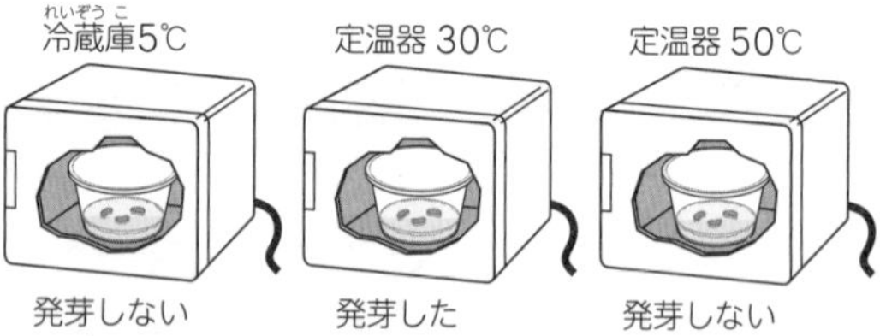

最重要ポイント

種子が発芽するためには、**水**、**空気**、**適当な温度**の3つの条件が必要である。

くわしい学習

●種子の発芽と呼吸

種子が発芽するとき、呼吸(酸《さん》素《そ》をすい、二酸化炭素《にさんかたんそ》を出す)をしているかどうかは、次のような実験で調べることができる。

一昼夜《ちゅうや》ほど水につけた種子を水を少し入れたビーカーに移し、さらにその中に石灰水《せっかいすい》を入れたビーカーを入れ、ふたをする。

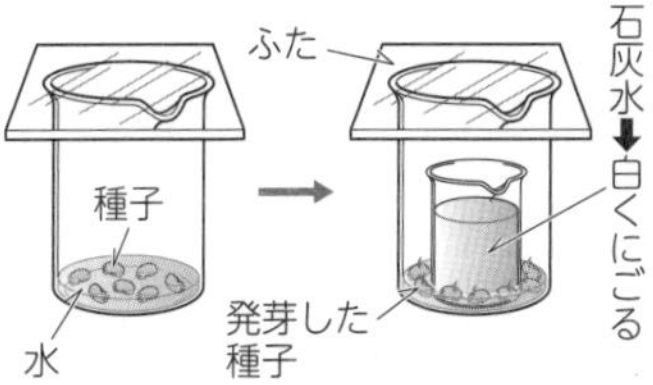

種子が発芽すると、石灰水は白くにごる。石灰水は二酸化炭素があると白くにごるので、種子は二酸化炭素を出していることがわかる。

また、右図のように種子を水中に入れ、エアポンプで水中に空気を送ると、数日後に発芽する。空気を送らなかったものは発芽しない。これらの実験から、種子が発芽するためには、空気(酸素)が必要であり、二酸化炭素を出していることがわかる。

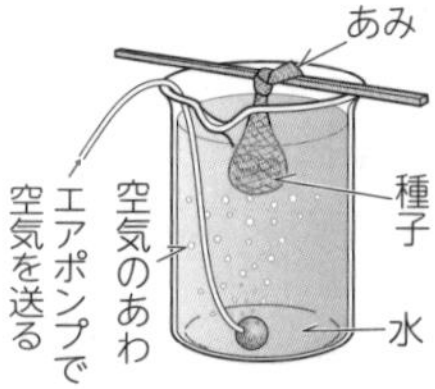

●特殊《とくしゅ》な種子…タバコ・マツヨイグサ・マツバボタンなどの種子は、水をすったあとに光を感じて発芽する(光発芽《ひかりはつが》種子)。また、イネは水に完全につかっていても、水中にとけているわずかな空気(酸素)を使って発芽することができる。

チェックテスト

① インゲンマメの種子を完全に水につけておくと発芽しますか。

② ①はなぜですか。

③ インゲンマメの種子をしめっただっし綿の上に置き、冷蔵庫の中に入れておきました。発芽しますか。

④ ③はなぜですか。

答え

① 発芽しない

② 空気(酸素が)ないから

③ 発芽しない

④ 温度が低いから

4 植物の成長と肥料・日光

1 植物の育ち方と肥料《ひりょう》

注意 植物をよく育てるためには、肥料は欠かすことのできないものである。

❶肥料のあるなしで、育ち方がどのようにちがうか比《くら》べる。
↳日光と水の条件は同じにする

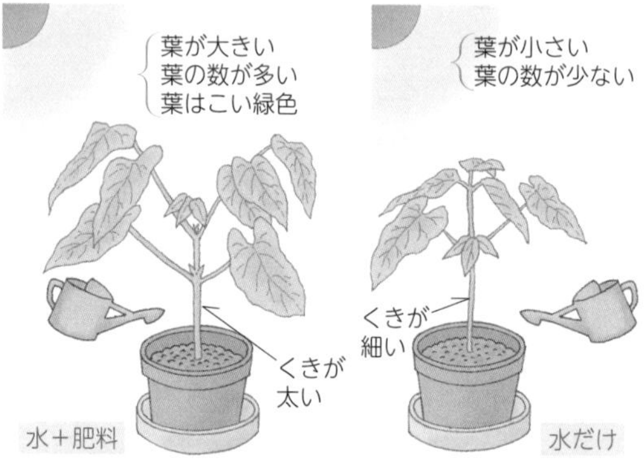

2 植物の育ち方と日光

注意 植物をよく育てるためには、日光が必要である。

参考 植物の成長に必要なものかどうかを調べるには、比べたい１つの条件《じょうけん》だけを変えて、ほかの条件は同じにする。

❶日光をあてたものとあてないもので、育ち方がどのようにちがうか比べる。
↳水と肥料の条件は同じにする

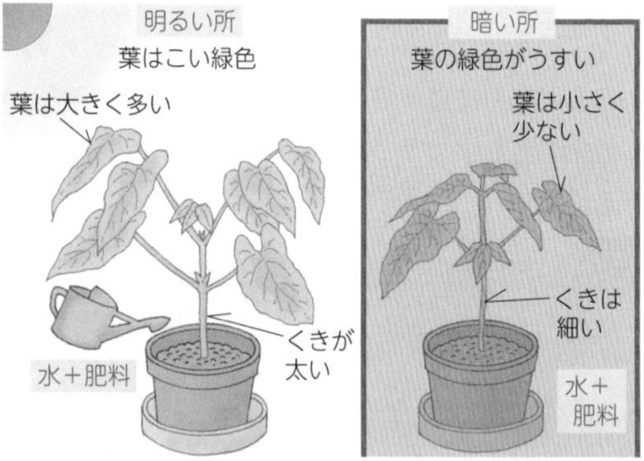

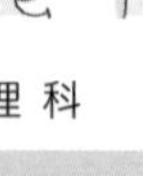

最重要ポイント

植物が発芽後じょうぶに育つためには、**肥料**と**日光**が必要である。

くわしい学習

●ウキクサの育ち方

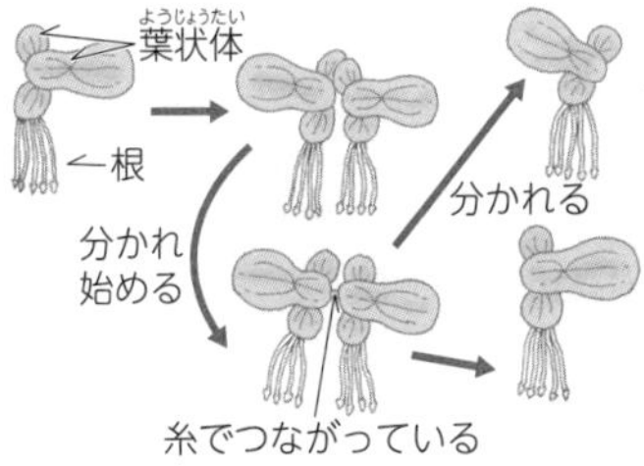

ウキクサは、肥料をあたえ、日光にあてることで、数をふやしていく。

●ウキクサの育ち方と肥料と日光

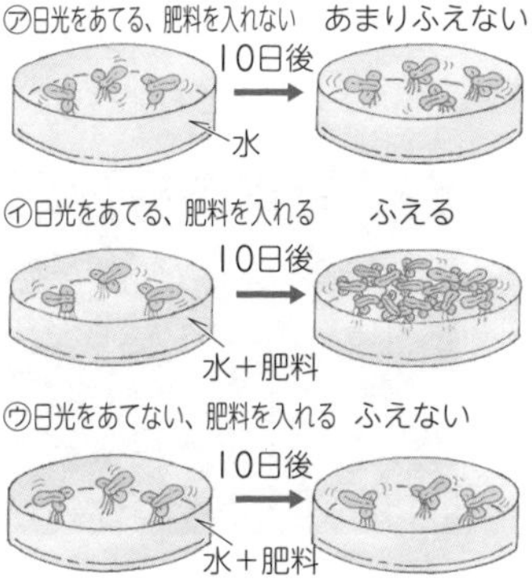

●なん化さいばい…日光にあてないで育てた植物は、緑色にならないで、くきや葉もやわらかい。そこで、ウド・セロリ・ホワイトアスパラガスなどは、わざと日光にあてないで育て、わたしたちが食べやすいようにさいばいしている。

もやしは、ダイズなどを暗い所で発芽させたもので、くきが長くのびて、くきや葉の色は黄色っぽくなる。

●くきののび方と日光…植物のくきには、光のやってくる方向に向かってのびようとする性質《せいしつ》がある。この性質を正の光くっ性という。

●根ののび方…根には、日光のあたらないほうへとのびる性質がある。この性質を負の光くっ性という。

チェックテスト

① 肥料をあたえたものは、あたえないものに比べ、どんなちがいがありますか。
㋐葉の大きさと数　㋑くきの太さ

② 日光をあてたものは、あてないものに比べ、どんなちがいがありますか。
㋐葉の色と大きさ　㋑くきの太さ

答え

① ㋐大きくて多い
㋑太い

② ㋐こい緑色で大きい
㋑太い

5 ふりこ

1 ふりこのきまり

注意 ふりこの長さとは、ふりこをつるした点からおもりの中心までの長さのことである。

❶**ふりこ**…糸におもりをつるして、ふれるようにしたものを**ふりこ**という。

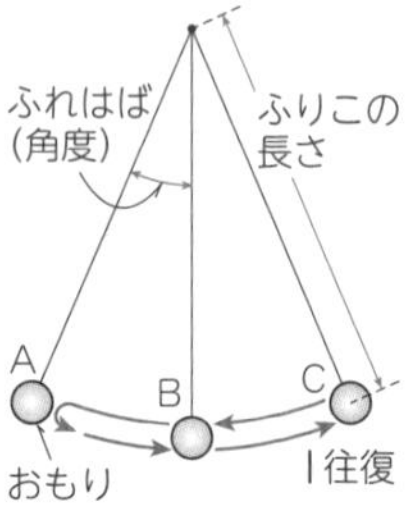

❷**ふりこの長さ**…つり下げた糸のもとから、糸の先につり下げたおもりの**中心**までをいう。

❸**ふれはば**…ふりこがふれるときの角度をいう（AからBまたはAからCの角度をさす）。

2 ふりこの性《せい》質《しつ》

注意 ふりこの長さが決まっているとき、ふれはばやおもりの重さが変わっても、ふりこの1往復する時間は変わらない。

ふりこの長さが長くなると、ふりこが1往復する時間は長くなり、ふりこの長さが短くなると、1往復する時間は短くなる。

❶**ふりこの1往復《おうふく》の時間**…1往復する時間はふりこの長さが長いほど**長く**なり、ふりこの長さが同じなら、おもりの**重さ**や**ふれはば**を変えても変わらない。
↳ふりこの等時性

❷**おもりの動く速さ**

㋐**おもりの速さ**

➡1往復の間で最もはやいのは、おもりと糸が地面と垂直《すいちょく》になったとき。

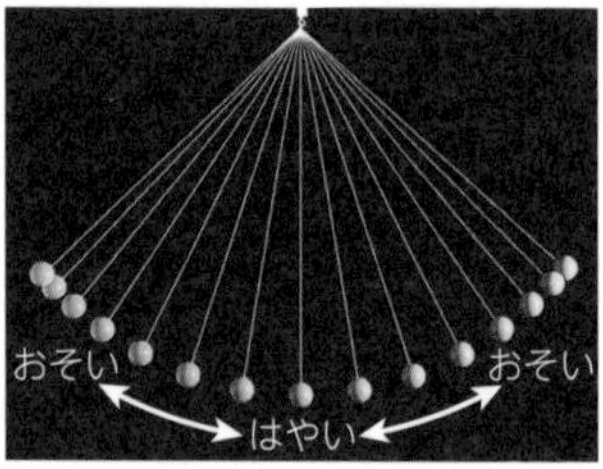

㋑**ふれはばと動く速さ**➡ふれはばを大きくするほど、おもりの動く速さははやくなる。

最重要ポイント

ふりこが1往復する時間は**ふりこの長さ**で決まり、ふりこの長さが長いほど、1往復する時間は**長く**なる。

くわしい学習

●ふりこの性質とガリレオ・ガリレイ

ガリレイは、イタリアのピサの町の教会の天井《てんじょう》からつるされていたランプが、右へ左へとゆっくりゆれていたのを見ていて、ゆれはばが小さくなっても、大きくゆれているときと、往復する時間は変わらないことを、自分の脈はくで確《たし》かめた。

このようにして、ふりこのふれはばが変わっても、ふりこが１往復する時間は変わらないことが、ガリレイによって発見されたといわれている。

●ふりこが１往復する時間の求め方

ふりこが10往復するのに14秒かかるとき、14÷10＝1.4〔秒〕となる。

●ふりこの利用…ふりこ時計、メトロノームは、ふりこの長さが同じとき、ふりこが１往復する時間が変わらないことを利用している。

●ふりこ時計…電気やぜんまいの力でふりこの運動を続けさせる時計である。

❶時計がおくれるとき…おもりを上げて、ふりこの長さを短くして調節する。

❷時計が進むとき…おもりを下げて、ふりこの長さを長くして調節する。

●メトロノーム…ふりこが１往復する時間が一定であるという性質を利用している。おもりを上げたり下げたりすることによって、ふりこの長さを変えてテンポを変えることができる。

チェックテスト

① ふりこの１往復の時間は何によって決まりますか。

② ふりこの長さが長くなると、１往復の時間はどうなりますか。

③ ふりこの長さが同じで、ふれるはばが大きくなると、㋐１往復の時間、㋑ふれる速さはどうなりますか。

答え

① ふりこの長さ

② 長くなる

③ ㋐変わらない
㋑はやくなる

6 ものの動きとしょうとつ

発展

1 ふりこのおもりのはたらき

❶ふれはばとおもりのはたらき…ふれはばが大きいほど、おもりの動きがはやくなり、ものを動かすはたらきが大きくなる。

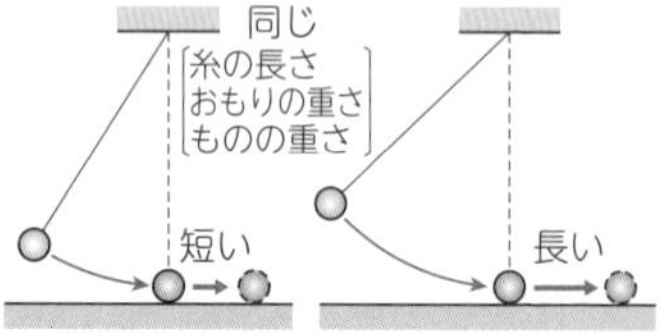

❷重さとおもりのはたらき

おもりが重いほど、ものを動かすはたらきが大きくなる。

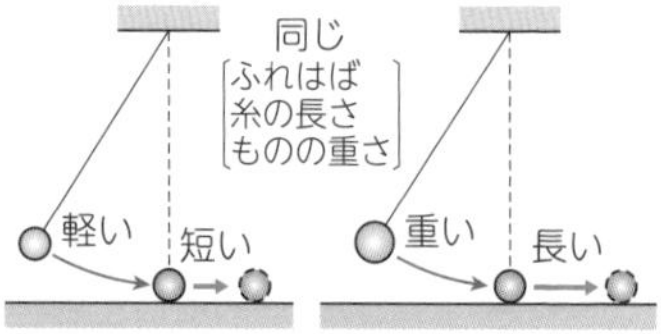

最重要ポイント

おもりがはやく動くほど、おもりが重いほど、ものを動かすはたらきは大きい。

2 ころがるおもりのはたらき

注意 動かされるものが重いほど、動くきょりが短い。

❶おもりの高さとほかのものを動かすはたらき

高い所にある㋐のほうが㋑よりものをより遠くへ飛ばす。

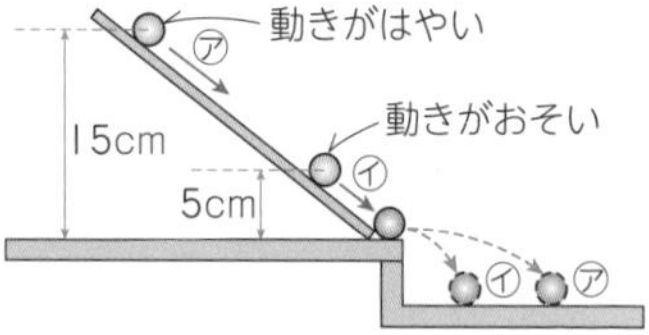

❷おもりの重さとほかのものを動かすはたらき

おもりが重いほど、ものをより遠くへ動かす。

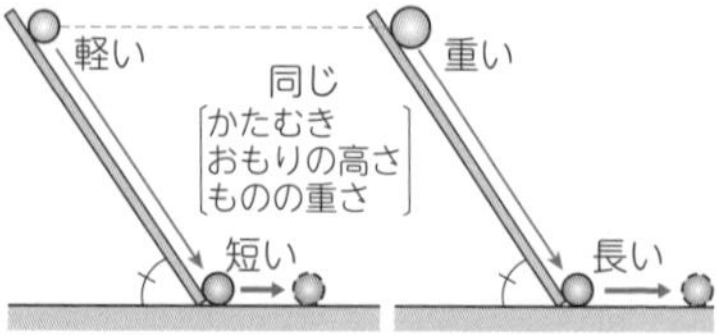

くわしい学習

●ふりこのおもりのしょうとつ

　ふりこのおもりをほかのものにしょうとつさせると、おもりの力で動かすことができる。このとき、ものの動き方は、ふりこのふれはばが大きいほど、おもりの重さが重いほど大きくなる。

　おもりがほかのものを動かすはたらきは、おもりがはやく動くほど、おもりが重いほど大きくなる。

●しょうとつさせるほかのものの重さと動くきょり

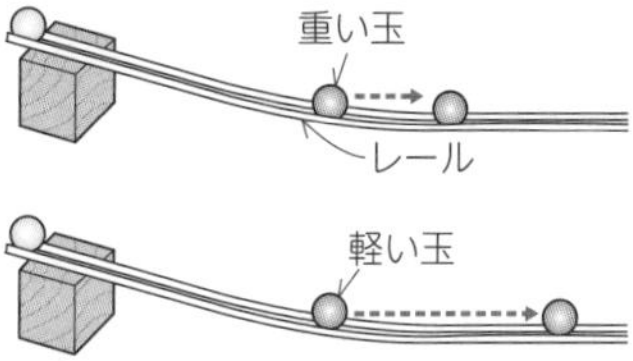

❶ほかのものが重いとき、ものの動く速さはおそい。また、遠くまでころがらない。

❷ほかのものが軽いとき、ものの動く速さははやい。また、遠くまでころがる。

●**速さと受ける力**…走っている自動車がほかの自動車にしょうとつしたとき、以下のような結果になるといえる。

❶軽い自動車より、重い自動車のほうが大きな力を受ける（同じ速さ）。

❷ゆっくり走っているときより、はやく走っているときのほうが大きな力を受ける（重さは同じ）。そのため、スピードを出しているときのほうが大事故《じこ》になりやすい。

チェックテスト

おもりをものにしょうとつさせたときのようすについて答えなさい。

① おもりの重さが重いほど、ものを動かすはたらきはどのようになりますか。

② おもりをころがす高さが高いほど、ものを動かすはたらきはどのようになりますか。

③ おもりの速さがはやいほど、ものを動かすはたらきはどうなりますか。

答え

① 大きくなる
② 大きくなる
③ 大きくなる

7 花のつくり

1 アサガオの花のつくり

注意 花の四要素
花びら、がく、おしべ、めしべ

❶**めしべ**…花の中央に１本、もとのほうに子房《しぼう》がある。

❷**おしべ**…５本。

❸**花びら**…つつになっている。
↳合弁花という

❹**が　く**…５つにさけている。

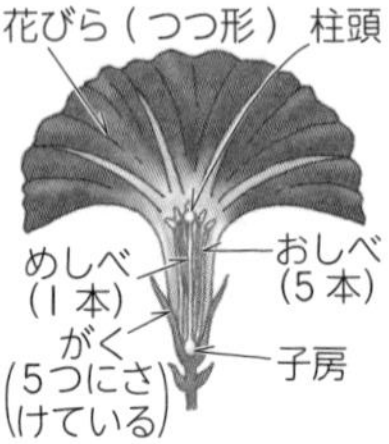

最重要ポイント

花は、外側から、がく、**花びら**、おしべ、**めしべ**の順についている。

2 ヘチマの花のつくり

注意 ヘチマは、お花におしべ、め花にめしべがある。

ヘチマの花は、１つのかぶに、**お花とめ花**がある。

❶**お　花**…**おしべ**、花びら、がくがある。
↳めしべはない

❷**め　花**…**めしべ**、花びら、がくがある。
↳おしべはない

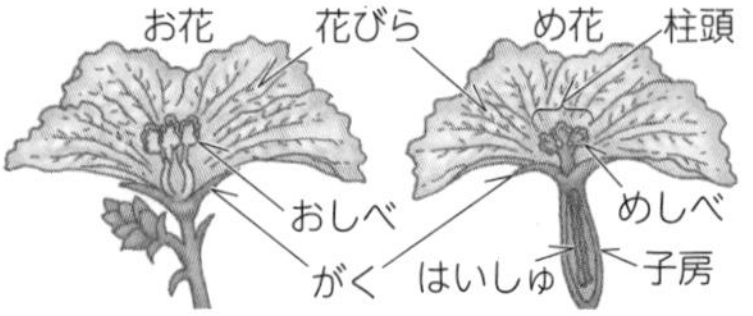

3 おしべとめしべ

注意 おしべの先にはやくがあり、中には花粉が入っている。
花粉の形や大きさなどは、植物の種類によって決まっている。

❶**おしべ**…**やく**と花糸《かし》からできている。やくの中で**花粉**がつくられ、花糸はやくを支《ささ》えるはたらきをもつ。

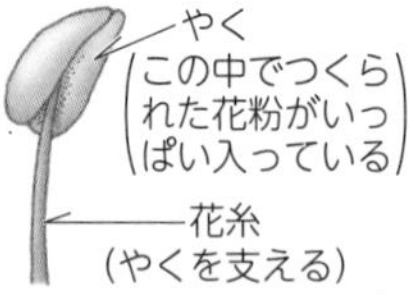

おしべの数は花の種類でちがう

❷**めしべ**…柱頭、花柱、子房からできている。

㋐**柱　頭**…めしべの先の部分。

㋑**子　房**…めしべのふくらんでいる部分。のちに**実**となる。子房の中に**はいしゅ**がある。

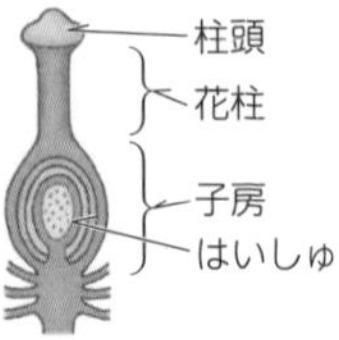

くわしい学習

両性《りょうせい》花《か》と単性《たんせい》花《か》

❶両性花…1つの花の中におしべとめしべがそろっている花。アサガオ・アブラナ・タンポポ・オシロイバナ・サクラ・エンドウ・イネなど。

❷単性花…お花とめ花に分かれている。ヘチマ・カボチャ・キュウリ・マツ・トウモロコシなど。

花のつくり

❶アブラナのなかま

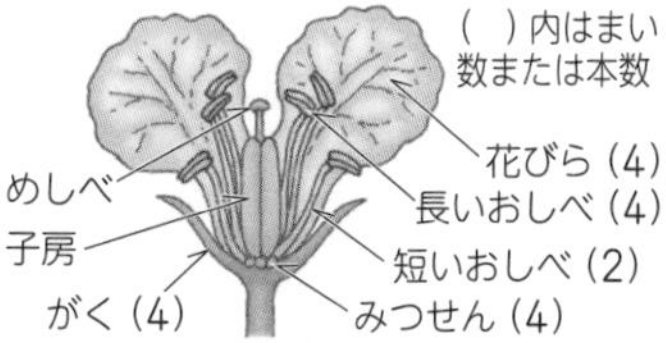

❷タンポポのなかま

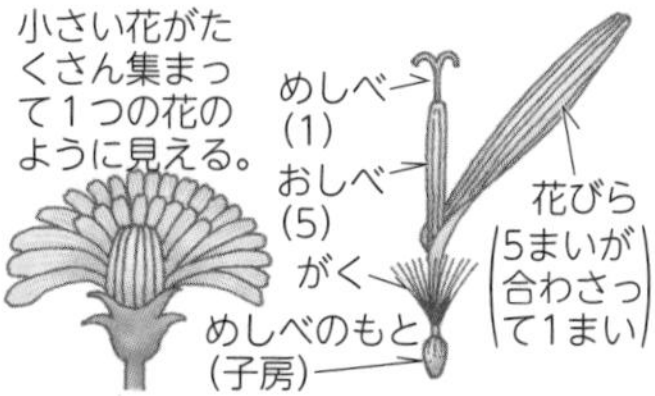

❸イネのなかま

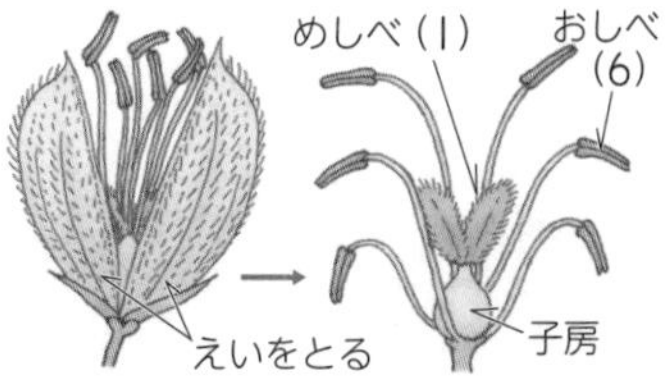

❹マツのなかま

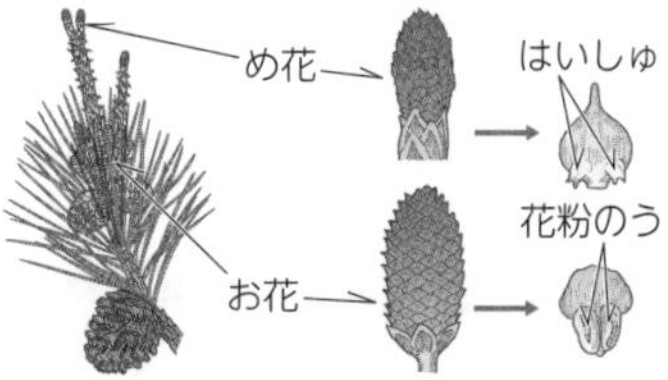

いろいろな花粉

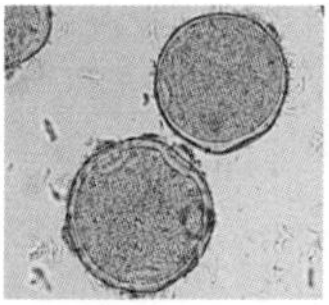
カボチャの花粉

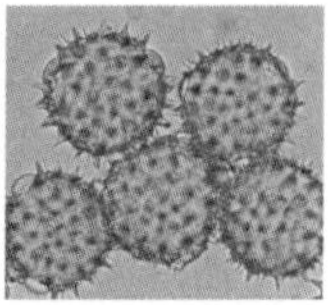
ヒマワリの花粉

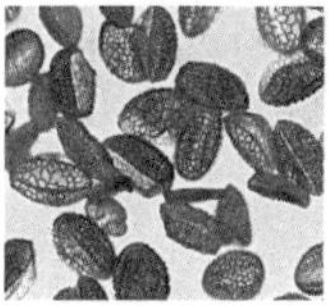
ユリの花粉

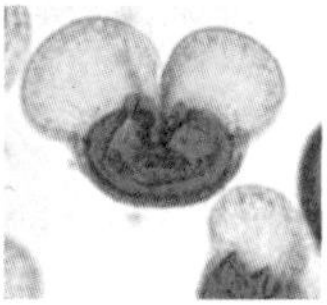
マツの花粉

チェックテスト

① おしべの先のやくには何がありますか。
② めしべの先の部分を何といい、また、根もとを何といいますか。
③ 子房は、やがて何になりますか。

答え

① 花粉
② 柱頭・子房
③ 実

8 受粉と実のでき方

1 受　粉

注意 受粉する。➡花粉管がのびる。➡受精《じゅせい》する。➡実や種子ができる。

❶受　粉…めしべの柱頭に花粉がつくこと。

❷受粉すると、子房《しぼう》が実になり、中に種子ができる。

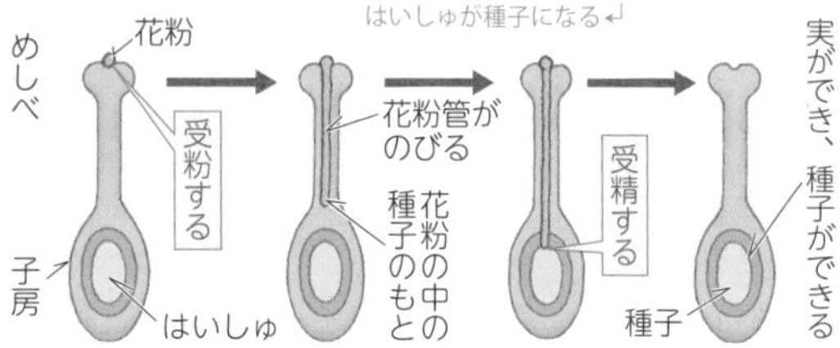

2 アサガオの花粉のはたらき

注意 おしべの花粉がめしべの先の柱頭につかなければ、実はできない。

注意 ヘチマのお花の花粉は、虫に運ばれてめ花の柱頭につき、受粉して実ができる。

❶柱頭に花粉をつけた花

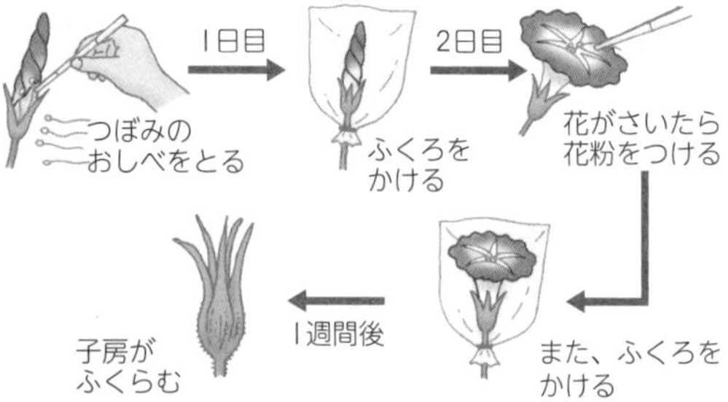

❷柱頭に花粉をつけなかった花

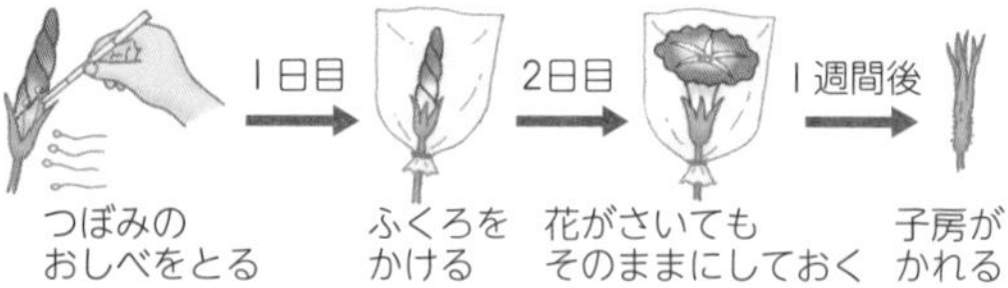

❸わかったこと…受粉した花は子房がふくらんだ。

受粉しない花は子房がかれてしまう。

最重要ポイント

実ができるためには、柱頭に花粉がつくこと（受粉）が必要である。

くわしい学習

●花粉の運ばれ方…受粉のなかだちをするもの。

❶虫媒花《ちゅうばいか》…花粉が虫によって運ばれ、受粉する。ヘチマ・カボチャ・ヒマワリなど。

花粉はねばねばしたり、とげがあったりして、虫のからだにつきやすくなっている。花の色が美しく、におい、みつを出すことで虫を引きよせる。

❷風媒花…花粉が風に飛ばされて受粉する。マツ・スギ・トウモロコシなど。

花粉は量が多く、軽くさらさらして、風に飛ばされやすくなっている。花は目だたず、においやみつも出さない。

❸水媒花…水中や水面で花をさかせて、花粉が水に運ばれて受粉する。キンギョモ・クロモ・ヤナギモなど。

❹鳥媒花…花粉が鳥のからだについて受粉する。ツバキ・サザンカ・ビワなど、木にさく花に多く見られる。

●人工受粉…人の手で、花粉を柱頭につけることをいう。

人工受粉は、花粉を運ぶ虫が少なかったりして、受粉が行われにくいときや、品種改良のときに行われる。

人工受粉をするものに、ナシ・リンゴ・メロン・スイカ・ブドウ・イチゴなどがある。

果実類は自家受粉では果実ができないため、果樹園《かじゅえん》などでは人工受粉を行う。

●自家受粉…同じ花のおしべの花粉がめしべの柱頭について受粉すること。アサガオ・エンドウなど。

●他家受粉…同じ種類のほかの花の花粉がつき、受粉すること。

チェックテスト

① 花粉がめしべの柱頭につくことを何といいますか。

② 受粉した花の子房はどうなりますか。

③ 受粉しない花の子房はどうなりますか。

答え

① 受 粉

② 実になる

③ かれてしまう

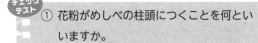

9 メダカの産卵

1 メダカのおすとめす

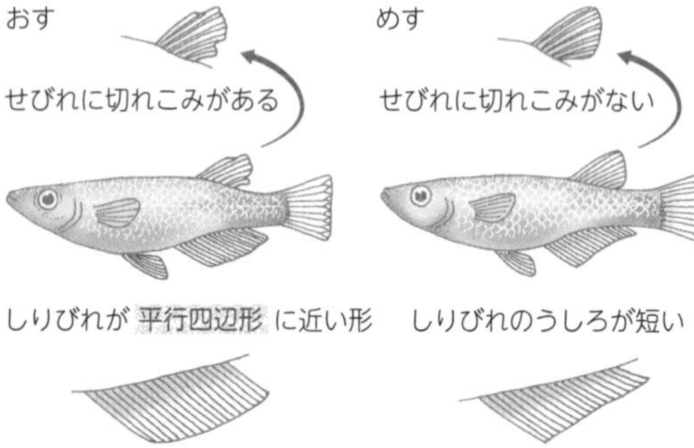

2 メダカの産《さん》卵《らん》のようす

参考 たまごと精子がいっしょになることを受精という。受精によって、新しい生命が生まれる。

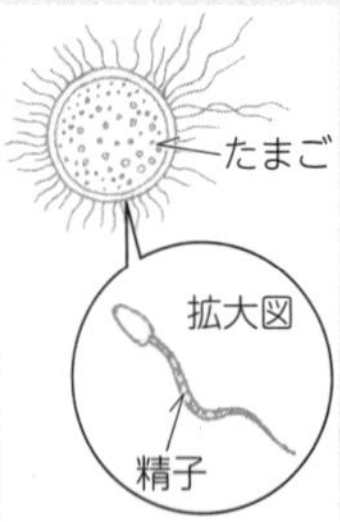

メダカの精子はたまごよりとても小さい。

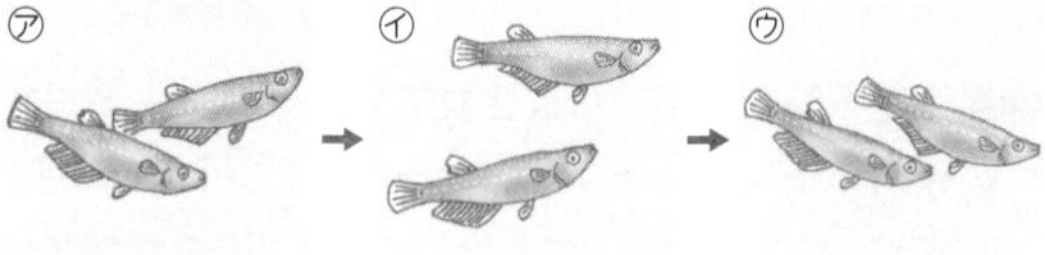

㋐ 朝方、おすがめすを追いかけている。

㋑ おすとめすがならんで泳ぐようになる。

㋒ おすがめすにからだをよせるように泳ぐ。

㋓ めすのはらからたまごが見えるようになると、おすが精子《せいし》をかける。たまごは、おすのしりびれに包まれるように産み出される。

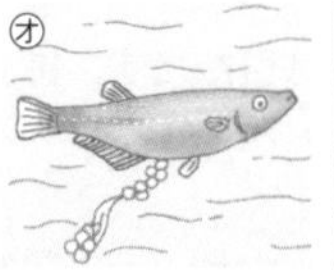

㋔ めすは、しばらくの間たまごをつけたまま泳いでいる。やがて、水草などにたまご(受精卵《じゅせいらん》)をつける。

たまごは直径 1～1.5 mm の球形。

最重要ポイント

たまごと精子が結びついて**受精**するとたまごは成長を始める。

くわしい学習

●メダカの飼《か》い方

❶水そうは、直射日光《ちょくしゃにっこう》のあたらない明るい所に置き、底にはよくあらった小石やすなをしく。また、たまごを産みつけやすいように、水草を入れ、水は、池の水か、くみおきの水道水を入れる。

❷メダカは、おすとめすを入れる。

❸えさは、食べ残さない程度《ていど》に、毎日１～２回やる。

❹メダカは水温が 25℃くらいになると、たまごをよく産むので、必要なときはヒーターを入れる。

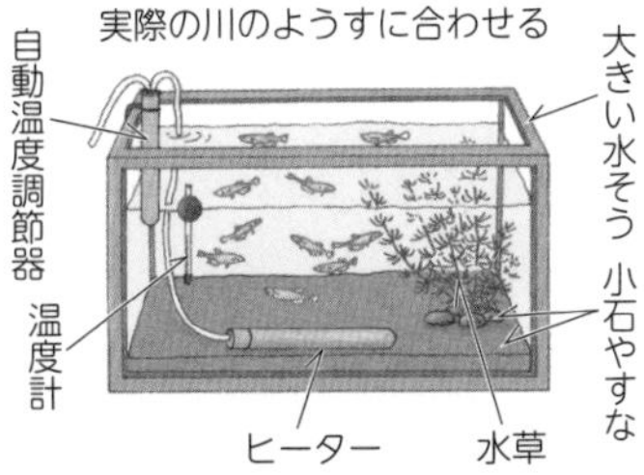

▲メダカの上手な飼い方

●メダカの産卵の条件《じょうけん》

❶**メダカのおすとめす**…おすとめすの両方を入れる。

❷**水　温**…メダカは、初夏のころ、水温が18℃をこえるとたまごを産み始め、秋になって水温が18℃以下になると、たまごを産まなくなる。メダカの産卵に適《てき》した水温は、約 25℃である。

❸**産卵の時こく**…メダカの産卵は、太陽の出ない朝はやくに行われる。

昼の長さが13時間以上にならないとたまごを産まないともいわれている。

❹**産卵とえさ**…水温を 25℃に保《たも》ち、メダカ用のえさを十分にあたえると、産卵がさかんになる。えさをあたえないでおくと、水温が 25℃の適温であっても、動きもにぶく、なかなか産卵しない。

チェックテスト

① メダカのおすとめすは、からだのどこでわかりますか。

② メダカは、１日のうち、いつ産卵しますか。

③ 産卵が最もさかんになる温度は、何℃ぐらいですか。

答え

① せびれ・しりびれ

② 夜明けごろ（朝方）

③ 約 25℃

理科

10 メダカのたまごの成長

1 たまごから子メダカまで

参考 たまごの育ち方は、温度に関係がある。

注意 たまごと親を分ける理由…メダカのたまごを親といっしょに入れておくと、親がたまごを食べてしまうことがあるからである。

注意 メダカは、たまごの中の養分で成長し、11日ぐらいたつと子メダカになる。

❶たまごの変化のようす(水温 25℃のとき)

㋐受精《じゅせい》直後のたまごの中には、油の球がある。

㋑2時間後➡油の球がくっつき合って大きくなる。

㋒3日目➡頭が大きくなって**目**がはっきりしてくる。

㋓4日目➡**心ぞう**ができはじめる。

㋔6日目➡心ぞうの動きや**血液《けつえき》の流れ**がよくわかる。

㋕8日目➡からだがときどきくるりと動く。

㋖11日目➡からから子メダカが出る。

㋗11日目➡からから出たばかりの子メダカは、しばらく水そうの底でじっとしている。

2、3日は何も食べない↵

からから出たばかりの子メダカは、はらがふくらんでいて、この中には**養分**がある。

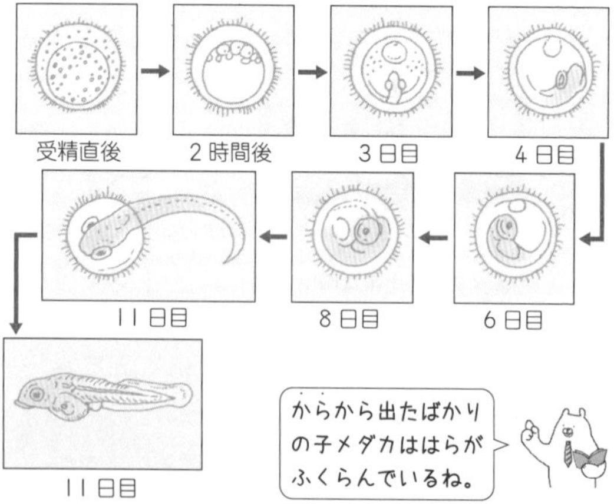

最重要ポイント

子メダカは、はらの中の**養分**を使って育つ。

くわしい学習

●**かいぼうけんび鏡《きょう》の使い方**

❶直射日光《ちょくしゃにっこう》があたらない、明るい場所に置いて使う。

❷レンズをのぞきながら明るく見えるように**反射《はんしゃ》鏡**を調節する。

❸見るものを、ステージの上に置く。

❹レンズを動かして、見ようとする部分が真下にくるようにする。

❺調節ねじでレンズを上下させて、よく見えるようにする。

❻かいぼうけんび鏡は、実物の10〜20倍の大きさで見ることができる。

●**たまご**…表面に透《とう》明《めい》の卵膜《らんまく》があり、短い毛(**じゅう毛**)と長い毛(**付着毛**)が生えている。

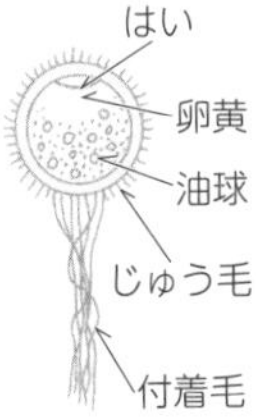

●**たまごの育ち方と水温**…水温が**25℃**ぐらいで育てたたまごに比《くら》べて、18℃ぐらいの低い温度で育てたものは、子メダカになるまでに、およそ1週間ぐらい多くの日数がかかる。

メダカのたまごは、水温が低すぎても高すぎてもうまく育たない。

●**かえったばかりの子メダカ**

❶かえったばかりの子メダカは、体長が4mmぐらいで、はらの下のほうに、**養分**の入ったふくろをつけている。初めは、えさをあたえても食べない。

❷**ふくらんだふくろ**…この中に養分が入っていて、かえったばかりの子メダカは、この養分で育つ。

このふくろは2〜3日たつと、ふくらみがなくなる。そのころから、えさを食べ始める。

チェックテスト

① たまごがよく育つ水温は何度ですか。

② 子メダカのからだの下のふくろには何が入っていますか。

③ かえった子メダカがえさを食べ始めるのは、いつごろですか。

答え

① 25℃

② 養 分

③ はらの中の養分がなくなるころ

11 人のたんじょう

1 人のたんじょう

女性の卵《らん》(卵子《らんし》)と男性の精子《せいし》が受精《じゅせい》すると、受精卵《じゅせいらん》P.72 参照↲となり、母親の子宮《しきゅう》の中で育っていく。

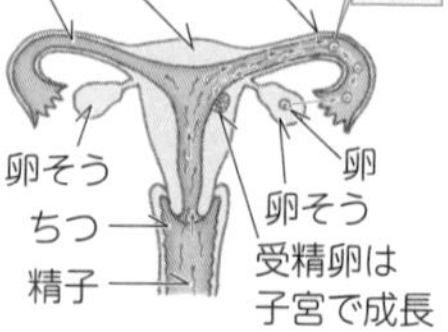

▲受精のしくみ

❶受精卵は子宮の中で成長を始め、胎児《たいじ》になる。
↳子宮の中にいる子ども

❷**4 週目**(身長約 0.4 cm)…心ぞうが動き始める。

❸**8 週目**(身長約 3 cm)…手足、目、耳の形がはっきりして、からだを動かし始める。

❹**24 週目**(身長約 30 cm)…心ぞうの動きが活発になり、からだを回転させて、よく動くようになる。

最重要ポイント

受精卵は母親の子宮で育ち、約**38**週間で成長した子どもがたんじょうする。体重は約 **3000** g、身長は約 **50** cm。

注意 受精卵は母親の子宮で育ち、受精してから約38週間で成長した子どもが生まれ出てくる。

参考 受精卵は、受精して1か月から2か月ほどで人らしい形へと育っていく。

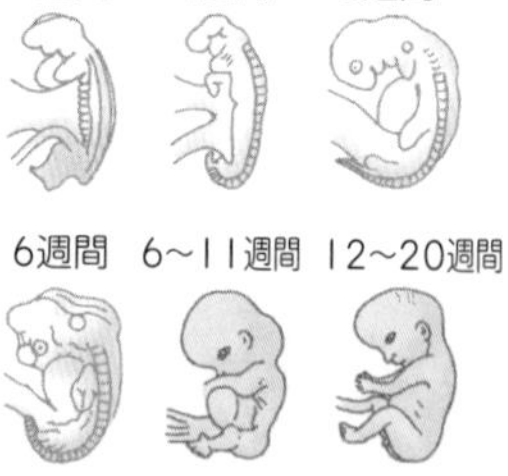

注意 上の図は、それぞれの時期の形を表しているだけで、大きさはこのとおりではない。

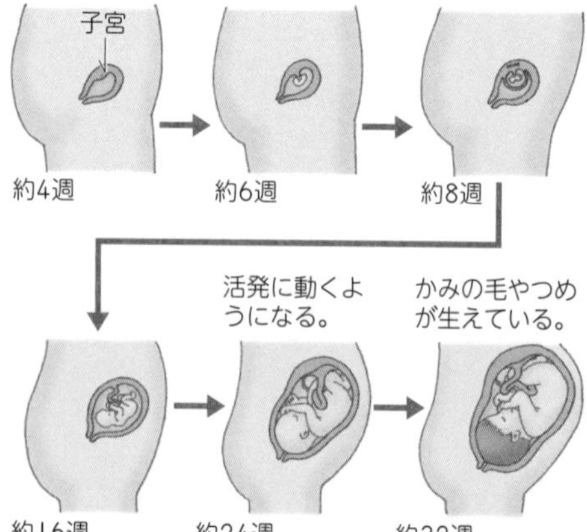

▲受精卵の育ち

くわしい学習

●へそのおとたいばん

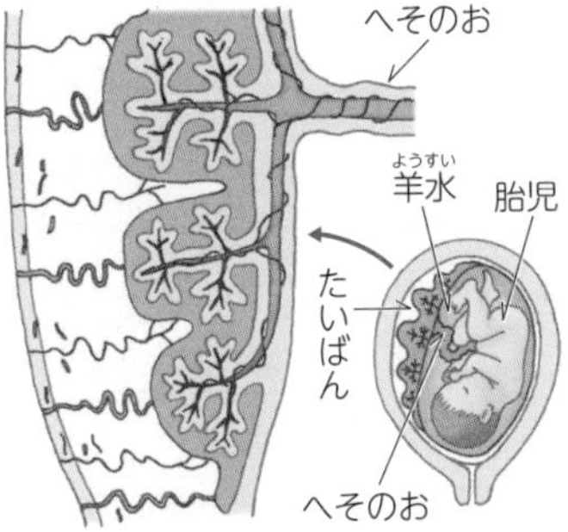

へそのおはたいばんにつながっている。

●へそのおを流れる血液《けつえき》

❶胎児は、へそのおとたいばんで母体とつながっている。

❷胎児の血液は、へそのおを通して、胎児の心ぞうを使ってたいばんの中の根のように分かれた血管に送られ、そこで不要なものがとりのぞかれる。

❸反対に、母親の新せんな血液から、養分や酸素《さんそ》をとり入れて、またもどってくる。

❹へそのおを流れる血液は、胎児の血液である。

❺母親と胎児の血液が直接《ちょくせつ》まざることはなく、おたがいにちがう血液型のこともある。

●子宮の中での育ち

❶子宮の中の胎児は、羊水という液体にうかんだような状態で、頭を下にしている。羊水があることで、胎児は外部からうけるしょうげきからまもられる。

❷38 週近くになって、胎児が身長約 50 cm、体重 3000 g ぐらいに成長すると、外に出る合図を母親に送る。

❸合図を受けた母親の子宮は、規則正しくちぢみ始め(じんつう)、胎児を子宮の外へおし出す。

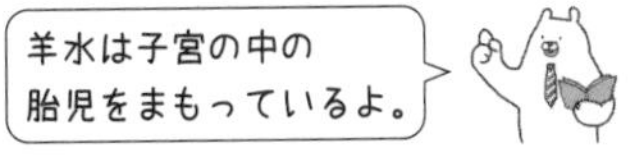

チェックテスト

① 受精卵は、母親のどこで育ちますか。

② 胎児は受精してから約何週間で母親からたんじょうしますか。

③ 胎児はへそのおを通して何と何をとり入れていますか。

答え

① 子 宮

② 約 38 週間

③ 養分・酸素

12 動物のたんじょう

1 動物の生まれ方

❶卵《らん》 生《せい》…たまごで生まれてくることを**卵生**という。
❷胎《たい》 生《せい》…親と似《に》たすがたで生まれてくることを**胎生**という。

2 たまごで生まれる動物

注意 たまごがかえるまでは、たまごの中の養分で育つ。

❶**たまごで生まれる動物**…鳥のなかま、魚のなかま、カエルやカメなどのなかま、こん虫のなかまなど、多くの動物はたまごで生まれてくる。
(鳥のなかま：スズメ・ニワトリなど／魚のなかま：メダカ・サケなど／こん虫のなかま：トンボ・バッタなど)

❷**たまごで生まれる動物の生まれ方**…たまごの中に、かえるまでの**養分**がある。サケなどの魚のなかまは、めすの産んだたまごにおすの精子《せいし》をかける。ニワトリは、めすの卵子《らんし》とおすの精子がいっしょになった受精卵を産む。

3 親と似たすがたで生まれる動物

注意 親と似たすがたで生まれる動物は、母親のからだの中で、母親から養分をもらって育つ。

❶**親と似たすがたで生まれる動物**…イヌ・ネコ・ウマ・ウシ・ライオン・シカ・人など(ほにゅう類)。

❷**親と似たすがたで生まれる動物の生まれ方**…めすの体内でつくられた卵(**卵子**)と、おすの体内でつくられた**精子**が受精すると、受精卵となる。➡受精卵は、めすの体内で母親から養分をもらって成長していく。

❸生まれたあと、母親から乳《ちち》をもらって育つ。

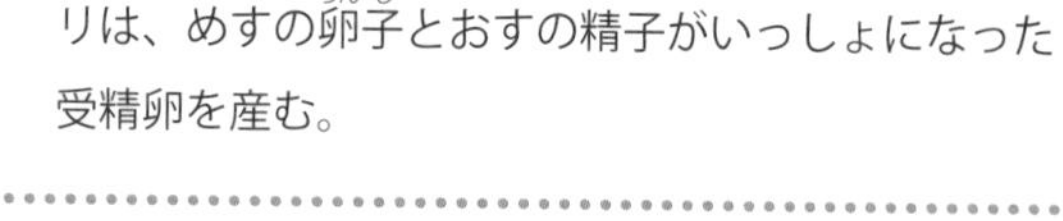

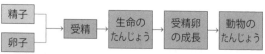

最重要ポイント

動物には、親のからだからたまごで生まれるものと、親と似たすがたで生まれるものがある。

くわしい学習

●サケのたんじょう

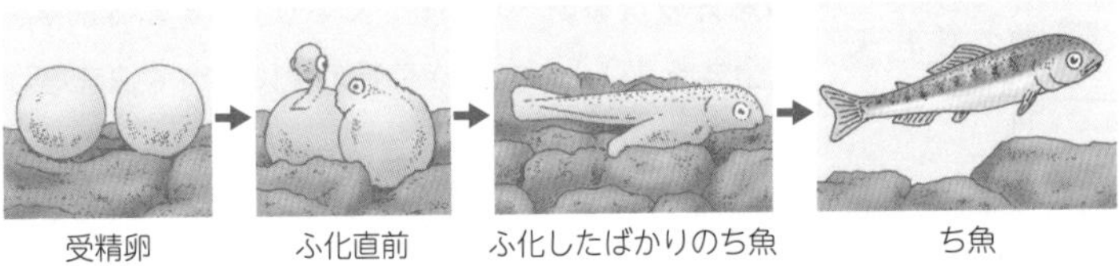

●ニワトリのたんじょう

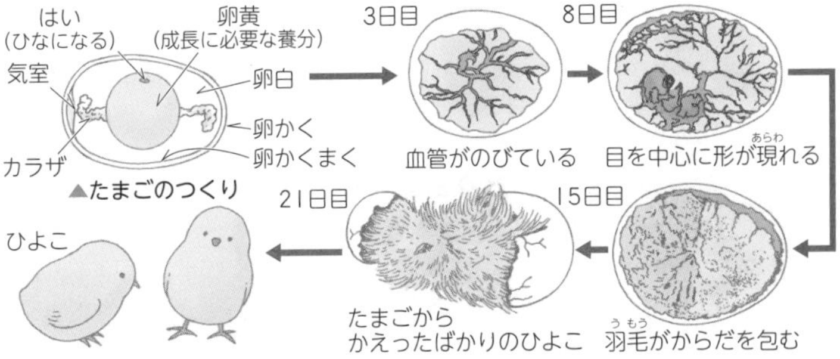

▲たまごのつくり

●ウシのたんじょう

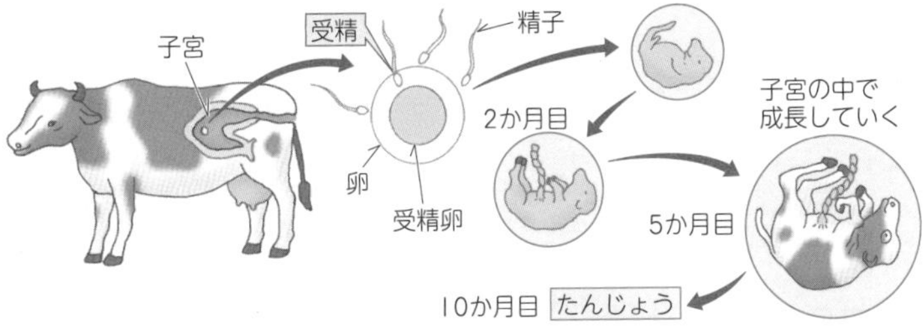

チェックテスト

① めすの卵子とおすの精子がいっしょになることを何といいますか。

② 動物の生まれ方には、2種類あります。何と何ですか。

答え

① 受精

② たまご（卵生）・親と似たすがた（胎生）

13 雲と天気

1 雲の量と天気

参考 天気図に使われる天気記号
○快晴
◑晴れ
◎くもり

❶**天気の決め方**…「晴れ」「くもり」などの区別は、空全体を10としたときの**雲の量**によって決まる。
雲量(うんりょう)という↲

雲の量 0〜1 → 快晴《かいせい》
雲の量 2〜8 → 晴れ

雲の量 9〜10 →

くもり

❷雲の量に関係なく、雨がふっているときは**雨**、雪がふっているときは**雪**である。

最重要ポイント

晴れかくもりかは雲の量によって決まる。

2 雲の動きと天気

参考 雲の動きを知らせるのは、気象衛星《えいせい》の雲画像《がぞう》である。
また、雨の地域《ちいき》を知らせるのは、アメダスによる記録である。

❶日本付近の雲は、**西**から**東**へ動いていく。天気も、雲の動きにともなって、**西**から**東**へ移《うつ》り変わる。

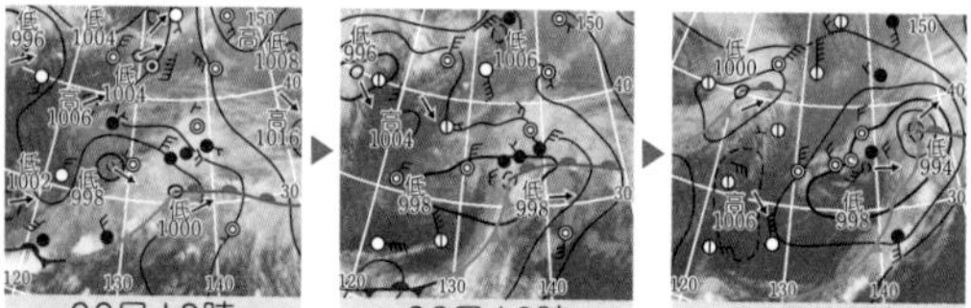

22日18時 ▶ 23日18時 ▶ 24日18時

各地の雲のようす

大阪
東京
札幌

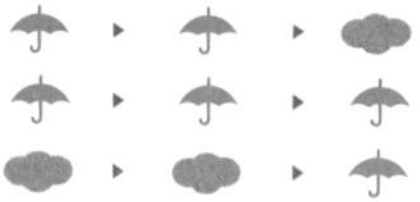

3 天気の変化を知らせる雲

㋐巻積雲《けんせきうん》…この雲がすぐに消えると、晴れやすい。
うろこ雲↲
㋑巻《けん》　雲《うん》…白い糸状《じょう》の雲で、しばらく晴れの日が続く。
↳すじ雲　↱うす雲
㋒巻層雲《けんそううん》…太陽にかさができる雲で、天気が悪くなる。

くわしい学習

●雲の種類

図中の雲を十種雲形という。

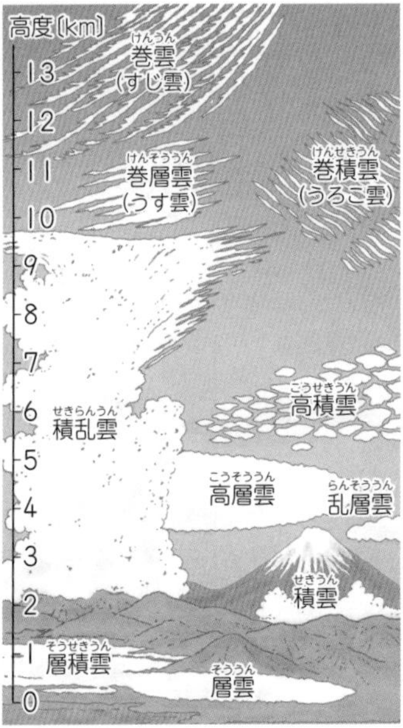

●雲のようすと天気

雲のようすや種類は、天気の変化を予想する手がかりになる。

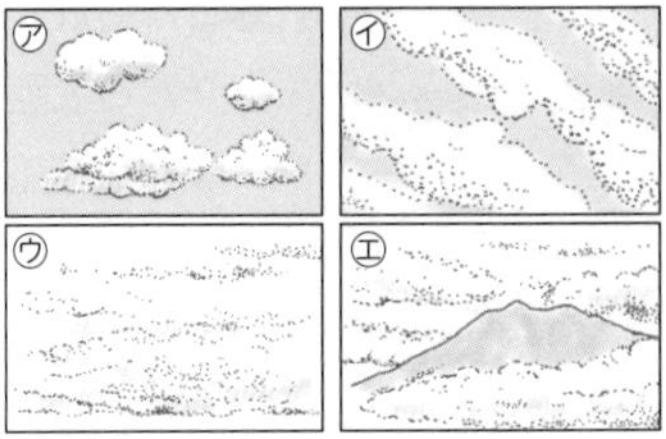

㋐**積雲（わた雲）**…晴れの日に次々と発生する。

㋑**層積雲（うね雲）**…次々に発生すると、雨になることが多い。

㋒**乱層雲（あま雲）**…黒ずんだ雲になると雨がふる。

㋓**層雲（きり雲）**…きり雨《さめ》、雪などをふらせるときがある。

天気を予想するときは、自分の住んでいる地域より西の地域の現在の天気が手がかりになるよ。

チェックテスト

① 晴れやくもりなどの天気の区別は何をもとに決めますか。

② 日本付近の雲は、（　　）から（　　）へ動いていきます。

③ 天気は、（　　）から（　　）へ移り変わっていきます。

④ 日本の雲のようすは何で調べていますか。

答え

① 雲の量
② 西・東
③ 西・東
④ 気象衛星

14 日本の天気

発展

1 日本の天気の変化

参考 同じ性質《せいしつ》をもつ空気のかたまりを気団という。

❶天気は、西から東へ移《うつ》り変わる。

❷日本付近では、夏には太平洋から大陸に向かう南東の季節風がふき、冬には大陸から太平洋に向かう北西の季節風がふく。

2 日本の天気の特ちょう

注意 冬の太平洋側ではよく晴れる。

参考 冬は大陸が冷やされ、シベリア気団が発達し、この高気圧からふき出す強い北西の季節風が日本海の上の水蒸気《すいじょうき》をふくみ、日本海側に雪をふらせる。

参考 台風は、初め西へ移動《いどう》するが、しだいに北上し、日本付近では東に進路を変える。

❶**冬の天気**…シベリア気団《きだん》からふく北西の季節風が、日本海側に雪をふらせる。

太平洋側は晴れる↲

❷**夏の天気**…小笠原《おがさわら》気団のえいきょうでむし暑い天気になる。

↳南東の季節風がふく

❸**春と秋の天気**…西から東へ周期的に天気が変化する。

❹**つゆ（梅雨《ばいう》）**…6～7月に雨の多い日が続く時期をつゆという。秋の初めにも同じような時期があり、秋雨《あきさめ》という。

❺**台風**…夏に南の海で発生する。

最重要ポイント

日本周辺の3つの気団の特ちょう

①シベリア気団（冬）…冷たく、かわいている。

②小笠原気団（夏）…あたたかく、しめっている。

③オホーツク海気団…冷たく、しめっている。

くわしい学習

つゆ（梅雨）

夏の前である6～7月ごろの、雨やくもりの天気が続く時期をつゆ（梅雨）という。

これは、南のあたたかい空気（小笠原気団）と北の冷たい空気（オホーツク海気団）が接《せつ》しているところ（これを前線という）にしめった空気が流れこむために起こる現象《げんしょう》で、特にこの時期にできる前線を梅雨前線とよぶ。

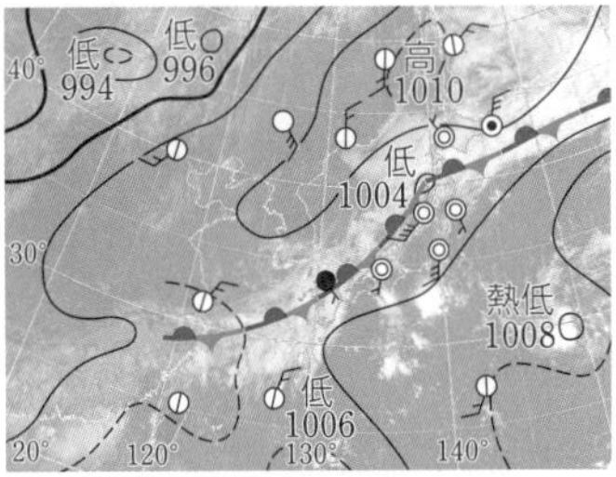

▲つゆのころの雲のようす

空気の流れ

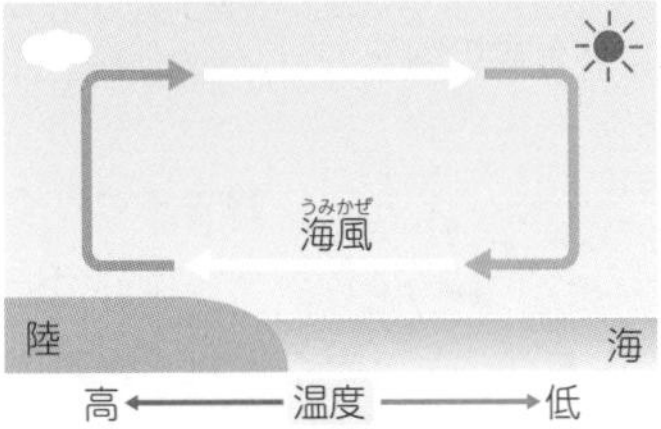

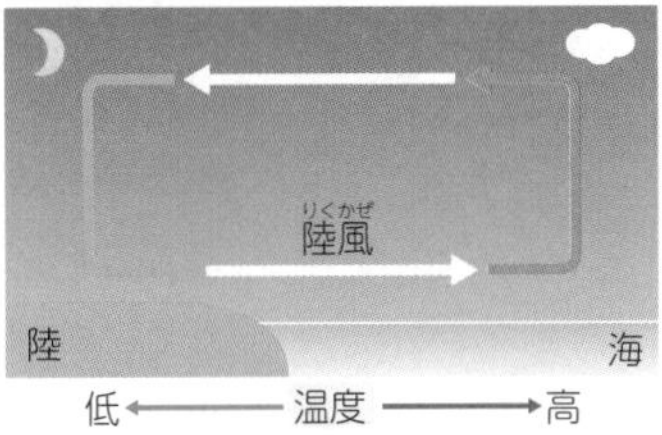

昼は、陸のほうが温度が高くなり、海から陸に風がふく。夜は、陸のほうが温度が低くなり、陸から海に風がふく。これとよく似《に》た現象が、季節によって風の向きが変わる季節風である。

チェックテスト

① 日本の天気は（　　）から（　　）へ移り変わっていきます。

② 夏の季節風はどの方向の風ですか。

③ 冬の季節風はどの方向の風ですか。

④ 冬の日本海側の天気の特徴《とくちょう》はどうなりますか。

⑤ 冬の太平洋側の天気の特徴はどうなりますか。

答え

① 西・東
② 南東
③ 北西
④ 雪の日が多い
⑤ 晴れの日が多い

15 台　風

1 台風の始まり

❶日本の南の海上で熱帯低気圧が発達し、中心付近の風速が毎秒 17.2 m 以上になったものを**台風**という。

↳1秒間に17.2 m進む速さ

❷**台風のしくみ**

中心付近には、**台風の目**とよばれる部分がある。台風の中心は、雲がほとんどなく、雨があまりふらない。

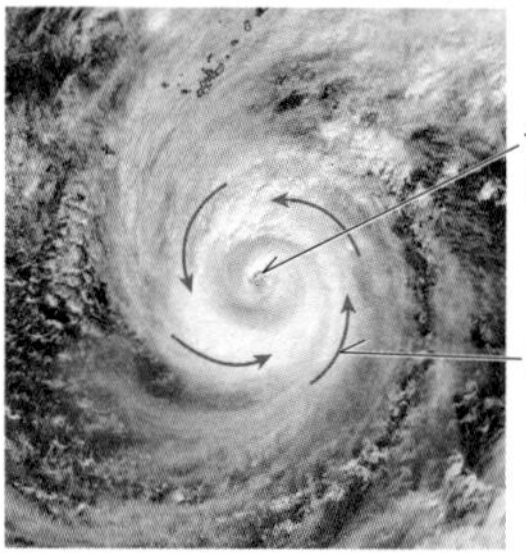

▲台風を上から見たもの

❸台風は、強い風が中心に向かって反時計まわりにふきこんでいる。

2 台風の進路

❶日本の南の海上で発生した台風は、最初は西のほうへ移動《いどう》し、やがて、北や東のほうへ動くことが多い。

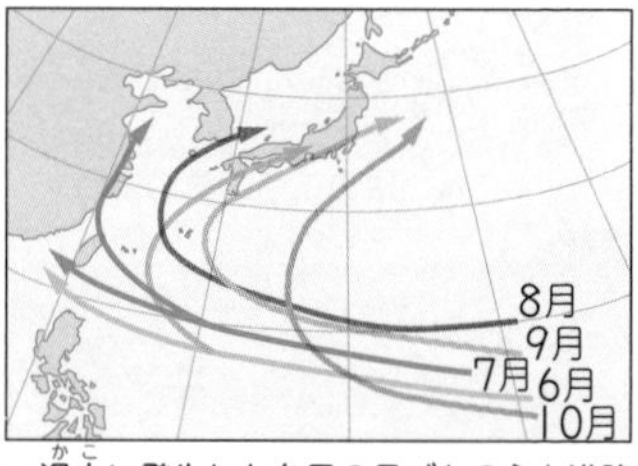

▲過去《かこ》に発生した台風の月ごとの主な進路

❷台風が近づいてくると、雨や風が強くなる。台風が通過《つうか》してしばらくすると晴れることが多い。

最重要ポイント

台風は、**夏**から**秋**に日本に近づくことが多い。

くわしい学習

●台風の情報

台風が今後動いていくと考えられる位置を、予報円として示《しめ》している。

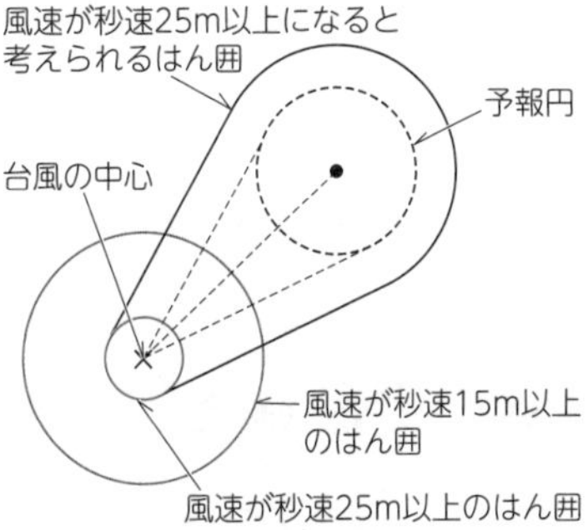

▲台風の情報

●台風の大きさと強さ

秒速１５ｍ以上の風がふくはん囲の広さで表す。また、台風の強さは、最大風速で表す。

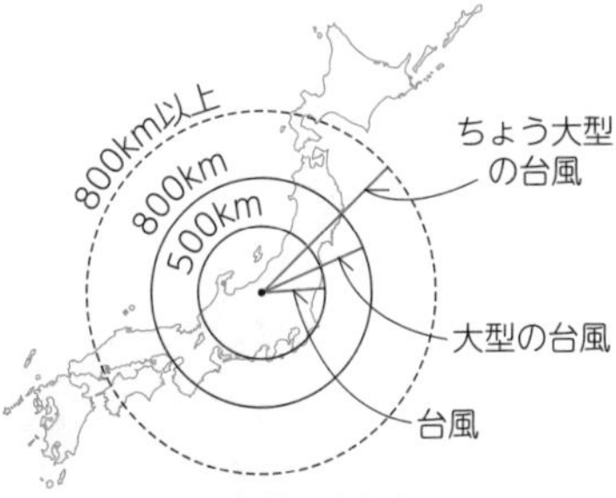

▲台風の大きさ

●台　風

夏から秋にかけて、台風が日本付近に近づいてくる。台風は日本の南の海上で発生する。台風は、初め西へ移動するが、しだいに北上し、日本付近では東に進路を変える。台風の中心付近には、あたたかく、しめった空気があり、これが大雨をふらせる。また、風も強く、上陸すると大きな災害《さいがい》を引き起こすことになる。

▲台風にともなう雲のようす

チェックテスト

① 台風の中心の部分に見られる、ほとんど雲がない部分を何といいますか。

② 台風は、（　　）から（　　）に日本に近づくことが多いです。

答え

① 台風の目

② 夏・秋

16 天気予報、雨・風による災害

1 天気予報

参考 気象衛星の雲画像《がぞう》はインターネット上の日本気象協会のホームページ(https://tenki.jp/)で見ることができる。

❶**天気予報《よほう》**…気象情報《じょうほう》をもとに、天気を予想することができる。

❷気象衛星《えいせい》からの情報をもとに、雲の分布《ぶんぷ》や動きを調べる。日本付近のようすは、気象衛星「ひまわり」が観測していて、その映像《えいぞう》は、テレビやインターネットなどで調べることができる。

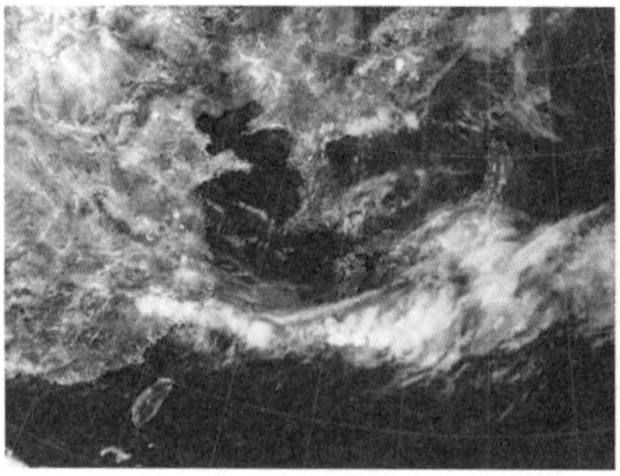

▲インターネットでのひまわり画像
(日本気象協会tenki.jp提供)

▲ひまわり9号

©三菱電機

❸**アメダス**…「地域《ちいき》気象観測《かんそく》システム」のことをアメダスといい、雨量、風向、風速、気温などを観測している。

2 雨・風による災害《さいがい》

❶台風(夏から秋のはじめ)や集中ごう雨(つゆ)による強い雨、大雨は、各地に大きなひ害をもたらす。

❷**雨・風による災害**

㋐農作物、建物へのひ害。
↳しゅうかく前の農作物が風にとばされる

㋑高《たか》しお…強風によって海水がふきよせられ、海水面が異常《いじょう》に高くなる現象《げんしょう》。

㋒河川のはんらん…橋が流される。建物のしん水《すい》。

㋓土《ど》しゃくずれ(土石流《どせきりゅう》)…大規模《きぼ》なひ害が多い。

くわしい学習

●アメダス（地域気象観測システム）

全国に約1300か所設置されていて、約840か所では降水量《こうすいりょう》に加え、風向、風速、気温、雨量、日照時間などを自動的に観測している。また、約330か所では積雪の深さもはかっている。そこで得られた情報を気象庁《きしょうちょう》のアメダスセンターに送り、センターで処理《しょり》されたものが、また各地の気象台に送られている。これは、地域ごとの細かい天気予報をしていくのに役立っている。

●天気の予報…天気を予測する方法が発達していなかった昔は、気温、しつ度（しめり気《け》）や風、雨などの気象の変化を見て、過去の経験《けいけん》と照らし合わせて、天気の予報をしていた。

- 朝焼けは雨、夕焼けは晴れ
- 朝にじは雨、夕にじは晴れ
- 入道雲《にゅうどうぐも》が出ると雨
- 月のかさは雨
- ひつじ雲は雨が近い
- うす雲は雨の前ぶれ
- 山にかさ雲がかかると雨

●天気図

テレビやインターネットでは、気象衛星やアメダスの情報に加えて、天気図を使って天気予報が行われている。天気図は、全国各地の地上観測やアメダス、気象衛星などの情報をもとにしてつくった空気の状態《じょうたい》を表す地図である。天気図では、天気や風向、風力などが天気図記号を使ってかかれている。

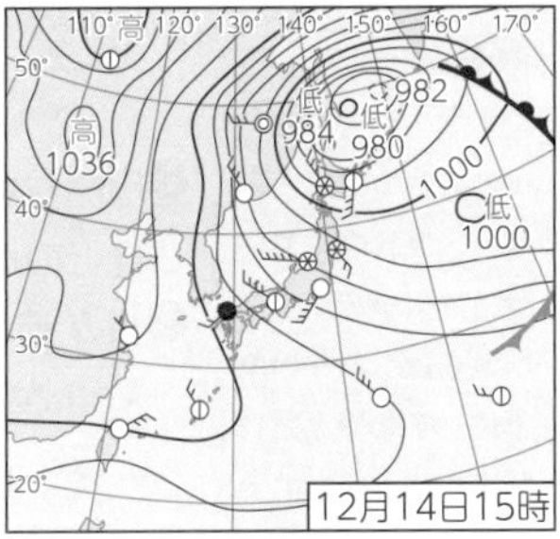

▲天気図

チェックテスト

① 全国の雨の情報を集める地域気象観測システムを何といいますか。

② 台風が近づいてくると、（　　）や（　　）による災害をもたらします。

答え

① アメダス

② 雨（大雨）
風（強風）

17 流れる水のはたらき

1 流れる水のはたらき

❶流れる水には、地面をけずったり(**しん食**)、けずった土を運んだりする(**運ぱん**)はたらきがある。

❷流れがはやかったり水の量が多いと、しん食、運ぱんのはたらきが**大きく**なる。

↳台風や大雨で川の水の量がふえると、流れる水のはたらきが大きくなる

❸流れのゆるやかな場所には、運ぱんされた土が積もる(**たい積《せき》**)。

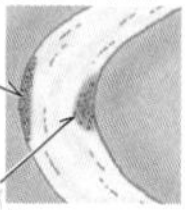
流れははやく川岸をけずる。
流れがゆるやかで土やすなが積もる。

▲曲がった流れの外側と内側

最重要ポイント

流れる水には、**しん食**、**運ぱん**、**たい積**の３つのはたらきがある。

2 川の水のはたらき

参考＞板の上に小石やすな・土をのせ、川の流れの中に入れると、流れのはやい所では、小石やすなが流され、おそい所では、すなや土だけが流される。水の流れがはやくなると、小石やすななどを運ぶはたらきが大きくなる。

❶川の水のはたらきの調べ方

板の上に小石やすなをのせ、流れの中にしずめ、それらが流されるようすを比《くら》べる。

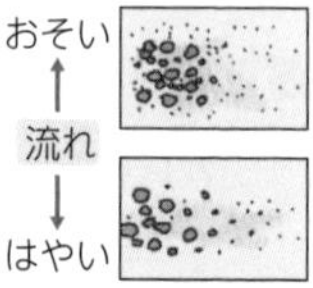

❷川岸の近くよりも中ほどのほうが流れが**はやく**、中ほどの川底は**しん食**されて深くなっている。→㋐

❸川が曲がって流れている所

- 川の外側のほうが流れが**はやい**ため、川岸は**しん食**されてがけになっている。→㋑
- 川の内側は流れが**おそい**ため、上流から**運ぱん**された土が**たい積**して川原《かわら》になっている。→㋒

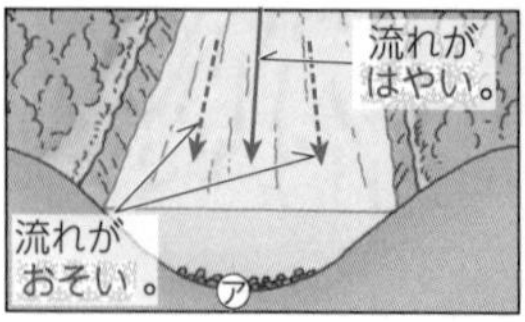

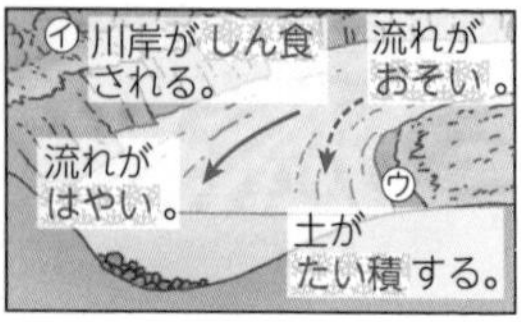

くわしい学習

●流れる雨水の速さ

❶坂の急な土地…雨水の流れがはやいため、地面をけずるはたらきも、土やすなを運ぱんするはたらきも大きい。水の流れがはやく、水の量が多いほど、そのはたらきは大きくなる。

❷ゆるやかな土地…雨水の流れはおそく、地面をけずるはたらきは小さいため、土やすなを運ぱんするはたらきも小さい。ときには土やすなを積もらせる(たい積)。

●川原の石が小さく丸いわけ

　川の上流にある角ばった大きな石が流されているうちに、たがいにぶつかり合ったり、川底の岩とこすり合ったりして角がとれ、くだかれるため、川原の石は小さく丸みをおびた形になる。

●水の流れの速さと川原のでき方

❶水の流れの速さ…川の流れは、川岸のほうはゆるやかで、流れの中心ははやくなっている。

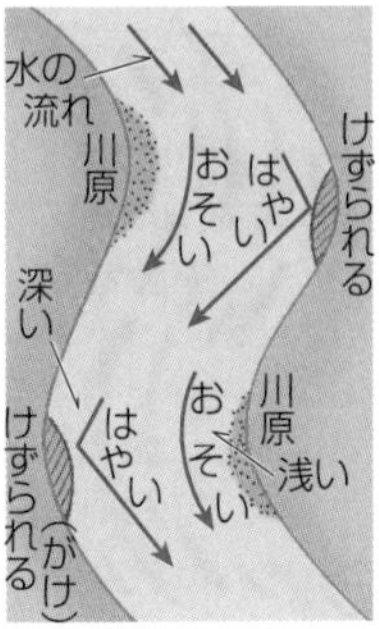

　川が曲がった所では、内側はゆるやかで、外側ははやい。

❷川原のでき方…川岸の近くや川が曲がった所の内側など、流れのゆるやかな所は、土が積もって川原ができている。

　反対に川が曲がった所の外側では、水の流れがはやいので、川岸がけずられてがけとなり、また、川底がほられて深くなっている。

チェックテスト

① 流れる水にはしん食のはたらきがあります。あと2つのはたらきを答えなさい。

② 水の流れのはやい所では、どのはたらきが大きくなりますか。

③ 川原は、川のどんな所にできやすいですか。

答え

① 運ぱん・たい積

② しん食と運ぱん

③ 川が曲がって流れている所の内側

18 流水と変化する土地

1 川の流れ

注意 上流の川の流れははやい。下流の川の流れはおそく、川原が広い。

参考 上流は流れがはやく、大きな石がある。中流は流れがゆるやか、下流は流れがおそく、小石やすなが積もっている。

❶上　流…上流は、土地のかたむきが大きいから流れがはやく、しん食・運ぱんのはたらきも大きい。深い谷やたきが見られ、川原《かわら》の石は角ばって大きい。

❷中　流…山地を出て川はばが広くなり、流れはゆるやかになる。しん食・運ぱんのはたらきは上流ほど大きくなく、**たい積《せき》**のはたらきも行われる。**扇状地《せんじょうち》**（おうぎ形に土が積もった土地）や川原が見られ、川原の石は少し小さく丸みがある。

❸下　流…流れがゆるやかになるため、たい積のはたらきが大きく、上流から流されてきたすなやどろがたまり**三角州《さんかくす》**（土が三角形に積もった土地）ができ、川底が浅《あさ》くなる。

最重要ポイント

上流では角ばって大きい石が、下流では小さくて丸みのある石が多い。

2 川の流れと土地の変化

❶台風などで短時間に大雨がふったり、つゆに雨がふり続いたりすると、川の水量は**ふえる**。すると、流れが**はやく**なり、土地を**しん食**し、災害《さいがい》を引き起こす。

❷水量がへると、流れは**ゆるやか**になり、運ぱんしてきた土や石などが川底や川原に**たい積**する。

3 災害を防《ふせ》ぐ

じゃかご（てい防をまもる。）

ブロック（水の力を弱くする。）

さ防《ぼう》ダム（石やすなが流されるのを防ぐ。）

くわしい学習

●**V字谷**…川の上流では、川のかたむきが急で流れがはやいため、しん食のはたらきが大きくなっている。そのため、川はばがせまく両側が切りたったがけとなっている。川の水は川底をしだいにけずっていき、その断面《だんめん》がV字形をした深い谷をつくる。このような深い谷を**V字谷**という。日本では、黒部《くろべ》川《がわ》が有名である。

●**扇状地**

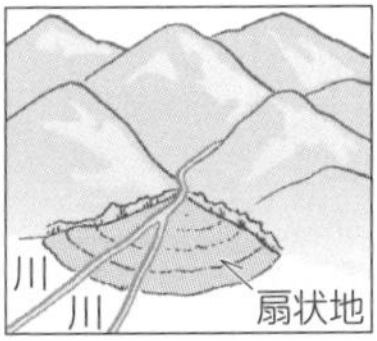

川が山地から平らな土地へ出るとき、急に流れがゆるやかになる。そのため、上流から運んできた土やすなが山地を出た所におうぎ形に積もる。このような土地を扇状地という。

●**三角州**

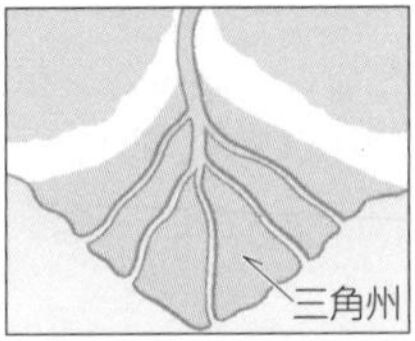

川が海に流れこむとき、急に広い所へ出るので流れがゆるやかになり、そこに土やすなを三角形に積もらせる。このような土地を三角州という。

●**こう水を防ぐくふう**

❶**てい防**を高くしたり、コンクリートでほ強したりする。

❷川の上流に**ダム**をつくり、大雨がふっても水が急に流れないようにする。

❸川が海に流れこむ付近のすなやどろなどをとりのぞく。

❹大雨がふっても、その雨水が木をつたい、落ち葉にしみこみ、水が急に流れないように**植林**をする。

チェックテスト

① 上流の石の形には、どのような特ちょうがありますか。

② 下流の石の形には、どのような特ちょうがありますか。

③ 流れる水は、どのようなとき、地面のようすを大きく変えますか。

答え

① 角ばって大きい

② 丸くて小さい

③ 水量が増したとき

19 電流と電磁石

1 コイルのつくり方

㋐ストローを用意する。

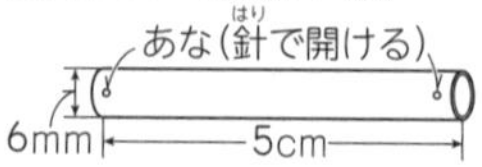

㋑導線《どうせん》(エナメル線)の先を30cm残して、あなに通す。

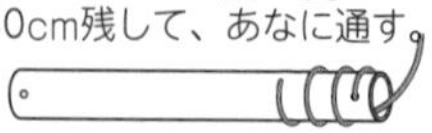

㋒導線を同じ向きにまく。

㋓しんに鉄のくぎを入れる。

2 電磁石の性《せい》質《しつ》とはたらき

参考 電流の向きを反対にすると、電磁石の極も反対になる。

❶しくみ…コイルに鉄しんを入れ、電流を流している。

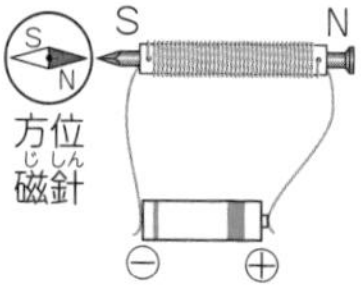

❷性　質…電磁石に電流を流すと、鉄を引きつけるが、電流を流さなくなると、磁石のはたらきがなくなる。

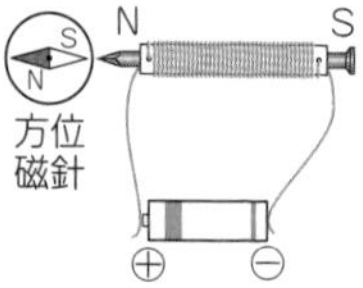

❸はたらき…電磁石にもN《エヌ》極、S《エス》極があり、電流の流れる向きが変わると、極のでき方も変わる。

↳永久磁石の極は決まっている

3 電磁石の力を強くする

参考 太い導線ほど、電磁石の力が強くなるのは、太い導線は電流をよく通すためである。

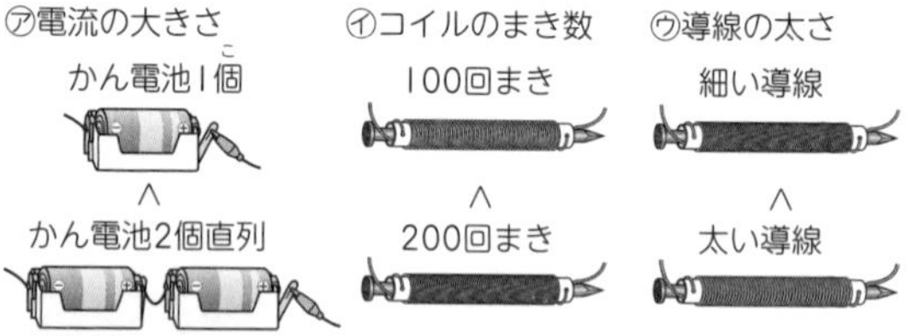

最重要ポイント

電磁石の力を強くする方法
㋐電流を**大きく**する。
㋑コイルのまき数を**多く**する。
㋒導線を**太く**する。

くわしい学習

●電磁石の極の見つけ方

❶方位磁針で調べる方法

ことなる極どうしが引きつけ合うことから電磁石の極がわかる。

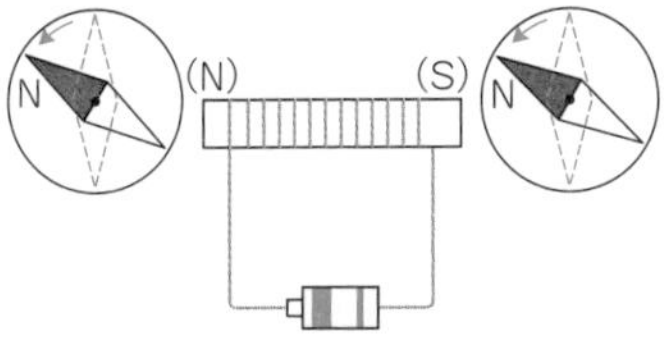

❷右手でコイルをにぎる方法

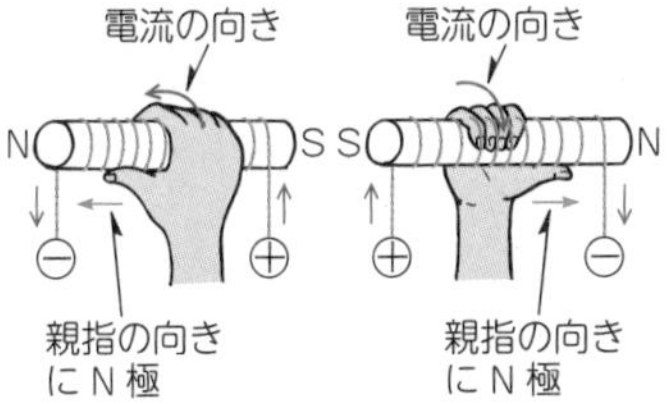

❸電流の向きで調べる方法

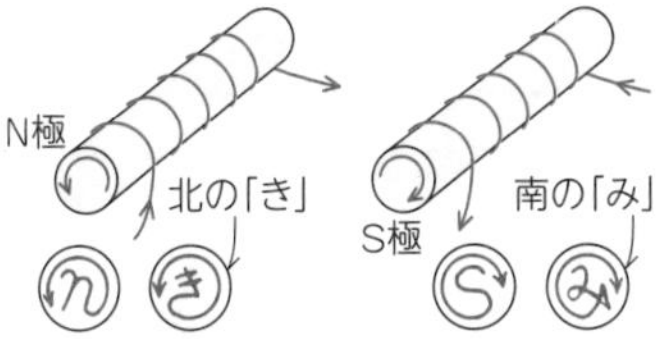

●電流の大きさと電磁石の強さ

電流が大きいほど強くなる。

㋐かん電池1個の場合

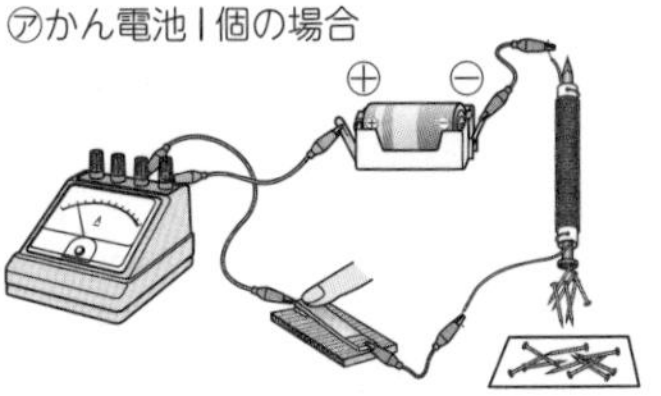

㋑かん電池2個直列の場合

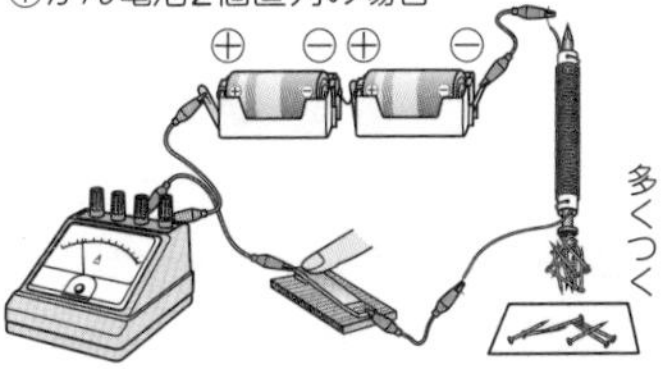

●コイルのまき数と電磁石の強さ

まき数が多いほど強くなる。

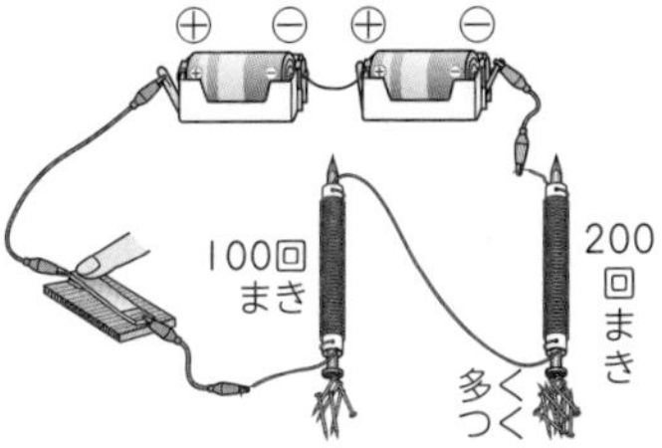

チェックテスト

① 電磁石について、電流の向きを変えると極はどうなりますか。

② 電磁石について、電流を大きくすると電磁石の力はどうなりますか。

③ 電磁石について、コイルのまき数をふやすと電磁石の力はどうなりますか。

答え

① 反対になる
② 強くなる
③ 強くなる

20 電磁石の利用

1 モーター

❶モーターのしくみ…モーターは、**磁石《じしゃく》**と**電磁石**が引き合ったり、しりぞけ合ったりする力を回転する力に変える装置《そうち》である。

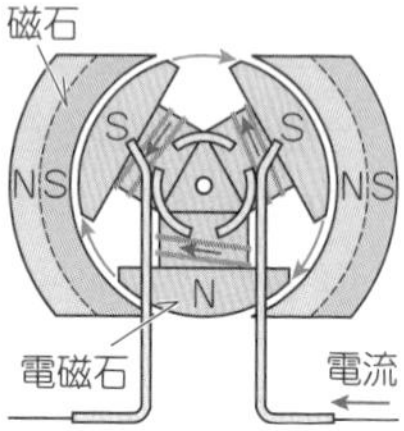

　モーターは、扇風機《せんぷうき》、そうじ機など、いろいろな電気器具に使われている。
スマートフォンにも使われている↲

2 発電機

注意＞発電機のしくみはモーターに似《に》ている。外から力を加えてモーターを回転させると、モーターが発電機のはたらきをする。

❶発電機のしくみ…右の図のように、モーターに豆電球をつないで、モーターを回転させると、豆電球に明かりがつく。これは、モーターを回転させることで、回路に電流が流れるからである。このしくみを利用したものが**発電機**である。
↱電気自動車、自転車の発電機などに使われている

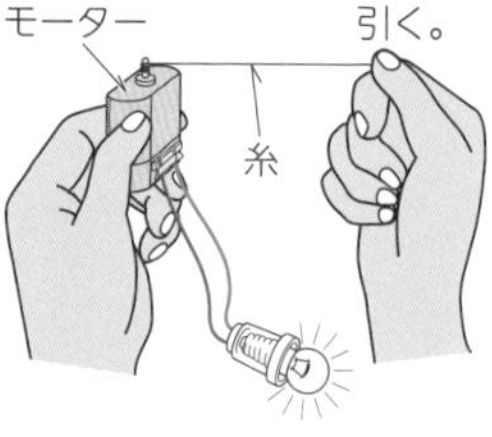

3 ベル

参考＞電磁石は、電流が流れないときは磁石でなくなる。

❶ベルのしくみ…電流が流れて、**電磁石**に鉄ぺんが引きつけられると接点《せってん》からはなれるので、電流が切れ、鉄ぺんがもとにもどる。これがくり返されて鉄ぺんが振動《しんどう》するので、音が鳴る。

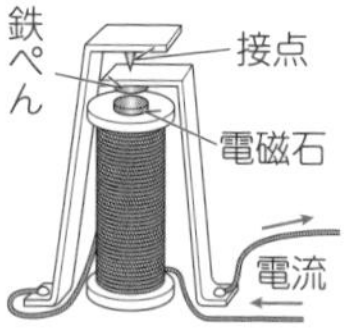

最重要ポイント

モーターや発電機、ベルは**電磁石**のはたらきを利用した装置である。

くわしい学習

●検流計とその使い方

検流計を使うと、回路を流れる電流の向きと大きさを調べることができる。

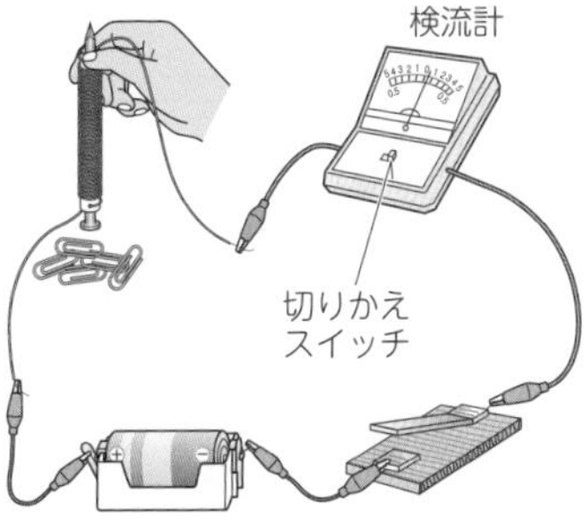

❶かん電池、電磁石、検流計、スイッチを、**直列**つなぎにつなぐ。

❷切りかえスイッチを5A《アンペア》(電磁石)側にしてスイッチを入れ、指針《ししん》のふれを読む。指針のふれが小さいときは、0.5A側にする。

注意 **検流計だけをかん電池につないではいけない。**

●電源《でんげん》装置

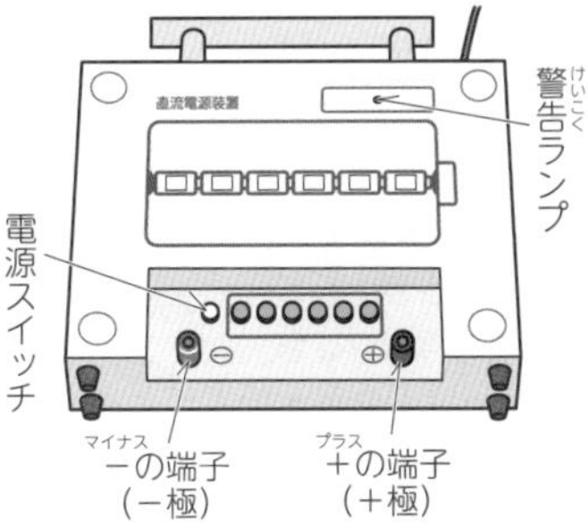

電源装置は、装置1つで回路に流れる電流の大きさを変えることができる装置である。かん電池とはちがって、使っているうちに電流が小さくならないのが、大きな特ちょうである。

参考 1.5Vはかん電池1個《こ》分、3.0Vはかん電池2個分(直列)と同じはたらきをする。

注意 **警告ランプがついたら、すぐに電源スイッチを切る。**

チェックテスト

① 導線《どうせん》をまいたコイルに(　　)のしんを入れて電流を流すと(　　)になります。

② モーターは、磁石と(　　)のはたらきを利用した装置です。

③ モーターを回して、回路に電流が流れるしくみを利用した装置は(　　)です。

答え

① 鉄・電磁石

② 電磁石

③ 発電機

21 上皿てんびんと電子てんびん

1 上皿てんびん

注意 分銅は指でさわるとさびることがあるので、必ずピンセットではさんで持つようにする。分銅をのせるときは重いものから順にのせ、分銅をおろすときは軽いものから順におろす。

❶つりあい

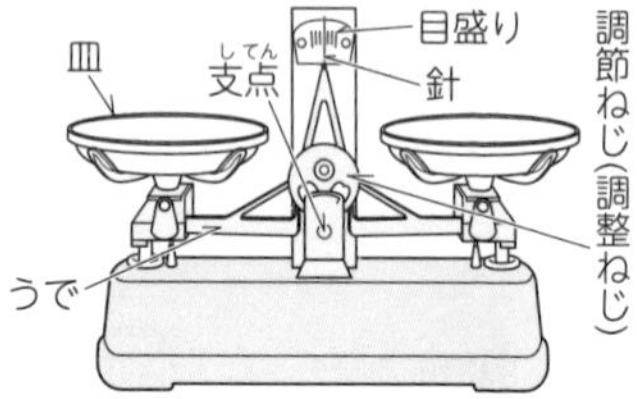

上皿てんびんでは、分銅《ふんどう》とものの重さをつりあわせて重さをはかる。皿に分銅やものを置いたとき、目盛《めも》りの針《はり》が真ん中にとまるのをまたなくても、左右同じはばにふれていれば、つりあっているといえる。

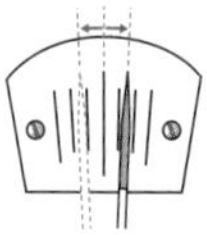

❷上皿てんびんを使うときの注意

㋐水平な所に置く。

㋑持ち運ぶときは、両手でしっかりと持つ。

㋒調整ねじで針を目盛りの中心に合わせる。

↱支点がいたまないようにする

㋓しまうときは、皿を一方に重ねておく。

2 電子てんびん

注意 薬包紙《やくほうし》などにのせて重さをはかるときは、皿に薬包紙を置いてから、表示が「0g」になるように0キーをおす。

❶電子てんびんの使い方

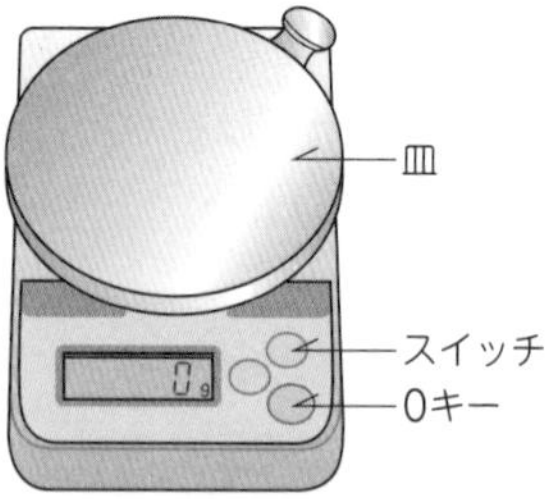

㋐水平な所に置く。

㋑スイッチを入れ、表示を「0g」にする。

㋒はかるものを静かにのせる。

最重要ポイント

上皿てんびんや電子てんびんを使うと、ものの重さをより正確《せいかく》にはかることができる。

くわしい学習

●もののの重さをはかるとき

❶はかる前に上皿てんびんがつりあっているか確《たし》かめる。針が目盛りの真ん中をさしているか、左右に同じはばでふれていれば、上皿てんびんはつりあっている。

❷はかりたいものを左の皿にのせ、分銅を右の皿にのせる。（左ききの人は左右を逆《ぎゃく》にする。）

❸分銅は重いものから順にのせる。重すぎたら、のせた分銅の次に軽い分銅にとりかえる。軽すぎたら、次に軽い分銅を追加する。

❹つりあったとき、分銅の重さの合計が、はかりたいものの重さになる。

●分銅のはさみ方

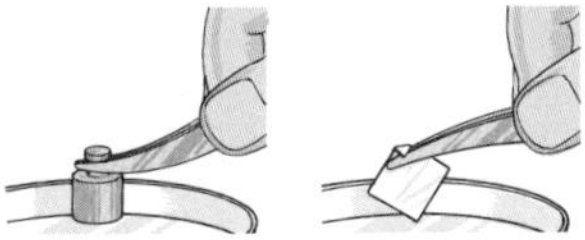

●決まった重さだけはかりとるとき

❶同じ重さの薬包紙を左右の皿にのせ、上皿てんびんをつりあわせる。

❷はかりたい重さの分銅を左の皿にのせておき、はかろうとするものを右の皿に、つりあうまで少しずつのせていく。（左ききの人は左右を逆にする。）

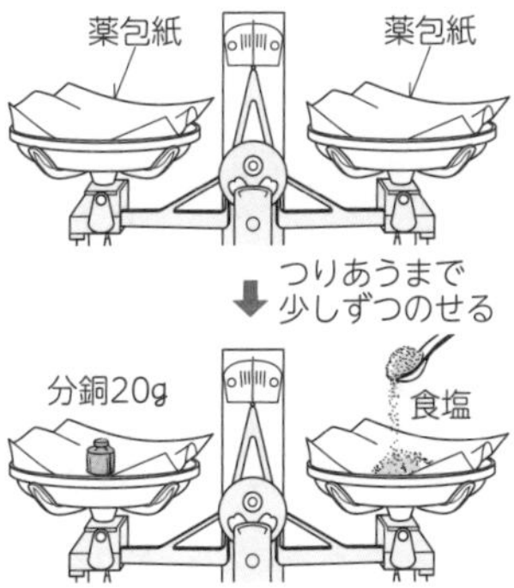

❸つりあったら、そのときの量がはかりとろうとしたものである。図では、食塩の量は20gである。

チェックテスト

① 調節ねじは、何のためにつけてあるのですか。
② 分銅を持ち上げるときには何を使いますか。
③ しまうときには皿をどうしますか。
④ 電子てんびんはどんな所に置きますか。

答え

① 目盛りの真ん中に針を合わすため
② ピンセット
③ 一方に重ねる
④ 水平な所

22 水よう液の重さ

1 ものが水にとけるようす

注意 水よう液は、色がついているものもあるが、透明である。

❶水よう液《えき》…ものが水にとけた液を**水よう液**という。
さとう水、食塩水など↲

水よう液の特徴《とくちょう》は、

㋐とけたものは、水全体に広がってつぶは見えない。

㋑ものがとけた液は、すき通っている(透明《とうめい》)。

㋒長い間置いておいても、とけているものは水と分かれない。

㋓ろ紙でこしても、とけたものが出てこない。

❷水にとけないものを水に入れたとき

㋐もののつぶが、小さくならないで見える。

㋑水が、にごっている。

㋒しばらくすると、底につぶがたまってくる。

2 水よう液の重さと体積

注意 水よう液の重さは、水の重さにとかしたものの重さを加えた重さである。

❶水よう液の重さ…水の重さに、とけたものの重さを加えた重さになる。

例えば、100 mL(100 g)の水に 20 g の食塩を入れると、100 g+20 g=120 g の食塩水ができる。

食塩水の重さ	=	水の重さ	+	食塩の重さ

❷水よう液の体積…水よう液は、水にとかしたものの体積だけふえるのでなく、体積はほとんどふえない。

最重要ポイント

水よう液の重さ＝水の重さ＋とけたものの重さ

ものをとかす前の水ととかすものを合わせた重さと、とかしたあとの水よう液の重さは等しい。

くわしい学習

●**さとうのとけ方を調べる**

下の図のように、ガーゼに包んださとうを水の中につるすと、さとうが水にとけて広がっていくようすが観察できる。

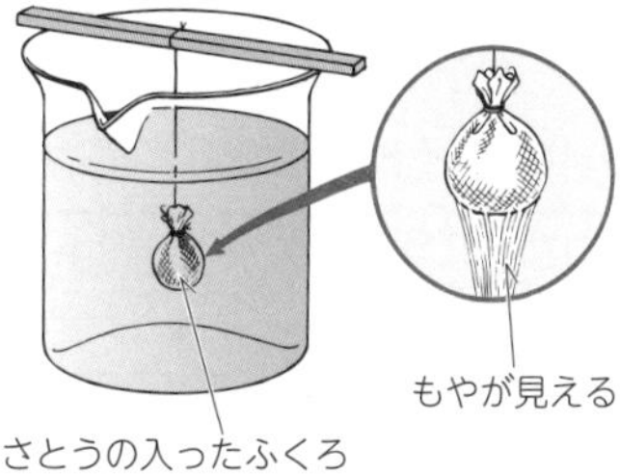
もやが見える
さとうの入ったふくろ

❶光を通して見ると、もやもやしたものが下におりていき、下のほうにたまるが、やがて水全体に広がって散っていくようすがわかる。

❷さとうを水の底に置いたときも、初めは底のほうにたまるが、やがて、水全体に広がっていくようすがわかる。

●**食塩水の体積**…食塩をとかす前の水の体積と食塩をとかしたあとの体積がほとんど変わらないわけを考えてみよう。

❶水は目に見えない小さなつぶ（分子）の集まりである。この水の小さなつぶとつぶの間にはすきまがある。

❷食塩は水にとけて見えなくなる。しかし、とかしたあとの水かさはほとんどふえない。これは、食塩が小さなつぶになって、水の小さなつぶとつぶのすきまに入ってしまったからである。

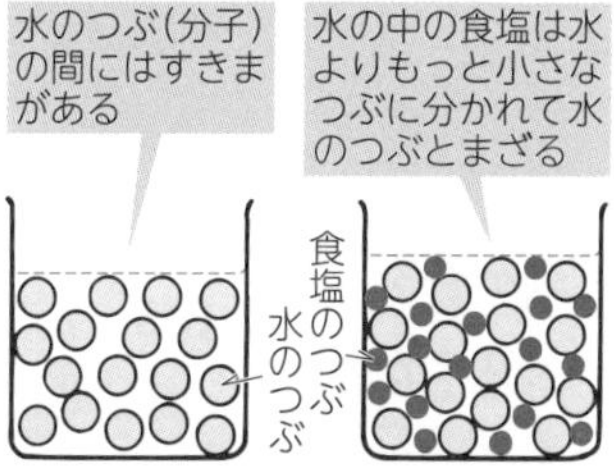
水のつぶ(分子)の間にはすきまがある
水の中の食塩は水よりもっと小さなつぶに分かれて水のつぶとまざる
食塩のつぶ
水のつぶ

チェックテスト

① 食塩5gを100gの水にとかすと、食塩水の重さは何gになりますか。

② 水に食塩を加え、うすい食塩水にすると、体積はどうなりますか。

③ 100mLの食塩水で、こい食塩水ほど重さはどうですか。

答え

① 105g

② ほとんど変わらない

③ 重い

23 水にとけるものの量

1 水にとけるものの量

参考 水よう液《えき》は、すべて透明《とうめい》で、とけているものは見えない。また、水の温度や水の量が変わらなければ、とけたものがつぶになって出ることはない。

❶**水にとけるものの量**…水の量と温度が決まっているとき、決まった量の水にものがとける量には限度《げんど》がある。

❷**とける量の限度**…とかすものの種類によってことなっている。

❸固体が水 100 mL にとける量(水温 20℃の場合)

さとう(ショとう)	203.9g	ミョウバン	11.4g
食塩	35.8g	ホウ酸《さん》	4.9g

❹ものが水にとける限度の量をこえると、どんなにかきまぜてもとけず、何日置いておいてもとけ残る。

↳とける限度に近づくと、とけるまでの時間が長くなる。

最重要ポイント

一定の温度で、一定量の水にとけるものの量には限度があり、それ以上はとけない。

2 水の量ととけるものの量

参考 もののとける量と水の量とは比例《ひれい》する。水の量を $\frac{1}{2}$ にへらすと、とける量も $\frac{1}{2}$ となる。

❶**もののとける量と水の量との関係**…水の量が2倍、3倍、……とふえると、とけるものの量も2倍、3倍、……とふえる。

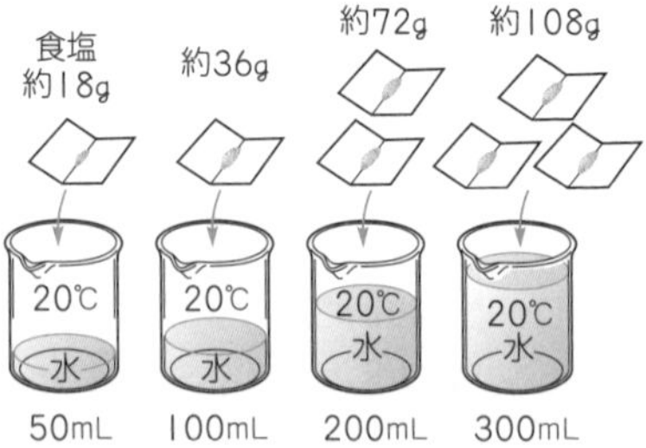

❷**とけ残ったものをとかす方法**…とけ残りのあるさとう水や食塩水に、水を加えていくと、底にあるとけ残りがしだいにとけていく。

くわしい学習

●メスシリンダーの使い方

❶目《め》盛《も》りの読み方

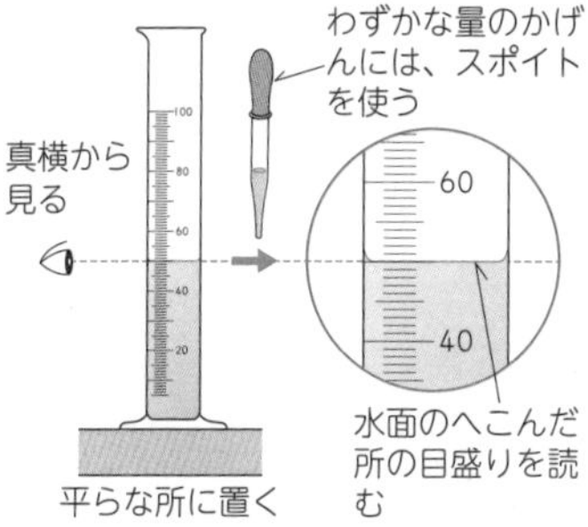
わずかな量のかげんには、スポイトを使う
真横から見る
100
80
60
40
20
60
40
水面のへこんだ所の目盛りを読む
平らな所に置く

❷決まった体積のはかりとり方

（50 mL の水をはかりとる場合）

㋐50 mL よりも少なめの量を入れる。

㋑残りはスポイトを使って、水をメスシリンダーの内側に伝わらせるようにして、50 mL の線に合うようにする。

●**飽《ほう》和《わ》水よう液**…ホウ酸や食塩を水の中に入れていくと、しだいにとけにくくなり、どんなにかきまぜてもそれ以上とけなくなる。

このように一定量の水に、ものがとけるだけとかされていることを**飽和**といい、その水よう液のことを**飽和水よう液**という。飽和水よう液は、その条件《じょうけん》でいちばんこい水よう液である。

●よう質《しつ》とようばい

❶**よう質**…とけているもののことをいう。

❷**ようばい**…ものをとかしている液のことをいう。

❸食塩水の場合、水は**ようばい**で、食塩は**よう質**である。

❹水は、いろいろなものをとかすことのできるようばいである。水をようばいとしているよう液を水よう液という。

しかし、いろいろなものの中には、水にとけないがアルコールにとけるものがある。ヨウ素《そ》がそれである。

チェックテスト

① 水にとける食塩の量は、水の量を多くしていくとどうなりますか。

② とけ残ったホウ酸をとかすには、水の量をどうすればよいですか。

答え

① ふえる

② ふやす

24 とける量と水の温度

1 ホウ酸《さん》のとける量と水の温度

参考＞ホウ酸やミョウバンは食塩に比《くら》べて、温度のちがいによるとける量の変化が大きい。

❶水の温度とホウ酸のとける量

温度が変わるととけるホウ酸の量が変化する。

水の温度〔℃〕	0	20	40	60	80	100
とけるホウ酸の量〔g〕	2.8	4.9	8.9	14.9	23.5	38.0

▲水 100 mL にとけるホウ酸の量

最重要ポイント

ホウ酸は、水の温度を高くすると、とける量が多くなる。

2 食塩のとける量と水の温度

注意＞温度が上がっても食塩がとける量の変化は小さい。

❶水の温度と食塩のとける量

水の温度〔℃〕	0	20	40	60	80	100
とける食塩の量〔g〕	35.6	35.8	36.3	37.1	38.0	39.3

▲水 100 mL にとける食塩の量

最重要ポイント

食塩は、水の温度を高くしても、とける量はあまり変わらない。

3 水の温度ともののとける量

❶水よう液《えき》の温度を上げる

㋐とける量のふえるもの➡さとう、ホウ酸など。

㋑とける量があまり変わらないもの➡食塩など。

㋒とける量がへるもの➡水酸《すいさん》化《か》カルシウムなど。
└→温度が低いほどよくとける

❷水よう液の温度を下げる…ホウ酸やミョウバンなどは温度によるとける量のちがいが大きいため、それらが多くとけた水よう液の温度が下がると、とけきれなくなったホウ酸やミョウバンは、結晶《けっしょう》となって現《あらわ》れてくる。

くわしい学習

固体が水 100 mL にとける量（単位g）

物質＼温度	20℃	40℃	60℃	80℃
さとう	203.9	238.1	287.3	362.1
リュウ酸銅《さんどう》	35.7	53.6	80.5	128
ホウ酸	4.9	8.9	14.9	23.5
ミョウバン	11.4	23.8	57.4	321.6
食塩	35.8	36.3	37.1	38.0
水酸化カルシウム	0.17	0.14	0.12	0.09

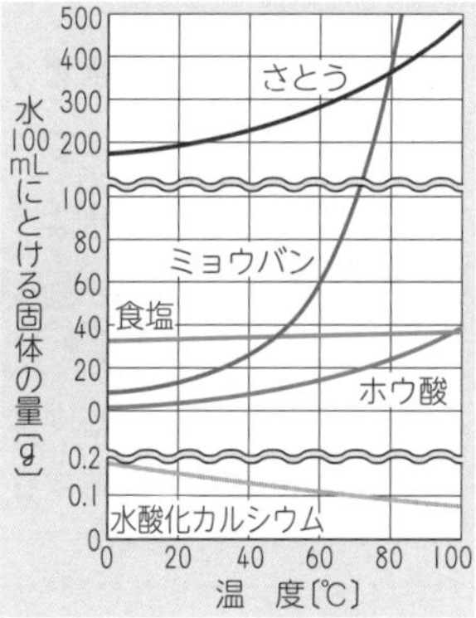

もののとける量のきまり

❶水の温度が同じとき…水の量がふえると、水にとけるものの量もふえる。水の量を２倍にすると、とけるものの量も２倍になる。このことから、とけるものの量と、水の量は比例《ひれい》の関係にあるということがいえる。

❷水の量が同じとき…水の温度が変化すると、それにつれて水にとける量も変化する。とけるものの種類により、とける量は決まっている。ふつう、温度が上がると、水にとける量も多くなるが、とける量がへるものもある。

チェックテスト

① 水の温度が高くなると、ホウ酸のとける量はどうなりますか。

② 食塩のとける量と水の温度変化にはどんな関係がありますか。

③ 40℃の水 100 mL にホウ酸が 8.9 g とけています。水よう液を 20℃にすると、ホウ酸の結晶は何 g 現れますか。ホウ酸は、20℃の水 100 mL に最大 4.9 g とけます。

答え

① 多くなる（ふえる）

② 水の温度が変化してもとける量はほとんど変わらない

③ 4.0 g

考え方 8.9 g－4.9 g＝4.0 g

25 とけているもののとり出し方

1 とけているもののとり出し方

❶**水よう液《えき》を加熱する方法**…水がじょう発して、とけているものが残る。

❷**水よう液の温度を下げる方法**…その温度ではとけきれないものが出てくる。

最重要ポイント

とけているもののとり出し方には、水よう液を加熱する方法と水よう液の温度を下げる方法がある。

2 ホウ酸《さん》水からホウ酸をとり出す

注意 ろ過してできたろ液には、まだものがとけている。ろ液を冷やしたり、熱してじょう発させたりすると、とけていたものをとり出せる。

❶**ホウ酸水の温度を下げる方法**…ホウ酸の水よう液を冷やすと、その温度ではとけきれなくなったホウ酸が出てくる。これをろ過《か》することで、ホウ酸をとり出すことができる。

㋐ろ　過…ろ紙などを使って、水よう液にとけきれないものと、ろ液に分けることをいう。

㋑ろ紙によるろ過

- とけていないホウ酸➡ろ紙に残る。
- とけているホウ酸➡ろ紙を通りぬける。

❷**ホウ酸水を加熱する方法**…水だけがじょう発し、水よう液の量がへってくると、とけていたホウ酸はとけきれなくなって出てくる。

3 食塩水から食塩をとり出す

❶**食塩水の温度を下げる方法**…食塩が多くとけている液を冷やしても、食塩のつぶはほとんど出てこない。
↳食塩は水の温度が変化してもとける量があまり変わらない

❷**食塩水を加熱する方法**…水がじょう発してなくなると、食塩のつぶが残るため、食塩をとり出すことができる。

くわしい学習

●ろ過のしかた

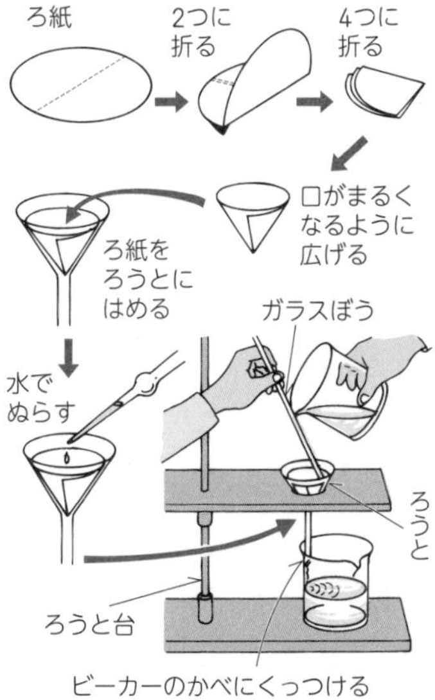

注意

㋐ろうとにろ紙をぴったりつける。

㋑ろうとの先のとがったほうをビーカーのかべにつける。

㋒ガラスぼうを使って、こぼれないように注ぐ。

㋓ろ紙のはしから液があふれ出ないように注意する。

●食塩水から食塩をとり出す

食塩水をじょう発皿にとり、実験用ガスコンロで熱する。水はどんどんじょう発して、こい食塩水となり、最後に白い食塩が残る。

●水にとけている気体や液体

気体や液体がとけた水よう液は、熱しても、あとには何も残らない。水と同じように、じょう発してしまうからである。

チェックテスト

① ホウ酸水からホウ酸をとり出すにはどうすればよいですか。考えられる方法をすべて書きなさい。

② 食塩水から食塩をとり出すにはどうすればよいですか。考えられる方法をすべて書きなさい。

答え

① ホウ酸水を冷やす。ホウ酸水を熱して水をじょう発させる。

② 食塩水を熱して水をじょう発させる。

26 観察・実験器具のあつかい方（1）

●アルコールランプの使い方

①たおれないように、手でおさえながらふたをとり、アルコールランプの横に置く。

②火は、マッチで横かななめ下からつける。

③火は、ほのおの上から$\frac{1}{3}$くらいのところをあてるようにする。

④消すときは、横からふたをかぶせてすばやく消し、ふたをし直す。

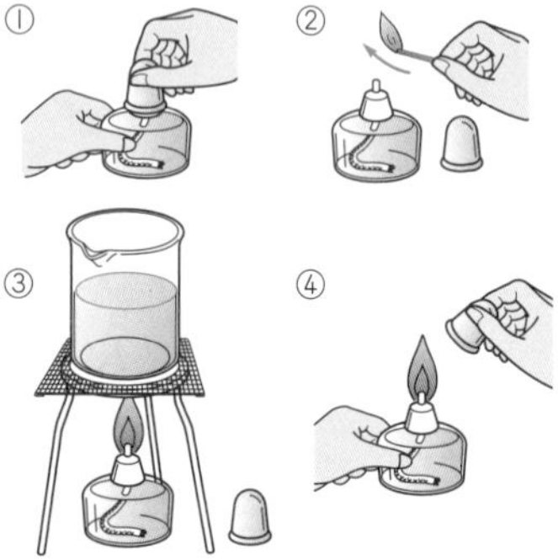

注意

▶アルコールランプを使うときは、マッチのもえさし入れ、ぬれぞうきんを用意する。

▶アルコールの量が少ないものを使うとばく発することがあるので、使う前に7～8分目くらいに量を調節する。

▶火をつけるときは、マッチでつけ、もらい火はしてはいけない。

●実験用ガスコンロの使い方

①ガスボンベが正しくとりつけられているか、確認《かくにん》する。

②カチッと音がするまでつまみを回して、火をつける。

③つまみを回して、火力を調節する。

④消すときは、つまみを「消」まで回す。

参考 ガスボンベは、切れこみのところを上にし、カチッと音がするまで動かして入れる。

注意 ガスがもれることがあるので、ガスボンベを落としたり、たたいたりしてはいけない。

●ガスバーナーの使い方

①ガスバーナーのガス調節ねじと空気調節ねじがしまっていることを確《たし》かめてから、ガスの元せんを開ける。

②ガス調節ねじを開けながらマッチの火をガスバーナーの口に近づけて、ガスに火をつける。

③空気調節ねじを開きながら、赤っぽいほのおからうす青色になるまで調整する。

④火を消すときは、先に空気調節ねじをとじ、次にガス調節ねじをとじ、最後にガスの元せんをとじる（火をつけるのと逆《ぎゃく》の順序《じゅんじょ》）。

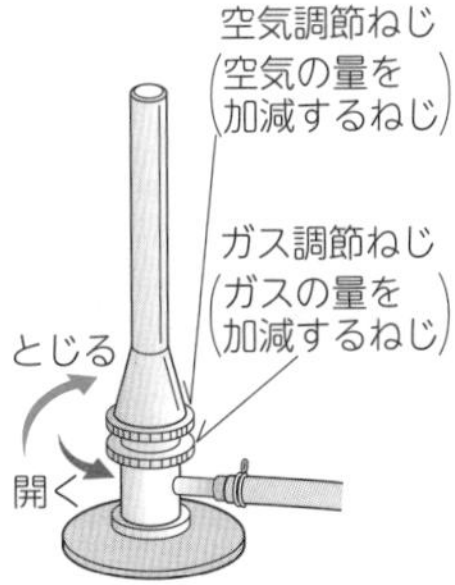

注意 空気の量とガスのほのおの色

▶空気調節ねじをとじてガスをもやしたとき➡赤っぽいほのお

▶空気調節ねじを適当《てきとう》に開けたとき➡うす青色のほのお（この状態《じょうたい》にする）

▶空気調節ねじを大きく開けたとき➡ポッと音がして火は消える。

●ろ過《か》に使う器具と使い方

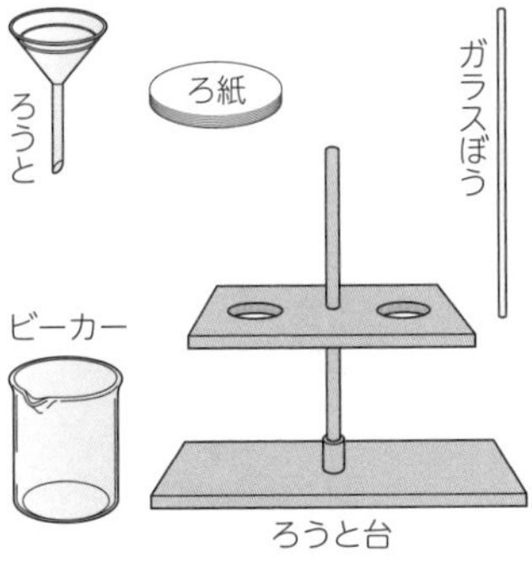

▲ろ過に使う器具

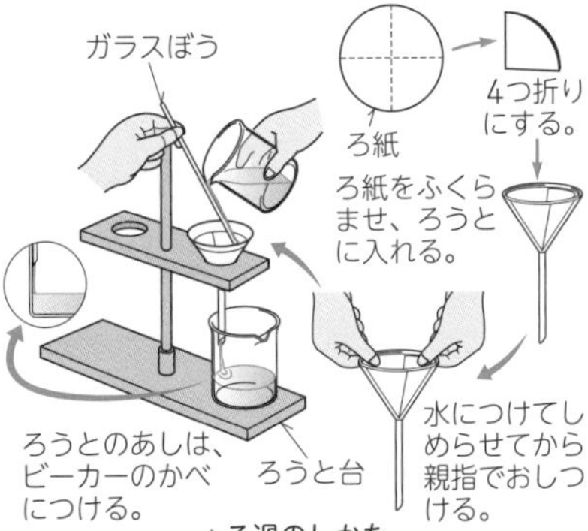

▲ろ過のしかた

水などの液《えき》体にとけないものを、ろ紙でこし分けることを**ろ過**という。

①上の右の図のように折ったろ紙をろうとにはめて、水でしめらせる。

②ろうとのあしをビーカーにくっつける（液体がはねないようにするため）。

③図のように、ガラスぼうを伝わらせて、液体をろ紙の中に注ぐ。

27 観察・実験器具のあつかい方（2）

●メスシリンダーの使い方

①メスシリンダーを水平で平らな台に置く。
②はかる液体《えきたい》をはかりとる量より少なめに入れる。
③はかりとる量までスポイトで少しずつ入れる。

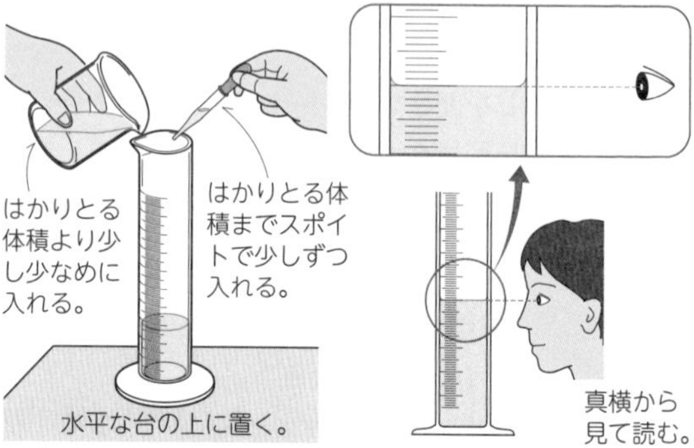

▲液のはかり方と目盛りの読み方

④目盛《めも》りを読むときは、図のようにくぼんだ水面を真横から見て読みとる。

●けんび鏡《きょう》の使い方

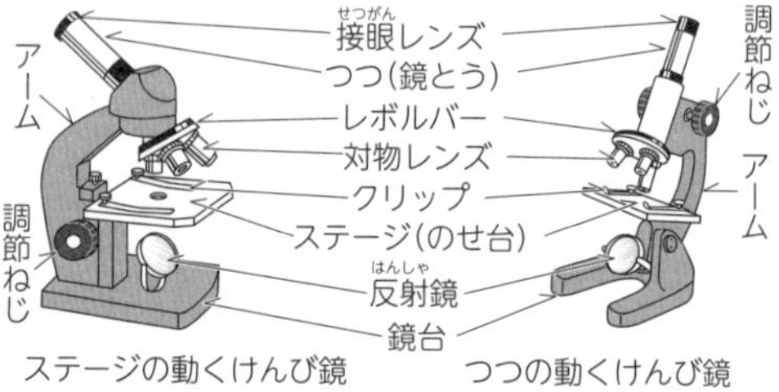

①

最初は低い倍率《ばいりつ》にしておく。接眼レンズをのぞき、反射鏡を動かして明るく見えるようにする。

②

プレパラートをステージに置き、クリップでとめる。

③

調節ねじを回し、対物レンズとプレパラートをできるだけ近づける。

④

接眼レンズをのぞきながら、調節ねじを回し、対物レンズとプレパラートの間をはなしていき、はっきりと見える所でとめる。

●かいぼうけんび鏡・そう眼実体《がんじったい》けんび鏡の使い方

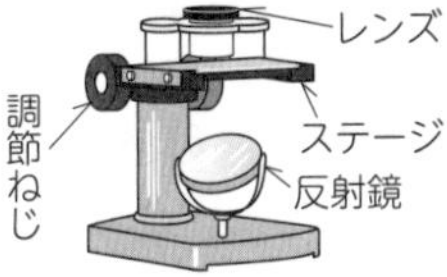

▲かいぼうけんび鏡

①直射日光のあたらない明るい所に置く。
②レンズをのぞきながら、反射鏡を動かし、明るく見えるようにする。
③ステージに見るものをのせ、レンズを近づける。
④調節ねじを回して、はっきり見えるようにする。

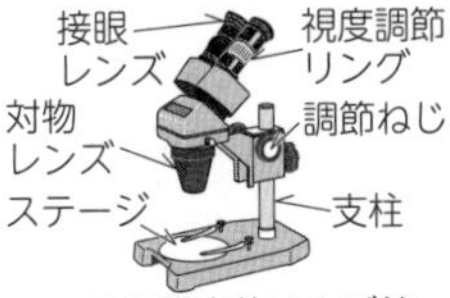

▲そう眼実体けんび鏡

①直射日光のあたらない明るい所に置く。
②接眼レンズのはばを目のはばに合わせて、両目で見ても、二重に見えないようにする。
③右目でのぞき、はっきり見えるように調節ねじを回す。
④左目の視《し》度《ど》調節《ちょうせつ》リングを回して、はっきり見えるように調節する。

参考 かいぼうけんび鏡は10～20倍に拡大《かくだい》して、そう眼実体けんび鏡は20～40倍に拡大して観察することができる。

●葉にできたでんぷんの調べ方

・葉の色をぬいて調べる方法

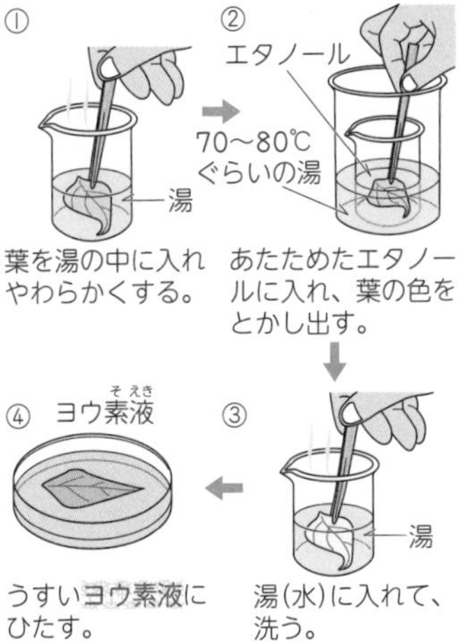

・たたきぞめで調べる方法

葉をはがし、70～80℃の湯につけて、緑色をそっと洗う。
ヨウ素液をつける。

注意 エタノールの入ったビーカーを直接加熱しない。

28 観察・実験器具のあつかい方（3）

●電源装置《でんげんそうち》の使い方

①スイッチが切ってあることを確《たし》かめて、回路につなぐ。電源装置の端子《たんし》に電磁《でんじ》石《しゃく》や電流計からの導線《どうせん》をつなぐ。このとき、電流計の＋《プラス》端子からの導線を電源装置の＋端子につなぐ。

②1個《こ》（1.5 V《ボルト》）と書かれたボタンをおして、スイッチを入れる。

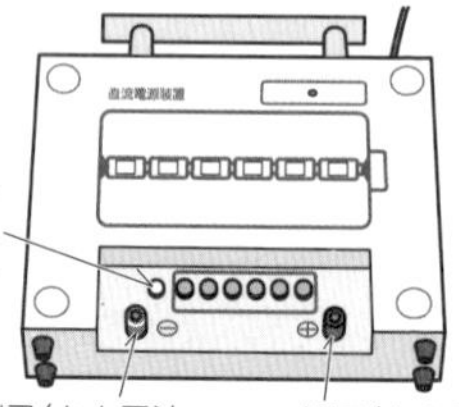

▲電源装置

目盛り	1.5	3	4.5	6	7.5	9
かん電池の数（直列つなぎ）	1個《こ》	2個	3個	4個	5個	6個

▲ダイヤルの目盛りとかん電池の数

③電流計を見ながら、電流が流れすぎないようにボタンを切りかえる。

④実験を終えるときは、「切」というボタンをおしてスイッチを切る。

●電流計の使い方

①電流計は**水平な台上**に置き、初めに0をさすように調節する。

②右図のように、電流をはかるもの→スイッチ→電流計→かん電池と直列につなぐ。

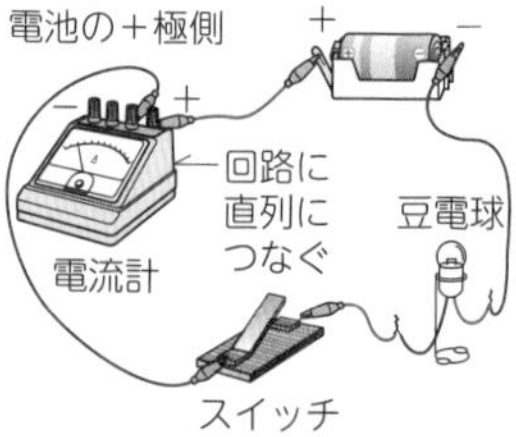

③電流計の**＋端子**（赤）に電池の＋極を、**－端子**（黒）に－極をつなぐ。

④－端子へは、まず初めに5 A《アンペア》の端子につなぐ。針《はり》の動きが小さくて目盛りが読みにくいときは、500 mA《ミリアンペア》→ 50 mAと左へ1つずつ順につなぎ変えていく。

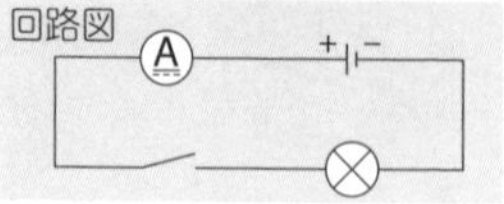

⑤－端子の5Aにつないだとき、目盛りが2ならば2アンペアと読む。

●検流計《けんりゅうけい》の使い方

検流計には電流の大きさにより－端子をつなぎ変える方式のものとスイッチを切りかえる方式のものがある。

▲かんい検流計

▲検流計

①検流計を水平な台の上に置き、針が0をさすように調整する。

②検流計は、回路に直列につなぐ。

③はかるときは、最初に大きなあたいの－端子を選ぶ。スイッチ式のものは大きい電流をはかる側〔電磁石(5 A)の側〕を選ぶ。

④針のふれを見て、ふれが小さいときは、小さいあたいの－端子へつなぎ変える。スイッチ式は〔まめ電球(0.5 A)〕のほうへ切り変える。

⑤＋極と－極をつなぎ変えると、針は、逆向《ぎゃくむ》きにふれる。

注意 検流計がこわれるので、検流計とかん電池だけをつないではいけない。

●星座早見《せいざはやみ》の使い方

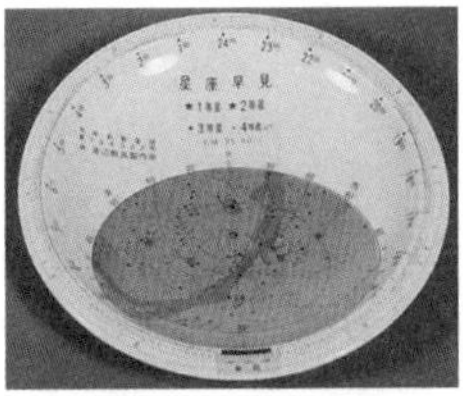

①まわりについている月日の目盛りを回し、観察する月日、時刻《じこく》を合わせる。

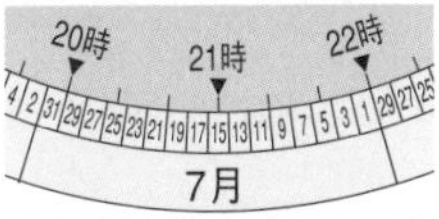

7月15日午後9時の例

②観察しようとする方角を向いて立ち、星座早見の観察する方角のところが手前にくるようにして持つ。

③星座早見を頭にかざすようにし、夜空の星と見比《くら》べるようにして見る。

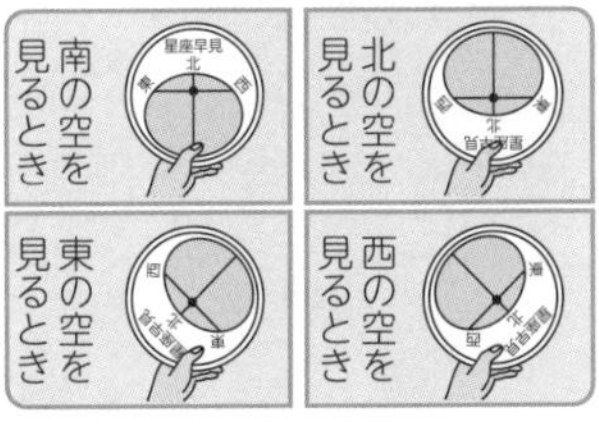

参考 星座早見の方位

星座早見の方位は、東と西が地図とは逆になっている。これは、星空を見上げたときのようすを表すためにわざと逆にしてある。

算数

1 整数と小数

1 整数と小数のしくみ

➡ 例題1～3

注意 10倍、100倍と、$\frac{1}{10}$、$\frac{1}{100}$の関係は下のようになる。

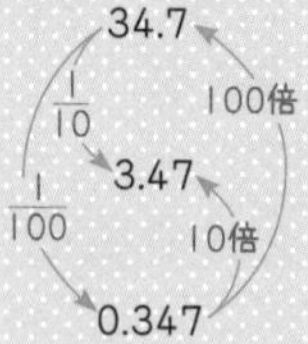

❶整数や小数は、0から9までの10個《こ》の数字と小数点とで表すことができる。
↳それぞれの位の数が何個あるかを表す。

例　3.567

1を3個、0.1を5個、0.01を6個、0.001を7個あわせた数

最重要ポイント

- 整数も小数も、10倍、100倍、…すると、位が1けた、2けた、…上がり、小数点は右へ1けた、2けた、…移《うつ》る。

例

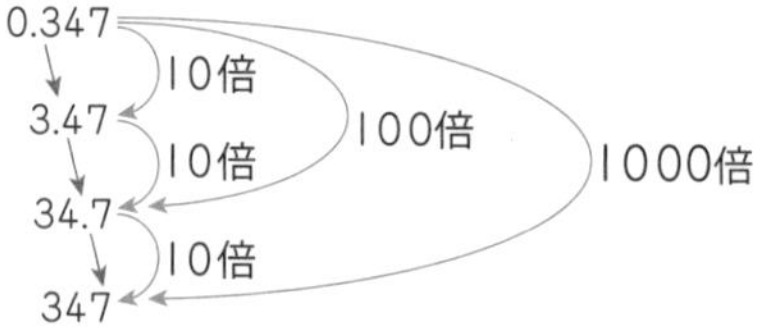

最重要ポイント

- 整数も小数も、$\frac{1}{10}$、$\frac{1}{100}$、…にすると、位が1けた、2けた、…下がり、小数点は左へ1けた、2けた、…移る。

例

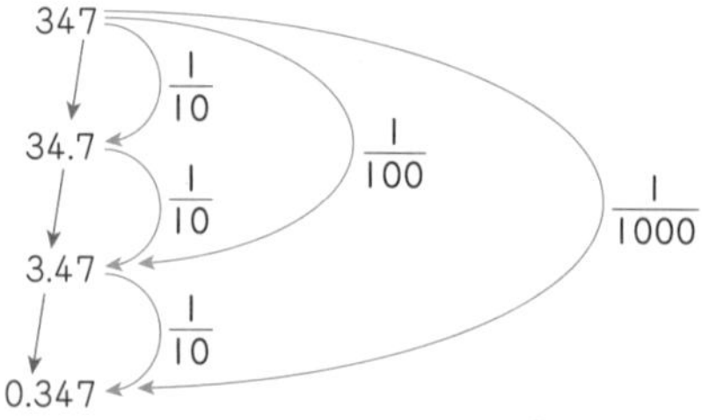

例題と答え

例題1 整数と小数のしくみ①

16.24 を 10 倍、100 倍、また $\frac{1}{10}$、$\frac{1}{100}$ にした数を答えなさい。

答え 10 倍…162.4、100 倍…1624

$\frac{1}{10}$…1.624、$\frac{1}{100}$…0.1624

例題2 整数と小数のしくみ②

次の数は、4.25 をどのようにした数ですか。

① 0.425　② 42.5

③ 4250　④ 0.0425

答え ① $\frac{1}{10}$　② 10 倍　③ 1000 倍　④ $\frac{1}{100}$

例題3 整数と小数のしくみ③

下の□に、0、2、4、6、8 の 5 個の数字を 1 回ずつ使って、いちばん小さい数をつくりなさい。

□.□□□□

答え 0.2468

考え方

1. 1

10 倍、100 倍したときは位が上がり、$\frac{1}{10}$、$\frac{1}{100}$ にしたときは位が下がる。

2. 1

小数点が右へ 1 けた移れば 10 倍となり、小数点が左へ 1 けた移れば $\frac{1}{10}$ になる。

3. 1

数を小さいほうから
順にならべよう。

算数

チェックテスト

次の計算をしなさい。

① 52.3×10

② 45.1×100

③ 52.3÷10

④ 45.1÷100

答え

① 523　② 4510

③ 5.23　④ 0.451

考え方 10 でわることは、$\frac{1}{10}$ にすることと同じ。

2 倍数と公倍数

1 偶数《ぐうすう》・奇数《きすう》

注意 整数は、偶数か奇数のどちらかに分かれる。

❶整数のうち、2でわり切れる数を**偶数**、2でわり切れない数を**奇数**という。

例　偶数…0、2、6、38　　奇数…1、5、17、31

❷**偶数・奇数の見分け方**

一の位の数が
- 0、2、4、6、8 → **偶数**
- 1、3、5、7、9 → **奇数**

2 倍　数

➡ 例題1

❶ある整数に整数をかけてできる数を、もとの整数の**倍数**という。ただし、0倍した数は考えない。

例　3の倍数　(3、6、9、12、……)

　　4の倍数　(4、8、12、16、……)

3 倍数の見つけ方

❶2の倍数は、一の位の数が0、2、4、6、8の整数。

❷**3の倍数**は、各位の数の和が3の倍数である整数。

例　18 → 1+8=9、834 → 8+3+4=15

❸5の倍数は、一の位の数が0か5である整数。

4 公倍数

➡ 例題2

参考 公倍数を見つけるときは、大きいほうの数の倍数から考えるとよい。

❶2つ以上の整数に共通な倍数を**公倍数**という。

例　3と4の公倍数　(12、24、36、……)

❷公倍数の中で、いちばん小さい数を**最小公倍数**という。　例　3と4の最小公倍数　(12)

最重要ポイント

公倍数は、最小公倍数の倍数になっている。

例　3と4の公倍数　(12、24、36、……)

　　12の倍数　(12、24、36、……)

例題と答え

例題1 倍　数

次の数の倍数を、小さいほうから3つ書きなさい。

① 4　　② 6　　③ 9

答え ①4、8、12　②6、12、18　③9、18、27

例題2 公倍数

(1) 3と5の最小公倍数を書きなさい。

(2) 4と6の公倍数を、小さいほうから3つ書きなさい。

(3) 3と8と12の公倍数を、小さいほうから3つ書きなさい。

解き方 (3) 12の倍数　12、24、36、48

	12	24	36	48
8の倍数でもある数		○		○
3の倍数でもある数	○	○	○	○

よって、3と8と12の最小公倍数は24

答え (1) 15　(2) 12、24、36　(3) 24、48、72

考え方

1. 2

その数に1、2、3をかけていく。

①4×1、4×2、4×3を求めていく。

2. 4

(2)4と6の最小公倍数12の倍数を書く。

(3)3と8と12の最小公倍数を見つけて、その倍数を書く。

チェックテスト

下の図のように、長さ9cmのリボンと長さ15cmのリボンをならべていきます。最初に長さが等しくなるのは、何cmのときですか。

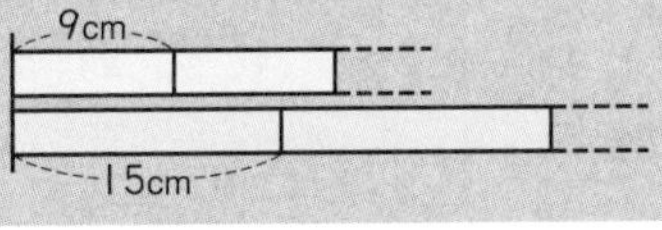

答え

45cm

考え方 9と15の最小公倍数を求める。

3 約数と公約数

1 約　数

➡例題1

注意 1は、すべての整数の約数である。

❶ある整数をわり切ることのできる整数を、もとの整数の**約数**という。

例　12は1、2、3、4、6、12でわり切れるから、この1、2、3、4、6、12は12の約数である。

15の約数　(1、3、5、15)

24の約数　(1、2、3、4、6、8、12、24)

❷約数と倍数は、右のような関係になっている。

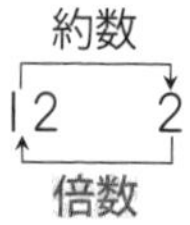

2 公 約 数

➡例題2

注意 3つの数の公約数を求めるときも、2つの場合と同じように考える。

❶2つ以上の整数に共通な約数を**公約数**という。

例　12の約数　(1、2、3、4、6、12)

　　16の約数　(1、2、4、8、16)

したがって、12と16の公約数　(1、2、4)

❷**公約数の見つけ方**(12と16の公約数の見つけ方)

㋐小さいほうの12の約数を見つける。

↳いちばん小さい数の約数から考える。

㋑12の約数の中から、大きいほうの16の約数を見つける。

3 最大公約数

➡例題3

❶公約数の中で、いちばん大きい数を**最大公約数**という。

例　12と16の最大公約数　(4)

最重要ポイント

公約数は、最大公約数の約数になっている。

例　12と16の公約数　(1、2、4)

　　4の約数　(1、2、4)

例題と答え

例題1 約　数

次の数の約数を、すべて書きなさい。

① 18　② 32　③ 23　④ 50

答え ①1、2、3、6、9、18

②1、2、4、8、16、32

③1、23

④1、2、5、10、25、50

例題2 公約数

次の数の公約数を、すべて書きなさい。

① (12、18)　② (21、63)

③ (36、48)

答え ①1、2、3、6

②1、3、7、21

③1、2、3、4、6、12

例題3 最大公約数

次の数の最大公約数を求めなさい。

① (6、8)　② (24、36)　③ (16、32)

答え ①2　②12　③16

考え方

1. 1

約数には、1は必ずふくまれる。

2. 2

小さいほうの数の約数を見つけ、その中から大きいほうの数をわり切る数を見つける。

3. 3

②24の約数と36の約数を調べる。

③32が16でわり切れるから最大公約数は16

算数

チェックテスト

あめが18個《こ》、ガムが24個ありますので。それぞれ同じ個数ずつ同じふくろに入れていきます。余《あま》りがでないように、できるだけ多くのふくろに分けるとき、ふくろの数はいくつになりますか。

答え

6つ

考え方 18と24の最大公約数を求める。

4 小数のかけ算

1 小数のかけ算

➡ 例題1

❶小数をかける計算は、整数をかける計算をもとにして考える。

例　12×0.8＝(12×8)÷10＝96÷10＝9.6

❷小数をかける筆算は、小数点がないものとして計算し、積の小数点はあとでうつ。小数をかける筆算は、整数と同じように数の右はしをそろえて書く。

例

	小数部分のけた数
7.2	……1けた
×4.3	……1けた
216	
288	
30.96	……1＋1＝2（けた）

最重要ポイント

積の小数部分のけた数は、かけられる数とかける数のそれぞれの小数部分のけた数の**和**になる。

2 積の大きさ

➡ 例題2

❶かける数＞1　のとき、積＞かけられる数
かける数＝1　のとき、積＝かけられる数
かける数＜1　のとき、積＜かけられる数

3 計算のきまり

➡ 例題3

❶整数のときの計算のきまりは、小数でも成り立つ。

●×▲＝▲×●

(●×▲)×■＝●×(▲×■)

(●＋▲)×■＝●×■＋▲×■

(●−▲)×■＝●×■−▲×■

例　1.2×2.5×4＝1.2×(2.5×4)＝1.2×10＝12

3.8×3.6＋6.2×3.6＝(3.8＋6.2)×3.6

＝10×3.6＝36

例題と答え

例題1 小数のかけ算

次のかけ算をしなさい。

① 3.8×6.7　　② 0.45×2.6

答え

①
```
   3.8
 ×6.7
  266
 228
 25.46
```

②
```
  0.45
 ×  2.6
   270
   90
  1.170
```

例題2 積の大きさ

答えが 7.9 より大きい計算は、どれですか。

① 7.9×0.86　　② 7.9×1.3

③ 7.9×1.9　　④ 7.9×0.2

答え ②、③

例題3 計算のきまり

次の□にあてはまる数を答えなさい。

① 1.3×2.7＝2.7×□

② 12.2×0.8＝12×0.8＋□×0.8

答え ①1.3　②0.2

考え方

1. ☞ 1

積の小数部分のけた数は、

① 1＋1＝2（けた）

② 2＋1＝3（けた）

となる。

小数点以下の末尾の0は、小数点をうったあとに消す。

2. ☞ 2

1より大きい数をかけたとき、積はかけられる数より大きくなる。

3. ☞ 3

整数の計算と同じ計算のきまりが成り立つよ。

算数

チェックテスト

赤いリボンが 3.4 m あります。青いリボンの長さは、赤いリボンの長さの 1.5 倍です。青いリボンの長さは、何 m ですか。

答え

5.1 m

考え方 3.4×1.5＝5.1

```
  3.4…1けた
×1.5…1けた
 170
 34
 5.10…1＋1＝2（けた）
```

5 小数のわり算

1 小数のわり算の筆算

➡例題1、2

注意 わる数が整数になるように、わる数とわられる数の小数点を、同じけた数だけ右に移して計算する。

❶小数でわる計算は、わる数を整数に直して考える。

例　16÷0.8=(16÷8)×10=2×10=**20**

❷小数どうしのわり算は、わられる数とわる数に**同じ数**をかけても商は等しいことを利用している。

❸**わる数**が**整数**になるように10倍や100倍などして、小数点を右に移《うつ》す。

❹**わられる数**も、わる数と同じけた数だけ、小数点を右に移す。

例

```
                    3
2.8)8.4  ➡  28)84
                   84
                    0
```

↳商の小数点は、移したあとのわられる数の小数点にそろえてうつ。

最重要ポイント

余《あま》りの小数点は、わられる数の**もとの小数点**にそろえてうつ。

例

```
       9
0.4)3.8
      36
     0.2
```

❺わり切れないときや、商のけた数が多い場合、商を**がい数**で表すことがある。

例

```
           7
        7.66
0.3)2.3
      21
       20
       18
        20
        18
         2
```

2 商の大きさ

➡例題3

❶わる数>1 のとき、商<わられる数

わる数=1 のとき、商=わられる数

わる数<1 のとき、商>わられる数

例題と答え

例題1 小数のわり算①

次のわり算をしなさい。

① 9.1÷2.6　　② 0.168÷0.48

答え

①
```
      3.5
2.6)9.1
     78
    130
    130
      0
```

②
```
          0.35
0.48)0.16.8
        144
         240
         240
           0
```

例題2 小数のわり算②

次のわり算をしなさい。商は一の位まで求めて、余りもだしなさい。

① 9.6÷1.8　　② 40÷9.2

答え

①
```
       5
1.8)9.6
     90
     0.6
```

②
```
          4
9.2)40.0
       368
       3.2
```

例題3 商の大きさ

答えが 7.9 より大きい計算は、どれですか。

① 7.9÷0.34　　② 7.9÷1.2

③ 7.9÷0.9　　④ 7.9÷2.3

答え　①、③

考え方

1. ☞1

わる数が整数になるように、小数点を移す。

2. ☞1

余りの小数点は、わられる数のもとの小数点にそろえてうつ。

3. ☞2

1より小さい数でわったとき、商はわられる数より大きくなる。

算数

チェックテスト

8.2 m のリボンを 0.6 m ずつに切って分けます。0.6 m のリボンは何本できて、何 m 余りますか。

答え

13 本できて 0.4 m 余る。

考え方 8.2÷0.6 =13 余り 0.4

6 分数と小数

1 わり算と分数

❶整数どうしのわり算の商は、**分数**で表すことができる。

$● \div ■ = \frac{●}{■}$ ……わられる数 ／ ……わる数

例　$2 \div 3 = \frac{2}{3}$

❷わる数を分母にし、わられる数を分子にする。

2 分数と小数

➡例題1、2

注意 整数は、1を分母とする分数や、分子が分母でわり切れる分数で表すことができる。

$1 = \frac{2}{1} = \frac{4}{2}$

❶分数を、小数や整数で表すには、分子を分母でわる。

$\frac{●}{■} = ● \div ■$

例　$\frac{4}{5} = 4 \div 5 = 0.8$

❷**小数**は、分母を10や100などにして、分数で表すことができる。

例　$0.7 = 7 \div 10 = \frac{7}{10}$

$0.29 = 29 \div 100 = \frac{29}{100}$

❸整数は、分母を1などに決めて、分数で表すことができる。

例　$2 = \frac{2}{1}$

3 大きさの等しい分数

➡例題3

最重要ポイント

分数の分母と分子に同じ数をかけても、分母と分子を同じ数でわっても、分数の大きさは**変わらない**。

$\frac{●}{■} = \frac{● \times ▲}{■ \times ▲}$　　$\frac{●}{■} = \frac{● \div ▲}{■ \div ▲}$

例　$\frac{1}{3} = \frac{1 \times 2}{3 \times 2} = \frac{2}{6}$　$\frac{21}{28} = \frac{21 \div 7}{28 \div 7} = \frac{3}{4}$

例題と答え

例題1 分数を小数に

次の分数を小数で表しなさい。

① $\frac{1}{4}$　② $\frac{5}{8}$　③ $1\frac{2}{5}$　④ $\frac{16}{25}$

答え ①0.25　②0.625　③1.4　④0.64

例題2 小数・整数を分数に

次の数を分数で表しなさい。

① 0.3　② 59　③ 0.43　④ 0.017

答え ①$\frac{3}{10}$　②$\frac{59}{1}$　③$\frac{43}{100}$　④$\frac{17}{1000}$

例題3 大きさの等しい分数

大きさの等しい分数の組に分けなさい。

$\frac{3}{4}$　$\frac{6}{15}$　$\frac{8}{12}$　$\frac{2}{5}$　$\frac{6}{8}$　$\frac{2}{3}$

答え $\left(\frac{3}{4}\ \frac{6}{8}\right)$、$\left(\frac{6}{15}\ \frac{2}{5}\right)$、$\left(\frac{8}{12}\ \frac{2}{3}\right)$

考え方

1. ☞ 2

分数は、分子を分母でわると、小数や整数で表せる。

2. ☞ 2

小数は、分母が 10 や 100 などの分数で表す。

3. ☞ 3

分母と分子に同じ数をかけたり、分母と分子を同じ数でわったりして調べる。

算数

チェックテスト

① 2÷5 のわり算の商を、分数で表しなさい。

② 次の□にあてはまる数を入れなさい。

$$\frac{24}{30}=\frac{\square}{15}=\frac{\square}{10}=\frac{4}{\square}$$

答え

① $\frac{2}{5}$

② 12、8、5

考え方 ②

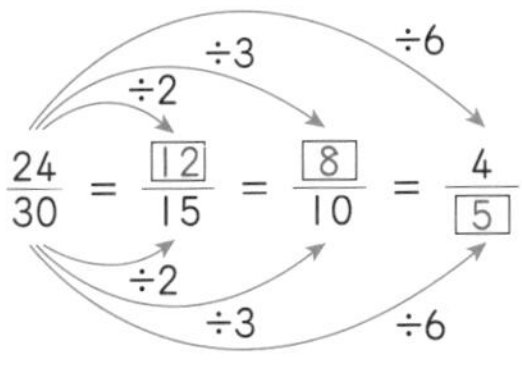

7 約分・通分

1 約 分

➡例題1

注意 右上の例では、「3で約分する」という。

❶分数の分母と分子を、その公約数でわって分母の小さい分数になおすことを、**約分する**という。

$$\frac{\overset{2}{\cancel{6}}}{\underset{3}{\cancel{9}}}=\frac{2}{3}$$

最重要ポイント

約分するときは、分母・分子の**最大公約数**でわると、一度に約分できる。

例 $\frac{28}{42}$ の約分 → $\frac{\overset{\overset{2}{\cancel{14}}}{\cancel{28}}}{\underset{\underset{3}{\cancel{21}}}{\cancel{42}}}=\frac{2}{3}$ （2のあと7で約分）

→ $\frac{\overset{2}{\cancel{28}}}{\underset{3}{\cancel{42}}}=\frac{2}{3}$ （14で約分）

❷約分するときは、ふつう、分母がもっともかんたんな分数にする。

↳大きさがわかりやすくなる。

2 通 分

➡例題2、3

注意 右の例では、

$\frac{5}{6}=\frac{5\times4}{6\times4}=\frac{20}{24}$

$\frac{5}{8}=\frac{5\times3}{8\times3}=\frac{15}{24}$

と考える。

❶分母がちがう分数は、分母が同じ分数にすると、大きさを比《くら》べることができる。

❷分母のちがういくつかの分数を、それぞれの大きさを変えないで共通な分母になおすことを、**通分する**という。

最重要ポイント

2つの分数を通分した分母は、もとの2つの分数の分母の**最小公倍数**になる。

例 $\frac{5}{6}$ と $\frac{5}{8}$ ⇨（通分） $\frac{20}{24}$ と $\frac{15}{24}$

例題と答え

例題1 約　分

次の分数を約分しなさい。

① $\frac{6}{8}$　② $\frac{16}{32}$　③ $\frac{54}{36}$　④ $1\frac{27}{63}$

答え ① $\frac{3}{4}$　② $\frac{1}{2}$　③ $\frac{3}{2}$　④ $1\frac{3}{7}$

例題2 通　分

次の組の分数を通分しなさい。

① $\left(\frac{4}{5}\quad\frac{2}{3}\right)$　② $\left(\frac{5}{6}\quad\frac{7}{9}\right)$

答え ① $\left(\frac{12}{15}\quad\frac{10}{15}\right)$　② $\left(\frac{15}{18}\quad\frac{14}{18}\right)$

例題3 分数の大小

次の2つの分数のうち、大きいほうの分数をいいなさい。

① $\left(\frac{1}{3}\quad\frac{2}{5}\right)$　② $\left(\frac{5}{12}\quad\frac{3}{8}\right)$

答え ① $\frac{2}{5}$　② $\frac{5}{12}$

考え方

1. 1

分母と分子の最大公約数を考える。

④整数部分はそのままで、$\frac{27}{63}$ を約分すればよい。

2. 2

①5と3の最小公倍数を分母にする。

3. 2

分母の最小公倍数で通分し、分数の大小を決める。

通分すれば大小がわかるね。

チェックテスト

次の組の分数を通分しなさい。

① $\left(\frac{2}{7}\quad\frac{1}{6}\right)$

② $\left(\frac{3}{4}\quad\frac{5}{6}\quad\frac{7}{15}\right)$

答え

① $\left(\frac{12}{42}\quad\frac{7}{42}\right)$　② $\left(\frac{45}{60}\quad\frac{50}{60}\quad\frac{28}{60}\right)$

考え方 ② 4、6、15 の最小公倍数の 60 を分母にして通分する。

8 分数のたし算・ひき算

1 分数のたし算・ひき算

➡例題1

最重要ポイント

分母がちがう分数のたし算やひき算は、**分母を通分**してから計算する。

例 $\frac{5}{6}-\frac{11}{15}=\frac{25}{30}-\frac{22}{30}$

$=\frac{3}{30}$

$=\frac{1}{10}$

❶分母の**最小公倍数**で通分する。
↳分子が小さくなって計算しやすくなる。

❷計算の答えが約分できるときは**約分**する。

2 帯分数があるときの計算

➡例題2

注意 ❷帯分数を仮分数になおしてから計算することもできる。

$2\frac{1}{4}-1\frac{5}{6}=\frac{9}{4}-\frac{11}{6}$

$=\frac{27}{12}-\frac{22}{12}$

$=\frac{5}{12}$

❶帯分数のたし算やひき算は、**整数**部分と**分数**部分とに分けて考え、べつべつに計算する。

例 $2\frac{1}{4}+1\frac{5}{6}=2\frac{3}{12}+1\frac{10}{12}$

$=(2+1)+\left(\frac{3}{12}+\frac{10}{12}\right)$

$=3\frac{13}{12}$

$=4\frac{1}{12}$

❷ひき算で、分数部分だけではひけないときは、**整数**部分のうち1だけ分数になおし、分数部分を仮分《かぶん》数《すう》になおして計算する。

例 $2\frac{1}{4}-1\frac{5}{6}=2\frac{3}{12}-1\frac{10}{12}$

$=1\frac{15}{12}-1\frac{10}{12}$

$=\frac{5}{12}$

❸整数から分数をひく計算も、上の❷と同じように考えて計算する。

例 $6-2\frac{2}{5}=5\frac{5}{5}-2\frac{2}{5}$

$=3\frac{3}{5}$

例題と答え

例題1 分数のたし算・ひき算

次の計算をしなさい。

① $\frac{5}{6}+\frac{3}{10}$　② $\frac{7}{12}-\frac{5}{16}$

答え ① $\frac{25}{30}+\frac{9}{30}=\frac{34}{30}=\frac{17}{15}=1\frac{2}{15}$

↳答えは帯分数になおしてもよいし仮分数のままでもよい

② $\frac{28}{48}-\frac{15}{48}=\frac{13}{48}$

例題2 帯分数の計算

次の計算をしなさい。

① $2\frac{3}{4}+2\frac{3}{10}$　② $3\frac{5}{12}-1\frac{7}{8}$

答え ① $2\frac{15}{20}+2\frac{6}{20}=4\frac{21}{20}=5\frac{1}{20}$

② $3\frac{10}{24}-1\frac{21}{24}=2\frac{34}{24}-1\frac{21}{24}=1\frac{13}{24}$

考え方

1. ☛1

分母の最小公倍数で通分する。

通分ができれば、あとは同じ分母の分数だから、分子だけの計算をする。

2. ☛2

整数部分と分数部分とに分けて考える。②では、分数部分がそのままではひけないので、整数部分から1くり下げる。

チェックテスト

次の計算をしなさい。

① $4\frac{1}{4}-2\frac{7}{10}+\frac{1}{6}$

② $3\frac{1}{8}-\left(1\frac{3}{4}+\frac{1}{3}\right)$

答え

① $1\frac{43}{60}$　② $1\frac{1}{24}$

考え方 ① $4\frac{15}{60}-2\frac{42}{60}+\frac{10}{60}$

$=1\frac{33}{60}+\frac{10}{60}=1\frac{43}{60}$

② $3\frac{3}{24}-\left(1\frac{18}{24}+\frac{8}{24}\right)$

$=3\frac{3}{24}-1\frac{26}{24}$

$=2\frac{27}{24}-1\frac{26}{24}=1\frac{1}{24}$

9 図形の角

1 三角形の角の和

➡例題1

参考 正三角形の3つの角は60°で、すべて等しい。

❶三角形の3つの角の和

最重要ポイント

どんな三角形でも、3つの角の和は180°

［理由］　3つの角をならべると、一直線（＝180°）にならぶから。

❷三角形の角の大きさの求め方

◎＋×＝180°−○、

△＝180°−○ だから、

↳一直線は180°

◎＋×＝△

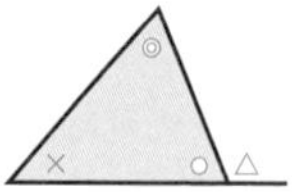

2 四角形の角の和

➡例題2

❶四角形の4つの角の和

最重要ポイント

どんな四角形でも、4つの角の和は360°

［理由］　2つの三角形に分けて考えると、

180°×2＝360°

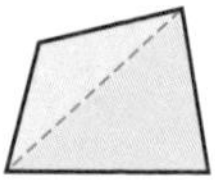

3 多角形の角の和

注意 辺の長さや角の大きさがすべて等しい多角形は正多角形という。

❶多角形の角の和は、三角形に分けて考える。

↳直線で囲まれた図形

	三角形	四角形	五角形	六角形
三角形の数	1	2	3	4
角の大きさの和	180°	360°	540°	720°

○角形の角の和は、180°×(○−2) で求められる。

↳○角形は(○−2)個の三角形に分けられる。

例　八角形の角の和は、180°×(8−2)＝1080°

例題と答え

例題1 三角形の角の和

下の図で、あ、いの角度は何度ですか。

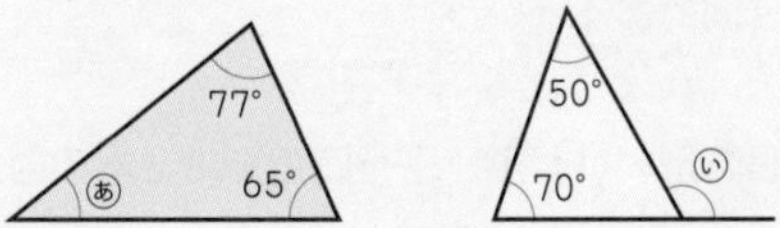

解き方　あ $180°-(77°+65°)=38°$

い $50°+70°=120°$

答え　あ38°　い120°

例題2 四角形の角

右の四角形で、あの角度は何度ですか。

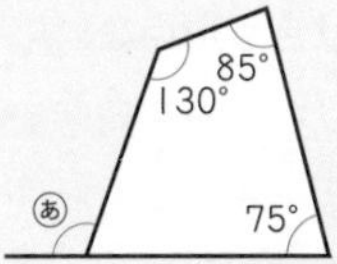

解き方　$360°-(75°+85°+130°)=70°$

$180°-70°=110°$　　答え　110°

考え方

1. ☛1

いの角度は、次のようになる。

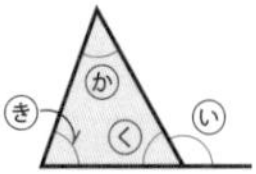

い＝か＋き

2. ☛2

四角形の角の和は360°であることと、

あ＋(となりの角)＝180°

より、

あ＝180°−(となりの角)

から求めることができる。

チェックテスト

右の図のように正方形と正三角形が重なった図形があります。

あの角度は、何度ですか。

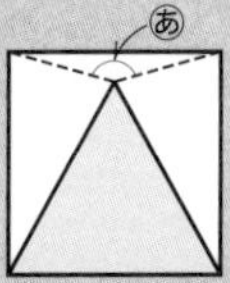

答え

150°

考え方

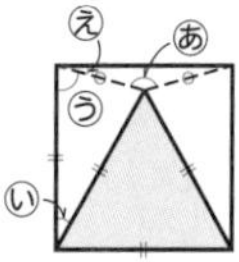

い＝90°−60°＝30°

う＝(180°−30°)÷2

＝75°

え＝90°−75°＝15°

あ＝180°−(15°＋15°)

＝150°

算数

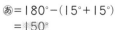

10 合同な図形

1 合　同

注意 合同とは大きさが等しく形が同じ図形のこと。

❶２つの図形が、ぴったり重なり合うとき、この２つの図形は**合同である**という。
↳大きさが等しく形が同じ

❷正方形、長方形、ひし形、平行四辺形は２本の対角線で合同な三角形に分けられる。

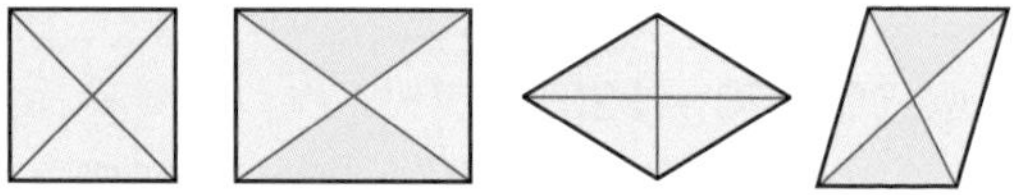

2 対応《たいおう》する辺・頂点《ちょうてん》・角

➡例題1

❶合同な図形を重ね合わせたとき、
重なり合う辺を**対応する辺**
重なり合う頂点を**対応する頂点**
重なり合う角を**対応する角**
という。

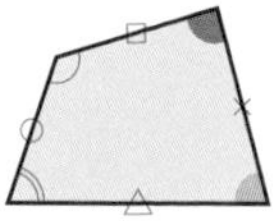

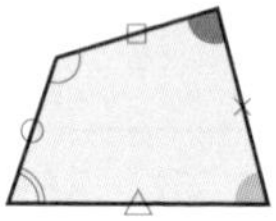

最重要ポイント

合同な図形では、
対応する辺の長さは**等しい。**
対応する角の大きさは**等しい。**

3 三角形のかき方

➡例題2

❶㋐、㋑、㋒のどれかがわかれば、合同な三角形がかける。

㋐ **3組の辺**の長さ

㋐

㋑ **2組の辺**の長さと、**その間の角**の大きさ

㋑

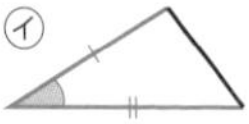

㋒ **1組の辺**の長さと、**その両はしの角**の大きさ

㋒

例題と答え

例題1 対応する辺・角

図のように、二等辺三角形ABCを点線で2つの合同な三角形に分けました。

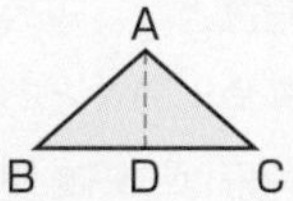

(1) 辺ABに対応する辺をいいなさい。

(2) 角ADBに対応する角をいいなさい。

答え (1) 辺AC (2) 角ADC

例題2 三角形のかき方

3つの辺の長さが5cm、4cm、3cmの三角形をかきなさい。

解き方 ① 5cmの直線ABをかく。

② Aを中心とした半径4cmの円をかく。

③ Bを中心とした半径3cmの円をかく。

④ ②と③の交点とA、Bをそれぞれ結ぶ。

答え

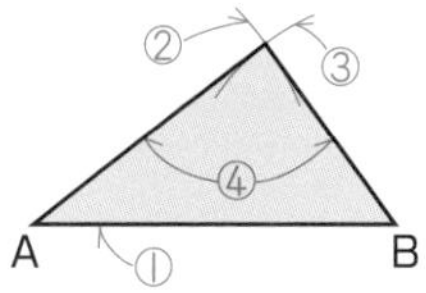

考え方

1. ☞2

点線を折り目にして重ねると、三角形ABDと三角形ACDがぴったり重なる。BとCが対応している。

2. ☞3

チェックテスト

下の図形の中から、合同な図形を見つけてそれぞれ記号で答えなさい。

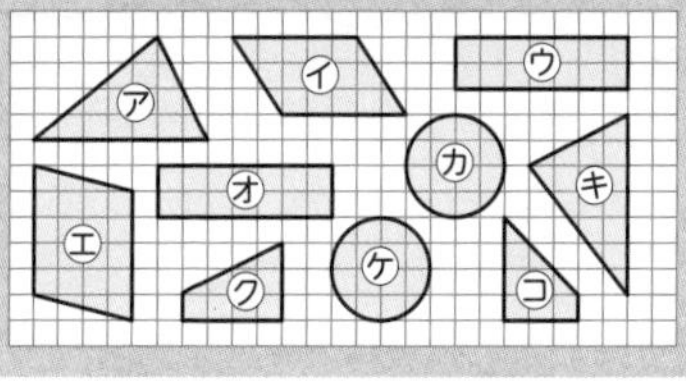

答え

㋐と㋖、㋒と㋔、㋕と㋘

考え方 辺の長さや角の大きさがすべて同じ図形を見つける。

11 円と正多角形

1 正多角形

➡例題1

参考 正六角形は、コンパスを半径の長さにひらいて、かくこともできる。

❶正多角形とは、辺の長さも、角の大きさもすべて等しい多角形のことである。

❷正多角形は、円を使ってかくことができる。円の中心のまわりの角を同じ大きさに区切って半径をかき、その半径のはしを結んで辺をかく。

例　正六角形

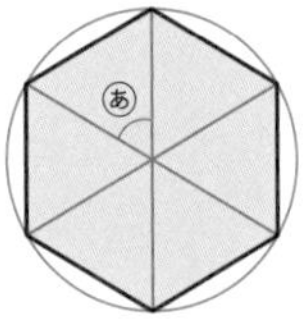

正八角形

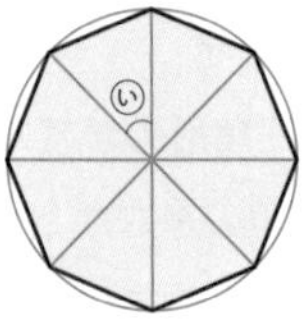

中心のまわりの角１つ分の大きさは、

あ…360°÷6=**60°**　　い…360°÷8=**45°**

❸それぞれの正多角形をかくときの、中心のまわりの角１つ分の大きさは、次のようになる。

正三角形	120°	正方形	90°	正五角形	72°
正六角形	60°	正八角形	45°	正十角形	36°

2 円　周

➡例題2、3

注意 円周率は、3.141592……と、どこまでも続く。

❶円のまわりを**円周**という。

❷円周の長さが直径の長さの何倍になっているかを表す数を、**円周率**《えんしゅうりつ》という。

↳どんな円でも同じ数

円周率=円周÷直径

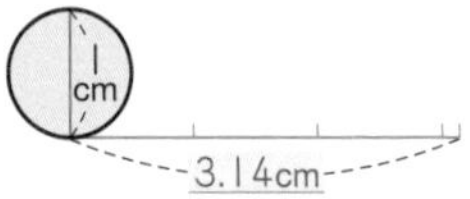

円周率はおよそ **3.14**。

最重要ポイント

円周=**直径**×円周率

例　直径5cm の円周の長さは、

5×3.14=**15.7**(cm)

例題と答え

例題1 正多角形

円を利用して、正九角形をかきます。中心のまわりの角を何度に等分すればよいですか。

解き方　360°÷9＝40°　　答え　40°

例題2 円周と直径の関係

次の長さを求めなさい。

① 半径2cm の円周

② 円周が 20 cm の円の半径

答えは $\frac{1}{100}$ の位までのがい数で求めなさい。

解き方　② 20÷3.14÷2＝3.184…

答え　①12.56 cm　②約 3.18 cm

例題3 円周とまわりの長さ

右の図形のまわりの長さを求めなさい。

①

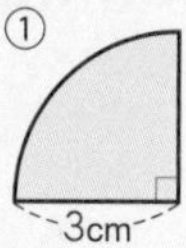

②

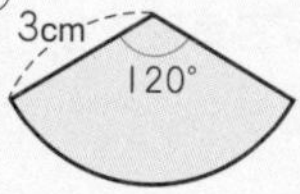

答え　①10.71 cm　②12.28 cm

考え方

1. ☞1

1 周 360° を 9 等分する。

2. ☞2

②まず、円周から直径を求める。直径は、次のようにして求められる。

円周÷円周率

3. ☞2

チェックテスト

右のような図形があります。色のついた部分のまわりの長さを求めなさい。

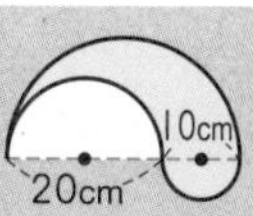

答え

94.2 cm

考え方　直径 10 cm、直径 20 cm、直径 30 cm の円の円周の $\frac{1}{2}$ の長さの和である。

12 図形の面積(1)

1 三角形の面積

➡例題1、2

注意 底辺をどこにするかで高さが決まる。

❶三角形の面積の公式

最重要ポイント

三角形の面積＝**底辺**×高さ÷2

例　右の三角形の面積は、

6×4÷2＝**12**(cm^2)

↳長方形の面積の半分

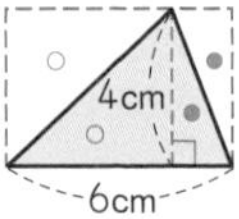

❷高さは、頂点《ちょうてん》から底辺へ垂直《すいちょく》におろした直線の長さ。

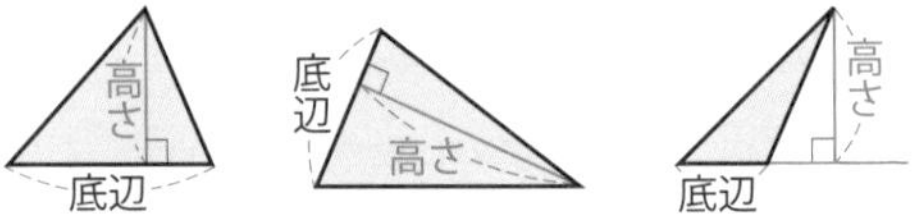

❸三角形の面積と底辺がわかっているときは、高さは、**三角形の面積×2÷底辺** で求められる。

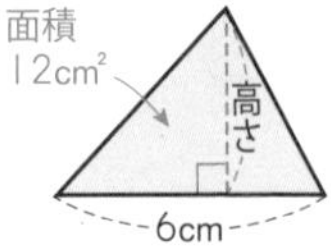

例　高さは、12×2÷6＝**4**(cm)

2 面積が等しい三角形

❶どんな三角形でも、底辺が共通で高さが等しければ、面積も等しくなる。

(三角形 ABC と三角形 DBC の面積は等しい。)

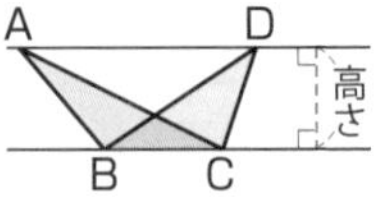

3 多角形の面積

➡例題3

❶**多角形の面積**は、下のように公式の使える図形に区切ってそれぞれの面積を求め、その**和**や**差**を求める。

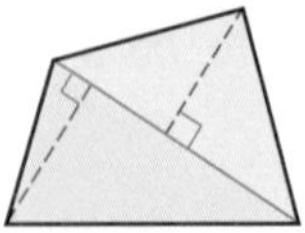

(三角形に分ける)

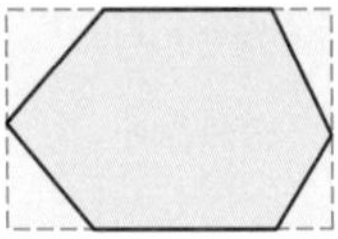

(長方形の面積から三角形の面積をひく)

例題と答え

例題1 三角形の面積

次の三角形の面積を求めなさい。

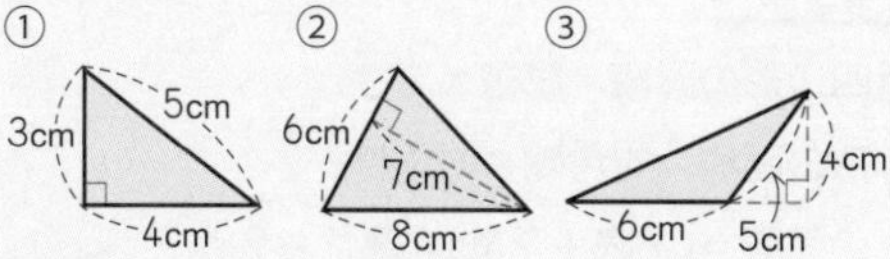

答え ①6 cm^2 ②21 cm^2 ③12 cm^2

例題2 面積から底辺の長さや高さを求める

次の図形の㋐の長さを求めなさい。

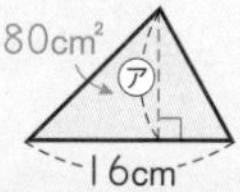

答え 10 cm

例題3 面積の求め方のくふう

右の図で、色をぬった部分の面積を求めなさい。

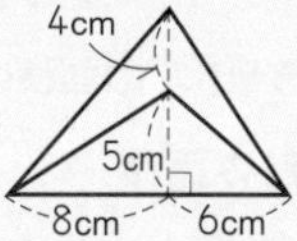

解き方 (8+6)×(4+5)÷2−(8+6)×5÷2=28

または、4×8÷2+4×6÷2=28

答え 28 cm^2

考え方

1. ☞1

① 4×3÷2

② 6×7÷2

③ 6×4÷2

2. ☞1

面積を求める公式に数をあてはめて考える。

16×㋐÷2=80

3. ☞3

面積を求めるには、

または、

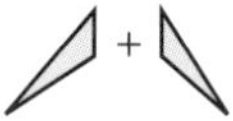

で考える。

算数

チェックテスト

次の図形の面積を求めなさい。

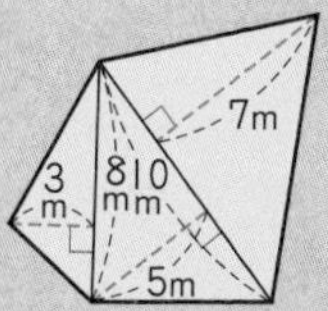

答え

72 m^2

考え方 3つの三角形に分けて考える。

(8×3÷2)+(10×5÷2)

+(10×7÷2)=72

13 図形の面積（2）

1 四角形の面積

➡ 例題1～3

❶いろいろな四角形の面積の公式

最重要ポイント

平行四辺形の面積＝**底辺**×高さ

ひし形の面積＝**対角線**×対角線÷2

台形の面積＝（上底＋**下底**）×高さ÷2

❷平行四辺形の面積

注意 直角三角形をずらして、長方形にして考える。

例　右の平行四辺形の面積は、

5×3＝15（cm^2）

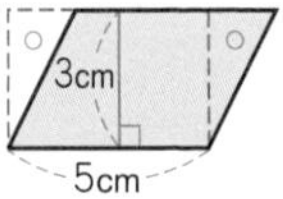

注意 底辺をどこにするかで高さが決まる。

どんな平行四辺形でも、底辺が共通で高さが等しければ、面積も等しくなる。（平行四辺形ABCDと平行四辺形EBCFの面積は等しい。）

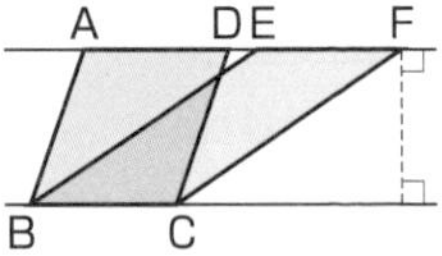

❸ひし形の面積

↳2本の対角線が垂直に交わる。

注意 ひし形をかこむ長方形の面積を考える。

対角線と等しい長さを1辺とする長方形の面積の半分と考える。

例　右のひし形の面積は、

10×6÷2＝30（cm^2）

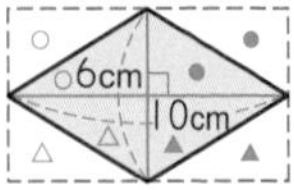

❹台形の面積

↳高さは、上底と下底の間のはば

注意 合同な台形を2つ組み合わせて、平行四辺形にして考える。

合同な台形を2つ組み合わせた平行四辺形の底辺の長さは、（5＋10）cmである。

例　右の台形の面積は、

（5＋10）×6÷2

＝45（cm^2）

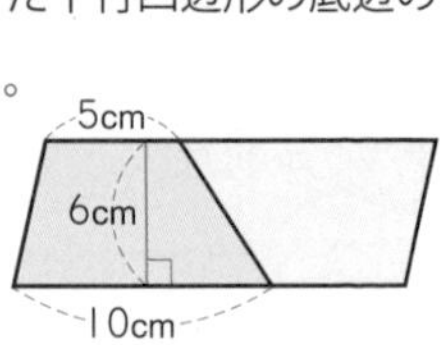

例題と答え

例題1 四角形の面積

次の四角形の面積を求めなさい。

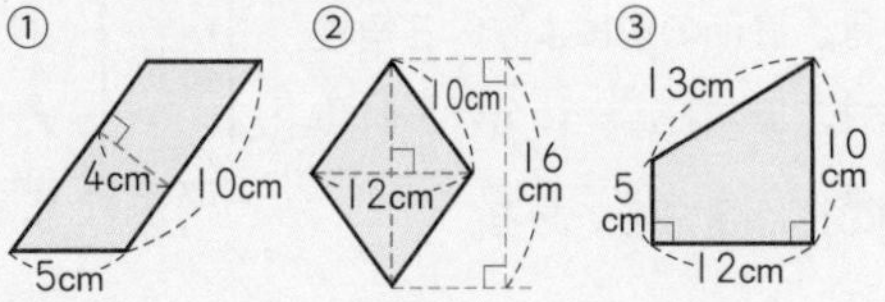

答え ①40 cm^2　②96 cm^2　③90 cm^2

例題2 いろいろな四角形の面積

右のような四角形ABCDの面積を求めなさい。

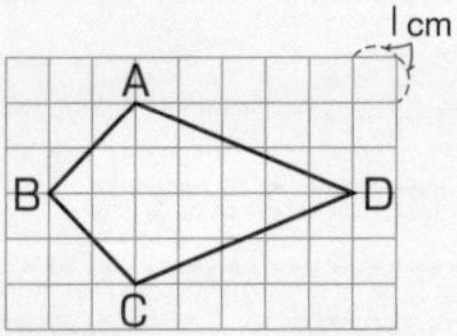

答え 14 cm^2

例題3 高さの求め方

右の図形の㋐の長さを求めなさい。

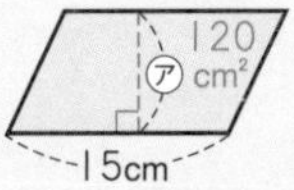

答え 8 cm

考え方

1. ☞ 1

① 10×4

② 12×16÷2

③ (5＋10)×12÷2

2. ☞ 1

対角線が垂直に交わっているので、ひし形の面積と同じように考える。

4×7÷2

3. ☞ 1

面積を求める公式にあてはめて考える。

15×㋐＝120

チェックテスト

次の図形の面積を求めなさい。

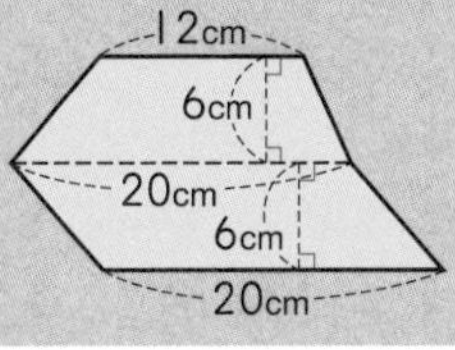

答え

216 cm^2

考え方 (12＋20)×6÷2＝96

20×6＝120

96＋120＝216

14 角柱と円柱

1 角　柱

➡ 例題1、2

注意 直方体や立方体は四角柱である。

❶角柱は平面だけで囲まれている。
↳底面の形で分けられる。

❷角柱は、底面の形により、三角柱、四角柱、五角柱、…に分けられる。

❸**側面**の形は長方形である。

❹**底面**は２つあり、平行で合同である。

❺底面と側面は垂直に交わっている。

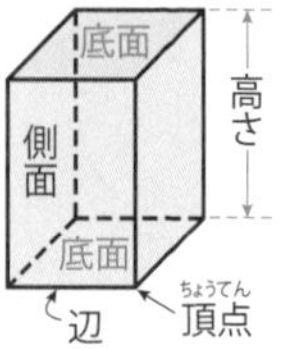

2 円　柱

❶円柱の**底面**は、形は円で、２つあり、合同である。

❷**側面**は曲面になっている。

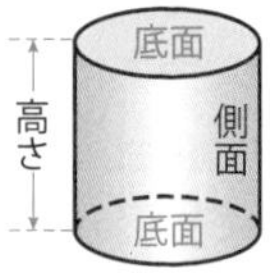

3 角柱や円柱の展開図《てんかいず》

➡ 例題3

注意 展開図において、組み立てたときに重なる辺どうしの長さは等しい。
また、右の２つの展開図では、長方形のたての長さが、角柱や円柱の高さを表している。

❶角柱の展開図は、２つの**合同な多角形**と、いくつかの**長方形**からできている。
↳底面の形

例　**三角柱の展開図**

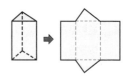

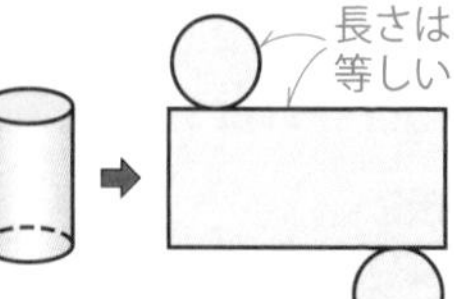

❷円柱の展開図は、２つの**合同な円**と、１つの**長方形**からできている。

最重要ポイント

円柱の展開図の長方形の横の長さと、底面の円の円周の長さは、**等しい**。

例題と答え

例題1 面・辺・頂点の数

三角柱、四角柱、五角柱について、面と辺と頂点の数を下の表にまとめなさい。

	三角柱	四角柱	五角柱
面			
辺			
頂点			

答え （上から順に） 三角柱…5、9、6
四角柱…6、12、8　五角柱…7、15、10

例題2 六角柱

次の□に、数やことばを入れなさい。

六角柱には、底面が□つ、側面が□つあります。底面の形は□、側面の形は□です。

答え 2、6、六角形、長方形

例題3 展開図

右の展開図からできる立体の名まえをいいなさい。

①
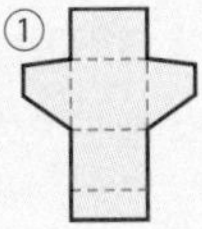

②
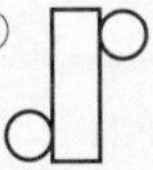

答え ①四角柱　②円柱

考え方

1. 👉1

五角柱は右のような立体。

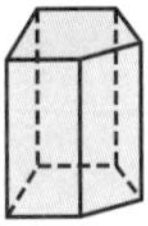

2. 👉1

六角柱は右のような立体。

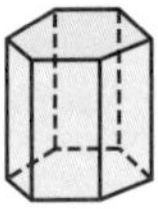

3. 👉3

両側にある四角形や円の部分を、2つの底面と考えよう。

チェックテスト

右の円柱を、展開図をかいてつくろうと思います。側面の形はたて何cm、横何cmの長方形になりますか。

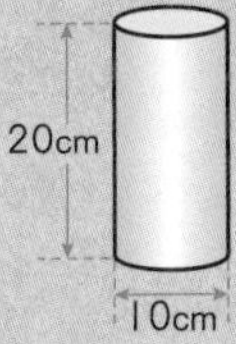
20cm
10cm

答え

たて…20 cm
横…31.4 cm

考え方 横の長さは、底面の円周の長さと等しい。

15 体　積 (1)

1 直方体・立方体の体積

➡例題1、2

❶もののかさのことを体積という。

❷体積の単位

・ $1\ cm^3$ (1立方センチメートル)
(1辺が1cmの立方体の体積と同じ)

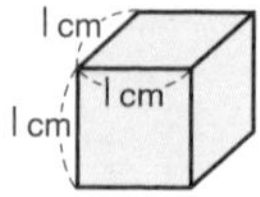

❸直方体・立方体の体積の公式

最重要ポイント

直方体の体積＝たて×横×高さ
立方体の体積＝1辺×1辺×1辺

例

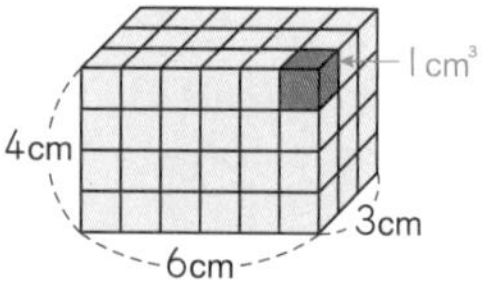

体積は、3×6×4
＝72 (cm^3)

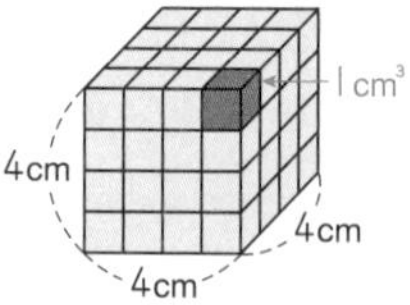

体積は、4×4×4
＝64 (cm^3)

注意

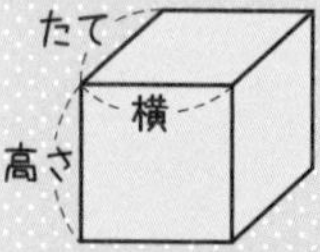

注意 たて・横・高さは、同じ単位で表されていること。

2 いろいろな立体の体積

➡例題3

❶右のような立体の体積は、下のように公式の使える図形に区切ってそれぞれの体積を求め、その和や差を求める。

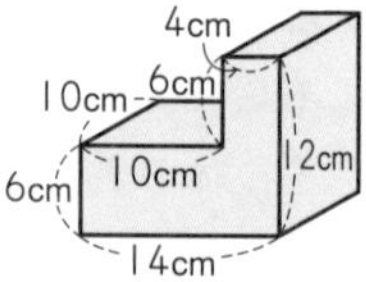

㋐

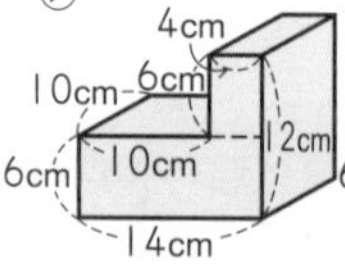

㋑

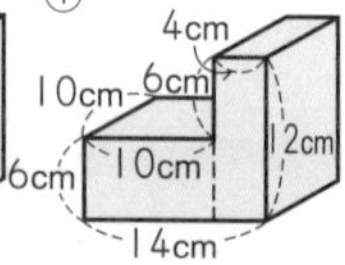

㋒

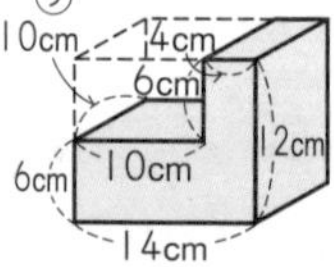

㋐ (10×4×6)+(10×14×6)=240+840=1080 (cm^3)

㋑ (10×4×12)+(10×10×6)=480+600=1080 (cm^3)

㋒ (10×14×12)−(10×10×6)=1680−600=1080 (cm^3)

注意 ㋐と㋑は、2つの直方体に分けて、体積の和を求めている。㋒は、大きい直方体から小さい直方体をひいた差を求めている。

例題と答え

例題1 直方体・立方体の体積

たて6 cm、横5 cm で、体積が 240 cm^3 である直方体の高さを求めなさい。

解き方　240÷(6×5)＝8　　答え　8 cm

例題2 直方体の体積

次の直方体の体積を求めなさい。

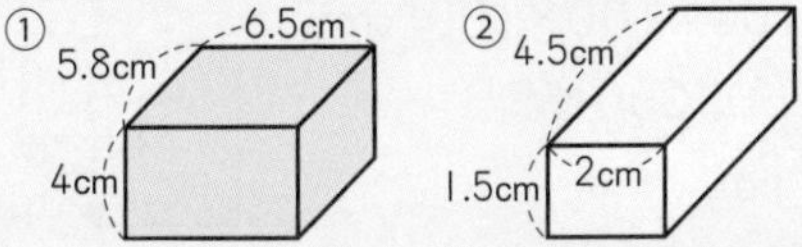

答え　①150.8 cm^3　②13.5 cm^3

例題3 立体の体積

右の立体の体積を求めなさい。

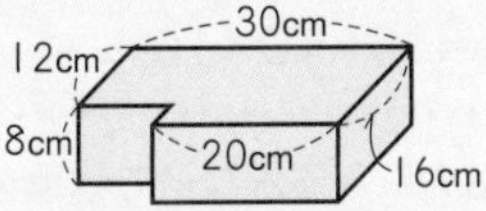

解き方　12×30×8＝2880 (cm^3)

(16−12)×20×8＝640 (cm^3)

2880＋640＝3520　　答え　3520 cm^3

考え方

1. ☞ 1

体積を底面積でわる。

2. ☞ 1

辺の長さが小数になっても、公式に数を入れて体積を求めることができる。

① 5.8×6.5×4

② 4.5×2×1.5

3. ☞ 2

２つの直方体に分けたり、大きい直方体から小さい直方体をひいたりして考えればよい。

算数

チェックテスト

次の立体の体積を求めなさい。

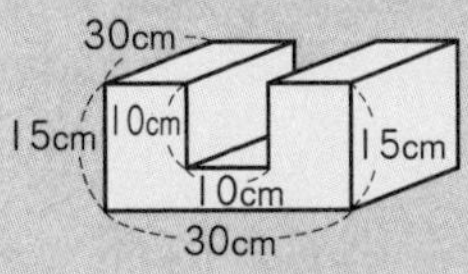

答え

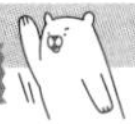

10500 cm^3

考え方 大きい直方体から、小さい直方体の体積をひいて求める。

(30×30×15)−(30×10×10)

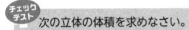

16 体　　積 (2)

1 単位の関係

➡例題1、2

注意 次のような関係になっている。

1 mL（$1\ \mathrm{cm}^3$）
↓ 1000 倍
1 L（$1000\ \mathrm{cm}^3$）
↓ 1000 倍
$1\ \mathrm{m}^3$（$1000000\ \mathrm{cm}^3$）

❶cm^3、mL、L、m^3 の関係

たて 10 cm、横 10 cm、高さ 10 cm の入れものには、水がちょうど 1 L 入る。

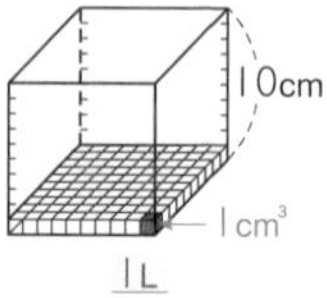

最重要ポイント

$1\ \mathrm{L} = 1000\ \mathrm{cm}^3$

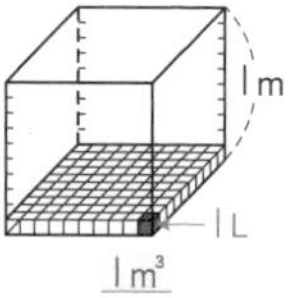

- $1\ \mathrm{m}^3 = (100 \times 100 \times 100)\ \mathrm{cm}^3$
  $= 1000000\ \mathrm{cm}^3$
- $1\ \mathrm{cm}^3 = 1$ mL
- 1 L $= 1000$ mL
- $1\ \mathrm{L} = 1000\ \mathrm{cm}^3$
  $= (10 \times 10 \times 10)\ \mathrm{cm}^3$
- $1\ \mathrm{m}^3 = 1000$ L
  $= (10 \times 10 \times 10)$ L

2 容《よう》　積《せき》

➡例題2

注意 入れもののたてと横には板の厚さが2か所、高さには板の厚さが1か所ふくまれている。

❶入れものに入る水などの体積を容積という。

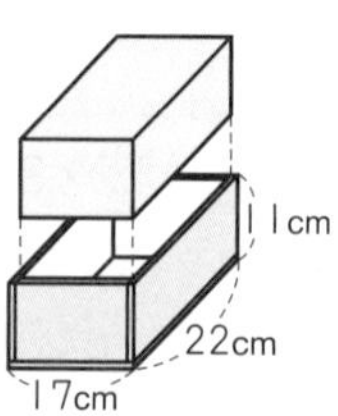

❷入れものの内側の長さのことを内のりという。
↳内のりの高さを「深さ」という。

例　右上の図のような、厚《あつ》さ 1 cm の板でつくられている、たて 22 cm、横 17 cm、高さ 11 cm の入れものの内のりは、

たて…$22-2=20$ (cm)　横…$17-2=15$ (cm)

深さ…$11-1=10$ (cm)

容積は、$20 \times 15 \times 10 = 3000\ (\mathrm{cm}^3)$

例題と答え

例題1 単位の関係

次の□にあてはまる数を求めなさい。

① 4 m^3＝□L　② □cm^3＝10 mL

③ 3 L＝□cm^3

答え　①4000　②10　③3000

例題2 箱の容積

右の図の箱の容積は、何 cm^3 ですか。また、それは何Lですか。板の厚さは、どこも 1 cm です。

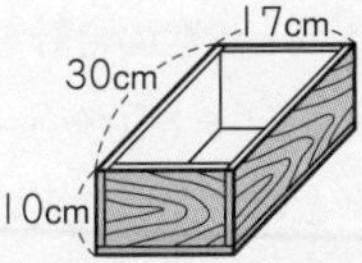

解き方　たて…30−2＝28 (cm)

横…17−2＝15 (cm)

深さ…10−1＝9 (cm)

28×15×9＝3780 (cm^3)

3780÷1000＝3.78 (L)

答え　3780 cm^3、3.78 L

考え方

1. ☞1

① 1 m^3＝1000 L

② 1 cm^3＝1 mL

③ 1 L＝1000 cm^3

2. ☞1、2

図にある長さは、外側の長さであるから、板の厚さを考えて、内のりを求める。あとは体積の公式を使えばよい。

1000 cm^3＝1 L だよ。

チェックテスト

内のりが、1辺10 cmの1Lますに、水が6 cmまで入っていました。この中に小石を入れると、水面が8 cmまで上がりました。小石の体積は何 cm^3 ですか。

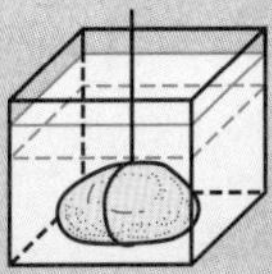

答え

200 cm^3

考え方 小石を入れて、増《ふ》えた水の体積が、小石の体積。水面が (8−6) cm 上がったので、増えた水の体積は、10×10×(8−6)

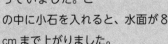

17 平　均

1 平《へい》　均《きん》

➡例題1、2

❶いくつかの大きさの数や量を、等しい大きさになるようにならしたものを、それらの数量の**平均**という。

1つのグループを代表する数↵

最重要ポイント

> 平均＝**合計**÷個数《こすう》

例　50 m を3回歩いたときの平均の歩数

1回目	74歩
2回目	65歩
3回目	80歩

解き方　• 歩数の合計を回数でわる。

(74＋65＋80)÷3＝**73 (歩)**

• 基準《きじゅん》とのちがいの平均を求めて、基準にたす。

60 歩を基準にして、基準とのちがいを求めると、

1回目は、74－60＝14 (歩)

2回目は、65－60＝5 (歩)

3回目は、80－60＝20 (歩)

ちがいの平均は、(14＋5＋20)÷3＝13 (歩)

これを基準にたすと、60＋13＝**73 (歩)**

参考 平均を使っておよその長さをはかることができる。

例　1歩の平均の歩はばが約 0.6 m で、ろうかのはしからはしまで歩いたら 11 歩のとき、ろうかの長さは、
0.6×11＝6.6
→ 約 6.6 m

❷平均と個数から合計 (全体の数量) を求めるには、

最重要ポイント

> 合計＝平均×**個数**

例　1日に平均 1.3 時間勉強すると、1週間では、1.3×7＝**9.1** (時間) 勉強することになる。

❸いくつかの数量に「0」をふくむ場合、「0」も個数にふくめて考える。

例　1週間の欠席者の人数の平均

月曜日	1人
火曜日	3人
水曜日	0人
木曜日	3人
金曜日	4人

(1＋3＋0＋3＋4)÷5＝**2.2 (人)**

注意 人数など、小数で表せないものでも平均は小数で表すことがある。

例題と答え

例題1 平均の求め方

右の表は、みどりさんの学級の書き取りテストの結果です。
平均点は何点になりますか。

得点(点)	人数(人)
10	5
9	8
8	4
7	3
6	2

解き方 (10×5+9×8+8×4+7×3+6×2)÷(5+8+4+3+2)=8.5　**答え** 8.5点

例題2 およその長さ

ひろとさんの1歩の歩はばの平均は65 cmです。家から駅までは約860歩です。この道のりは何mですか。ただし、上から2けたのがい数で求めなさい。

解き方 65×860=55900 ⟶ 56000
56000÷100=560　**答え** 約560 m

考え方

1. ☞1

10点が5人で　10×5
9点が8人で　9×8
8点が4人で　8×4
7点が3人で　7×3
6点が2人で　6×2
この点数の合計を、人数の合計でわる。

2. ☞1

計算の答えの上から3けた目を四《し》捨《しゃ》五《ご》入《にゅう》してがい数にする。

算数

チェックテスト

たまご14個の重さをはかると812 gでした。
① たまご1個の重さは、平均何gですか。
② たまご1000個分の重さは、およそ何kgですか。

答え

① 58 g
② 約58 kg
考え方 ② 単位に注意する。
58×1000=58000 (g)
58000 g → 58 kg

18 単位量あたりの大きさ

1 単位量あたりの大きさ

➡例題1、2

参考 単位量あたりの大きさの考え方を使って、車の燃《ねん》費《ぴ》や畑のとれ高などを比べることがある。
車の燃費は、ガソリン1Lあたりで車が走れる道のりを比べ、畑のとれ高は、畑の面積1 m^2 あたりからとれる作物の量を比べる。

❶ 1 m^2 あたりの個数《こすう》、1 cm^3 あたりの重さ、1Lあたりで走れる道のりなどを**単位量あたりの大きさ**という。

❷単位量あたりの大きさを使って、部屋のこみぐあいを比《くら》べることができる。

例 右のA、Bのうち、どちらの部屋がこんでいますか。

	広さ	人数
A	20 m^2	11人
B	25 m^2	15人

解き方 ・1 m^2 あたりの人数で比べる。

Aの部屋…11÷20=**0.55**

Bの部屋…15÷25=**0.6**

1 m^2 あたりの人数が多い方がこんでいるといえる。→ こんでいるのは**Bの部屋**。

・1人あたりの広さで比べる。

Aの部屋…20÷11=**1.81…**

Bの部屋…25÷15=**1.66…**

1人あたりの部屋の広さがせまい方がこんでいるといえる。→ こんでいるのは**Bの部屋**。

1 m^2 あたりの人数で比べると、数が大きい方がこんでいるといえるので、**こみぐあいを比べる場合は、面積あたり**で比べることが多い。
↳1 m^2、1 km^2 あたりなど

❸ 1 km^2 あたりの人口を、**人口密度《じんこうみつど》**という。

最重要ポイント

人口密度=人口÷**面積**

例 人口20800人、面積16 km^2 のとき、
20800÷16=**1300** ⟶ 人口密度**1300人**

例題と答え

例題1 単位量あたりの大きさ

右の表は、にわとり小屋A、B、Cの広さと、飼《か》っているにわとりの数です。いちばんこんでいるのは、どの小屋ですか。

	広さ	数
A	4 m^2	11 羽
B	6 m^2	22 羽
C	7 m^2	23 羽

解き方 小屋A…11÷4＝2.75

小屋B…22÷6＝3.66…

小屋C…23÷7＝3.28…　　**答え** 小屋B

例題2 車の燃費

車Aは25Lのガソリンで600kmを走ります。車Bは35Lのガソリンで784km走ります。ガソリン1Lあたりで走れる道のりが長いのはどちらの車ですか。

解き方 車A…600÷25＝24

車B…784÷35＝22.4　　**答え** 車A

考え方

1. ☞1

にわとり小屋1 m^2 あたりに、にわとりが何羽いるかを比べる。

2. ☞1

車の燃費は、車が1km走るのに必要なガソリンの量で比べることもできる。

算数

チェックテスト

ある県の面積は7780 km^2、人口は3800610人です。この県の人口密度を求めなさい。ただし、上から2けたのがい数にし、上から2けたのがい数で求めなさい。

答え

約490人

考え方 面積と人口を上から2けたのがい数にすると、

7780 → 7800

3800610 → 3800000

3800000÷7800

＝487.… → 490

19 変わり方ときまり

1 変わり方ときまり

➡ 例題1

注意 変わり方ときまりを見つけるには、変わるものと変わらないものを判断《はんだん》する。

❶長さの等しいぼうで正方形をつくり、ならべていく。

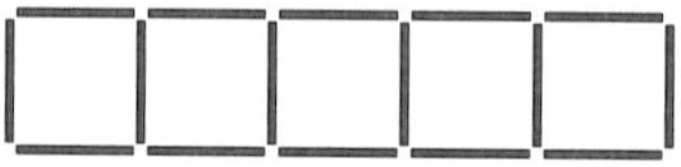

❷正方形の数とぼうの本数の関係は、次のようになる。

正方形の数○（個《こ》）	1	2	3	4	5
ぼうの数□（本）	4	7	10	13	16

❸関係を式に表すと、次のようになる。

ぼうの数＝1＋3×正方形の数

↳○と□で表すと、□＝1＋3×○

2 比《ひ》 例《れい》

➡ 例題2

最重要ポイント

一方のあたいが2倍、3倍、…になれば、もう一方のあたいも2倍、3倍、…になるとき、2つの量は**比例する**という。

❶底辺が同じ三角形の面積

底辺が4cmの三角形の高さと面積の関係を表にかくと、次のようになる。

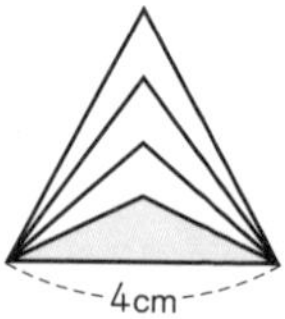

2倍　3倍

高さ（cm）	1	2	3	4	5
面積（cm^2）	2	4	6	8	10

2倍　3倍

❷高さが2倍、3倍になると、面積も2倍、3倍になるので、面積は高さに**比例する**といえる。

例題と答え

例題1 変わり方ときまり

長さの等しいぼうで正三角形をつくり、横にならべていきます。三角形の数とぼうの本数の関係について、答えなさい。

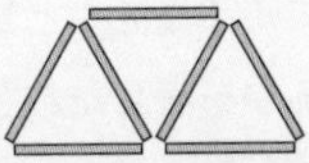

(1) 下の表にかき入れなさい。

三角形の数 (個)	1	2	3	4
ぼうの数 (本)				

(2) 正三角形を 20 個つくるには、ぼうは何本いりますか。

答え (1) (左から) 3、5、7、9 (2) 41本

考え方

1. ☞1

はじめの正三角形は3本、2個目の正三角形からは2本ずつ増《ふ》えていく。

(2) 3+2×(20−1)

三角形の数とぼうの本数の関係を、式に表そう。

例題2 比 例

右のような長方形で、たての長さを 5 cm と決めて、横の長さを 1 cm、2 cm、…と変えていきます。面積が 65 cm² であるときの横の長さを求めなさい。

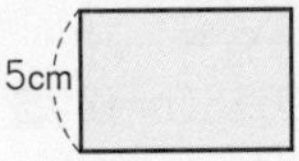
5cm

答え 13 cm

2. ☞2

横の長さを○ cm、面積を□ cm² とすると、

5×○=□

面積が 65 cm² だから、

5×○=65

チェックテスト

30 L のガソリンで 420 km 走る自動車があります。ガソリンの量と走れる道のりは比例しますか。表を完成させて答えなさい。

ガソリン (L)	1	2	3	4
道のり (km)				

答え

(左から) 14、28、42、56

比例する。

考え方 ガソリンの量が2倍、3倍になると、道のりも2倍、3倍になる。

算数

20 割合（1）

1 割《わり》 合《あい》

➡ 例題1、2

参考 比べられる量のことを、比べる量ともいう。

❶もとにする量を1として、比《くら》べられる量がいくつにあたるかを表した数を**割合**という。

最重要ポイント

割合＝比べられる量÷もとにする量

例　定員が80人のバスAとバスBがあります。バスAの乗客は60人、バスBの乗客は40人でした。

(1) バスAの乗客は、定員の何倍ですか。

(2) バスAの乗客は、バスBの乗客の何倍ですか。

解き方　(1) 定員をもとにする量とする。

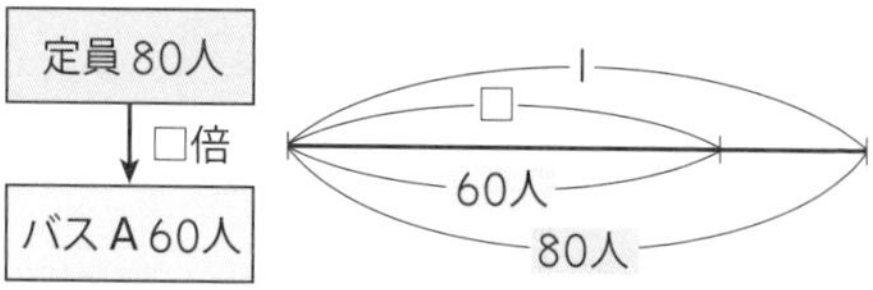

60÷80＝**0.75** → **0.75倍**

(2) バスBの乗客をもとにする量とする。

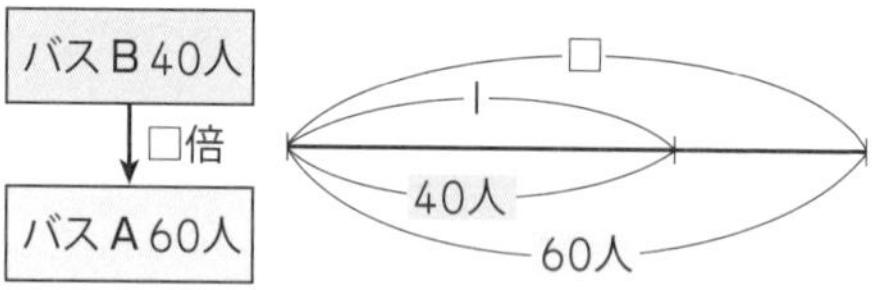

60÷40＝**1.5** → **1.5倍**

2 百《ひゃく》分《ぶん》率《りつ》と歩合《ぶあい》

➡ 例題2、3

❶パーセントで表した割合を、**百分率**という。

0.01＝1％　　0.1＝10％　　1＝100％

❷割合を表す0.1を1割《わり》ということもある。このような表し方を**歩合**という。

0.1＝1割　　0.01＝1分《ぶ》　　0.001＝1厘《りん》

例題と答え

例題1 できぐあい

バスケットボールのシュートの練習をしました。だれがいちばんうまいといえますか。

	はる	ゆい	さき
はいった数	9	8	6
シュートした数	16	13	10

解き方　9÷16=0.5625　8÷13=0.615…

6÷10=0.6　　答え　ゆい

例題2 百分率

ある学級には30人います。そのうち18人は算数が好きです。この学級で算数の好きな人の割合は何%ですか。

解き方　18÷30=0.6 → 60%　答え　60%

例題3 小数・百分率・歩合

次の表のあいたところをうめなさい。

小　数	0.3	㋒	㋔
百分率	㋐	46%	㋕
歩　合	㋑	㋓	2割7分5厘

答え　㋐30%　㋑3割　㋒0.46　㋓4割6分

㋔0.275　㋕27.5%

考え方

1. 1

はいった数を比べられる量、シュートした数をもとにする量として、シュートがはいった割合を求める。

2. 1、2

割合を求めるときには、比べられる量、もとにする量を見つけ、公式にあてはめる。

3. 2

百分率では、0.01を1%とする。歩合では、0.1を1割、0.01を1分、0.001を1厘とする。

算数

チェックテスト

ある学校の5年生は、全員で80人いて、そのうち北町の人が30人います。5年生全員の人数に対する北町の人の割合を、小数・百分率・歩合で表しなさい。

答え

0.375、37.5%、3割7分5厘

考え方　30÷80=0.375

21 割合(2)

1 比《くら》べられる量の求め方

➡ 例題1

注意 計算をするときは、百分率《ひゃくぶんりつ》や歩合《ぶあい》で表された割合を、小数に変える。

❶比べられる量は、次の式で求められる。

最重要ポイント

比べられる量＝もとにする量×割合《わりあい》

例　あるクラス全体の人数は 30 人で、女子は全体の 40％ です。女子の人数は何人ですか。

解き方

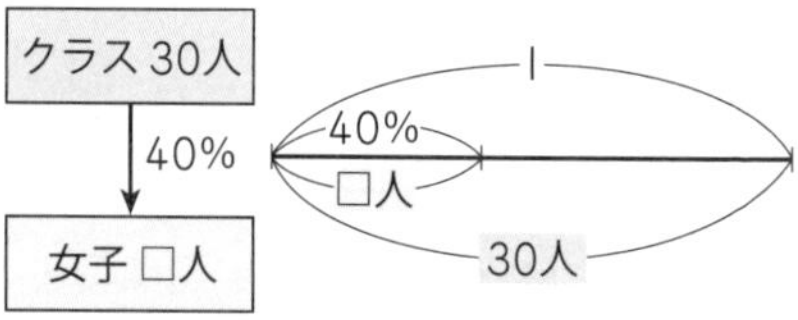

40％ を小数で表すと、0.4

↳10％は 0.1

30×0.4＝12（人）

2 もとにする量の求め方

➡ 例題1、2

❶もとにする量は、次の式で求められる。

最重要ポイント

もとにする量＝比べられる量÷割合

例　けんさんの家では、畑全体の面積の 15％ にあたる 6 m^2 の土地でトマトを育てています。畑全体の面積は何 m^2 ですか。

解き方

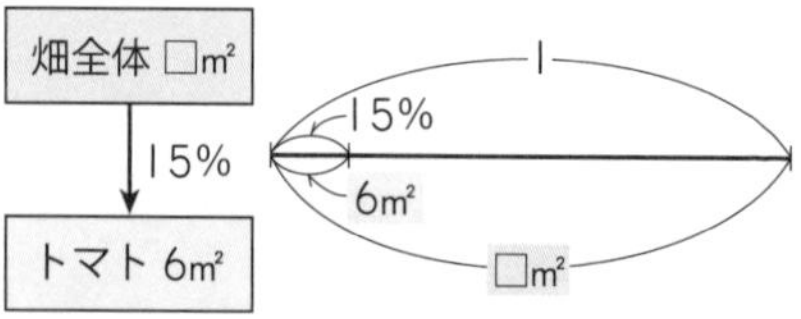

15％ を小数で表すと、0.15

□×0.15＝6 だから、6÷0.15＝40（m^2）

例題と答え

例題1 割合を使った問題

次の□にあてはまる数を答えなさい。

(1) 600円は800円の□%です。

(2) 8Lに対して3.6Lは□%です。

(3) 800人の5%は□人です。

(4) □kgは、40kgの35%です。

(5) 200人は□人の40%です。

解き方 (1) 600÷800=0.75

0.75×100=75　答え 75

(2) 3.6÷8=0.45　0.45×100=45

答え 45

(3) 800×0.05=40　答え 40

(4) 40×0.35=14　答え 14

(5) 200÷0.4=500　答え 500

例題2 割合の問題

ある動物園の入園者数は、10月は3360人でした。10月は9月の120%です。9月の入園者数は何人ですか。

解き方 3360÷1.2=2800　答え 2800人

考え方

1. ☛1、2

(1)、(2)は、割合を求める問題

(3)、(4)は、比べられる量を求める問題

(5)は、もとにする量を求める問題

それぞれの問題に応《おう》じて公式にあてはめる。

2. ☛2

割合が120%ということから、9月よりも10月のほうが入園者数が多かった。

算数

チェックテスト

れんさんは、18回シュートが成功しました。これは成功率6割だったそうです。れんさんは、何回シュートをしましたか。

答え

30回

考え方 比べられる量が18回で、割合が6割。6割→0.6として計算する。18÷0.6=30

22 割合のグラフ

1 帯グラフ

➡ 例題2

注意 全体に対する割合を表すのに用いる。

❶**帯グラフ**…細長い長方形で全体を表し、それを各部分の割合《わりあい》にしたがって**長方形**に区切ったものである。

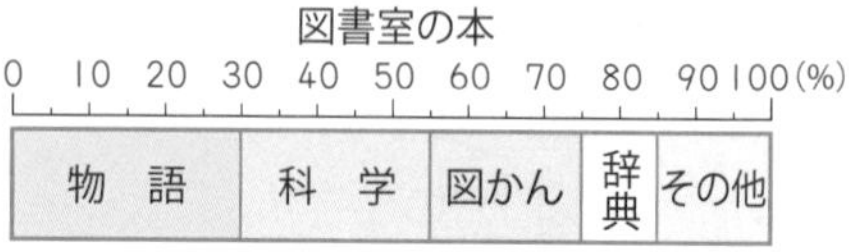

2 円グラフ

➡ 例題1

参考 円グラフで、1%ごとに目もりをつける場合、1目もりは3.6°である。

❶**円グラフ**…右の図のようなグラフで、全体を円で表し、**半径**で区切って、全体をもとにした各部分の割合を表したものである。

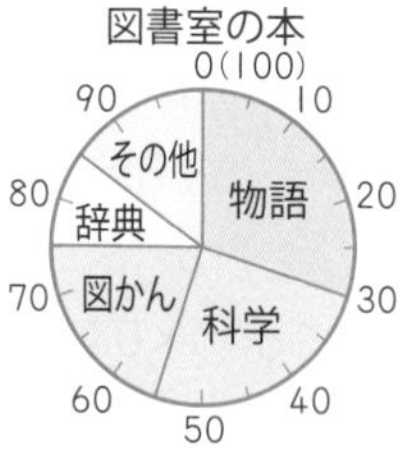

3 帯グラフ・円グラフのかき方

➡ 例題2

注意 「その他」は割合が大きくてもいちばんあとにする。

❶全体に対するそれぞれの割合を百分率《ひゃくぶんりつ》で求める。
↳四捨五入して、同じけた数まで求める。

❷合計が100%にならないときは、割合のいちばん大きい部分か、「その他」の部分を増《ふ》やしたり減《へ》らしたりして100%にする。

❸百分率に合わせて目もりを区切り、**グラフ**に表す。

最重要ポイント

帯グラフは、左から始めて、百分率の大きいものから順に区切っていく。

円グラフは、いちばん上から始めて、時計の針《はり》のまわる方向に、百分率の大きいものから順に区切っていく。

例題と答え

例題1 円グラフの見方

右の円グラフは、学級文庫の種類別さっ数の割合を表しています。種類別さっ数は、それぞれ全体の何%ですか。

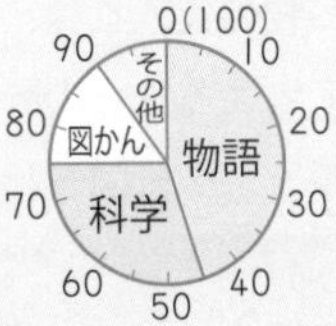

答え 物語 45% 科学 30% 図かん 15% その他 10%

例題2 帯グラフのかき方

右の表は、日本を4つに分けた面積を表したものです。長さ10 cmの帯グラフで表すと、各地域《ちいき》のグラフの長さは何cmになりますか。

(千 km^2)

北海道	84
本 州	231
四 国	19
九州・沖縄	44

答え 北海道 2.2 cm 本州 6.1 cm 四国 0.5 cm 九州・沖縄 1.2 cm

考え方

1. ☞ 2

グラフのまわりの目もりを読む。

2. ☞ 1、3

日本全体の面積は378千 km^2 で、各地域の百分率を整数で求めると、北海道22%、本州61%、四国5%、九州・沖縄12%

10 cmが100%だから、10 cmの22%は、10×0.22で求められる。

チェックテスト

右の表は、ある家の農作物の収入《しゅうにゅう》の割合です。

種類	割合(%)
米	55
麦	20
野菜	14
その他	11

円グラフにかくと、米の中心角(円の中心のまわりの角)は何度ですか。

答え

198°

考え方 360°が100%だから、360°の55%は、360×0.55で求められる。

23 売買損益算

発展

1 売買損益算《ばいばいそんえきざん》

➡ 例題1

注意 定価に見こんだ利益と、実際《じっさい》に売ったあとに出た利益はことなるあたい。

❶ある品物の仕入れね、利益《りえき》、定価《ていか》、売りねの関係について考える割合《わりあい》の計算を**売買損益算**という。売買損益算は、**線分図**を利用して解《と》く。

最重要ポイント

定価＝仕入れね×(1＋利益の割合)

売りね＝定価×(1－ね引きの割合)

利益＝売りね－仕入れね

例　ある商品を500円で仕入れました。

(1) 20%の利益を見こんで定価を決めました。定価は何円ですか。

(2) 定価の10%引きで売りました。利益は何円ですか。

注意 (1)と(2)で1とするあたいがことなる。

考え方　(1) 仕入れねを1としたとき、利益と定価がいくつにあたるかを考える。

(2) 定価を①としたとき、売りねがいくつにあたるかを考える。

注意 計算をするときは、百分率《ひゃくぶんりつ》で表した割合を小数で表す。
20%は0.2
10%は0.1
である。

解き方

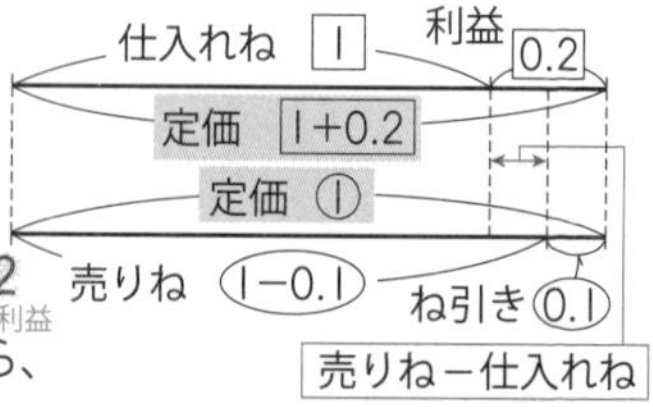

(1) 定価は、仕入れねの $1+0.2=1.2$ にあたるから、
　↳見こんだ利益
$500\times1.2=600$ (円)

(2) 売りねは、定価の $1-0.1=0.9$ にあたるから、$600\times0.9=540$ (円)
　↳割引
よって、利益は、$540-500=40$ (円)

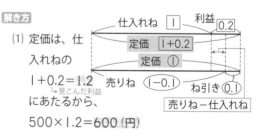

例題と答え

例題1 売買損益算

ある商品に３割の利益を見こんで、定価を520円としました。50個《こ》は定価で売って、10個は定価の４割引きで売りました。利益は全部で何円になりましたか。

解き方　60個の商品について考える。

利益＝60個分の代金－60個分の仕入れね

60個分の代金の総額《そうがく》は、

(定価×50個)＋(売りね×10個)で求められる。

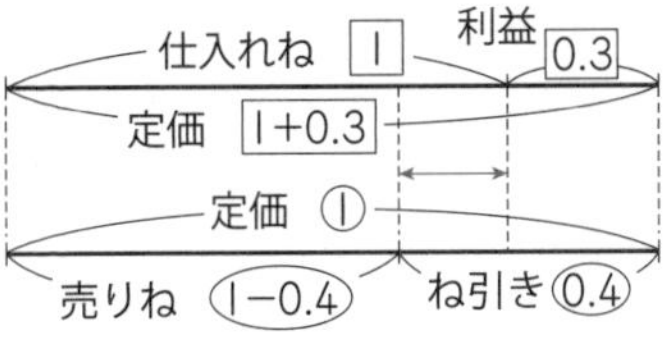

仕入れねは、

520÷(1＋0.3)＝400

ね引き後の売りねは、520×(1－0.4)＝312

(520×50＋312×10)－400×60

＝5120　　**答え**　5120円

考え方

1. ☞ 1

定価で売った分と、割引きしたあとの売りねで売った分があることに注意する。

全部の商品を売った代金の合計を売り上げという。

定価＝仕入れね×(1＋利益の割合)だから、

仕入れね＝定価÷(1＋利益の割合)

チェックテスト

ある商品に、20％の利益を見こんで定価をつけました。定価の15％引きで売ると、30円の利益になりました。この商品の仕入れねは何円ですか。

答え

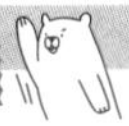

1500円

考え方

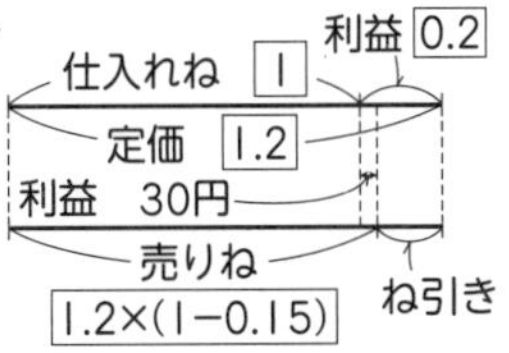

24 速さ

1 速さ

➡ 例題1

❶速さは、単位時間あたりに進む道のりで表す。
↳1時間・1分・1秒

❷速さは次の式で求めることができる。

最重要ポイント

速さ＝道のり÷時間

例　4時間で180 km走った自動車の時速は、
180÷4＝45 → 時速45 km

2 時間と道のり

➡ 例題2

参考 公式を使うときは単位をそろえる。

❶かかった時間は次の式で求めることができる。

最重要ポイント

時間＝道のり÷速さ

例　分速70 mで歩く人が840 m進むのにかかる時間は、840÷70＝12（分）

❷進んだ道のりは次の式で求めることができる。

最重要ポイント

道のり＝速さ×時間

例　秒速28 mで走るチーターが、20秒間に進む道のりは、28×20＝560（m）

3 速さの単位

➡ 例題3

❶速さの単位

時速…1時間あたりに進む道のり

分速…1分間あたりに進む道のり

秒速…1秒間あたりに進む道のり

秒速 ⇄ 分速 ⇄ 時速（右へ ×60、左へ ÷60）

例　秒速15 mは分速何mですか。
15×60＝900 → 分速900 m

例題と答え

例題1 速　さ

(1) 3時間に240 km走る電車の速さは時速何kmですか。

(2) 2分間に2600 m進む自動車の速さは分速何mですか。

解き方 (1) 240÷3＝80　**答え** 時速80 km

(2) 2600÷2＝1300　**答え** 分速1300 m

例題2 時間と道のり

(1) 時速80 kmの自動車が、200 km走るのに何時間何分かかりますか。

(2) 秒速250 mのジェット機が5分間に進む道のりは何kmですか。

解き方 (1) 200÷80＝2.5（時間）

0.5×60＝30（分）　**答え** 2時間30分

(2) 5×60＝300（秒）

250×300＝75000（m）　**答え** 75 km

例題3 速さの単位

秒速30 mは時速何kmですか。

解き方 30×60×60÷1000＝108

答え 時速108 km

考え方

1. 1

単位がそろっているか確認しよう。

2. 2

(1)時間を分になおすときは60をかける。

(2)5分間を秒になおす。

3. 3

時速とは（60×60）秒間に進む道のりである。

算数

チェックテスト

分速70 mで2.8 km歩きました。
かかった時間は何分ですか。

答え

40分

考え方 2.8 km＝2800 m
2800÷70＝40

25 旅人算

発展

1 旅人算

➡例題1、2

注意 池の周りを反対方向に歩いて出会う問題も旅人算と考える。

❶速さのちがう２人が同じ道を進んで、出会ったり、追いついたり、はなれたりするときの**時間や道のり**を求める問題を**旅人算**という。

最重要ポイント

２人が反対方向に歩いて出会うとき
出会うまでの時間
＝２人の間の道のり÷２人の速さの**和**
２人が同じ方向に歩いて追いつくとき
追いつくまでの時間
＝２人の間の道のり÷２人の速さの**差**

注意 ２人が同じ方向か反対方向に進むのかを問題文から読み取る。

例　540 m はなれた地点から、兄は分速 75 m、弟は分速 60 m で、同時に出発して向かい合って進みました。２人が出会うまでの時間を求めなさい。

考え方　２人が１分間にどれだけの道のりを近づくかを考える。

解き方　１分間に進む道のりは、兄が 75 m、弟が 60 m だから、２人は１分間に、75＋60＝135 (m) ずつ近づく。

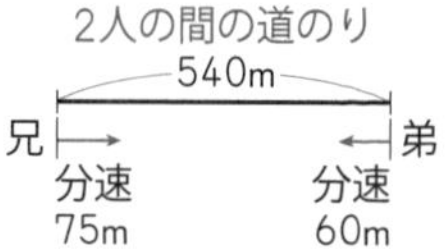

540 m 近づくのにかかる時間は、
540÷135＝**4 (分)**
↳2人の速さの和
↳2人の間の道のり

例題と答え

例題1 旅人算（同じ方向）

分速 80 m でAさんが出発してから、3 分後に、Bさんが分速 95 m でAさんを追いかけました。BさんがAさんに追いつくのはBさんが出発してから何分後ですか。

解き方　Bさんが出発したとき、Aさんは(80×3) m 先に進んでいる。
2人の速さの差は、分速(95−80) m だから、
80×3÷(95−80)=16　**答え**　16 分後

例題2 旅人算（反対方向）

1周 1200 m の池の周りをAさんとBさんが、同時に同じ地点から反対方向に進むと8分後に2人は出会いました。Aさんが分速 90 m のとき、Bさんの分速を求めなさい。

解き方　AさんとBさんの速さの和は、
1200÷8=150 (m)
Aさんが分速 90 m で進むので、Bさんの分速は、150−90=60　**答え**　分速 60 m

考え方

1. ☞1

Aさんが先に進んだ道のりを求めて、2人が1分間に近づく道のりでわる。

2. ☞1

AさんとBさんの速さの和を求める。

チェックテスト

1周 800 m の池の周りを兄と弟が同時に同じ場所から同じ方向に進むと 16 分で兄が弟に追いつき、反対方向に進むと5分で出会います。兄の速さは分速何 m ですか。

答え

分速 105 m

考え方 2人の速さの和は
800÷5=160
2人の速さの差は
800÷16=50
兄の速さは
(160+50)÷2=105

1 I am Yui.(be 動詞)

1 be 動詞《どうし》 am

I am ～. で「わたしは～です。」を表す。

注意＞I am は短く I'm と表せる。

Hello, I (am) Yui.

「こんにちは、わたしはユイです。」

I (am) a tennis player.

「わたしはテニスの選手です。」

最重要ポイント

「～です」を表す am、are、is のことを、be 動詞という。be 動詞は主語によって使い分ける。主語が I「わたしは」のときは(am)を、主語が we「わたしたちは」のときは(are)を使う。

2 be 動詞 are

You are ～. で「あなたは～です。」を表す。

注意＞You are は短く You're と表せる。

Oh, you (are) a tennis player.

「あら、あなたはテニス選手なのですね。」

最重要ポイント

主語が You「あなたは」のとき、be 動詞は(are)を使う。You「あなたたちは」のときも(are)を使う。

3 be 動詞 is

He is ～. で「かれは～です。」を、She is ～. で「かの女は～です。」を表す。

注意＞He is は短く He's と、She is は She's と表せる。

My hero (is) Mike.

「わたしのヒーローはマイクです。」

He (is) a baseball player.

「かれは野球選手です。」

最重要ポイント

主語が He「かれは」、She「かの女は」、1 人の人や 1 つのものの名前のとき、be 動詞は(is)を使う。主語が They「かれらは、かの女らは」のときは(are)を使う。

チェックテスト

1 [　]内から正しい語を選んで、英文を完成させよう。

① I (am) Saki. [am / are]

② You (are) a swimmer. [am / are]

③ She (is) my friend. [is / are]

④ My birthday (is) April 5th. [are / is]

2 次の絵と日本語に合うように、英文を完成させよう。

①

わたしはバスケットボールの選手です。

I (am) a basketball player.

②

かの女はリカです。

She (is) Rika.

③

わたしの父は医者です。

My father (is) a doctor.

知っ得！

★「～の」を表す my、your など

- 「わたしの」➡ (my) 「あなたの」➡ (your)
  「かれの」➡ (his) 「かの女の」➡ (her)
  これらのことばのうしろには、人やものの名前のことばがくる。
  My name is Haruto.「わたしの名前はハルトです。」
- 人やものの名前には、名前の最後に〈's〉をつける。
  Mike ➡ (Mike's) pen「マイクのペン」
  today ➡ (today's) lunch「今日の昼食」

2 I am not a singer.(否定文・疑問文)

1 be 動詞《どうし》の否定文《ひていぶん》

「～ではありません」という文を否定文という。

I am a dancer.

「わたしはダンサーです。」

I am (not) a singer.

「わたしは歌手ではありません。」

Aoto (is)(not) a singer.

「アオトは歌手ではありません。」

最重要ポイント

be 動詞を使う否定文では、be 動詞(am)、(are)、(is)のうしろに(not)を置く。

2 be 動詞の疑問文《ぎもんぶん》

「～ですか」とたずねる文を疑問文という。疑問文の最後には〈?〉をつける。

注意 文頭に置くbe 動詞のはじめの文字を、大文字にする。

You are Mio's friend.

「あなたはミオの友達です。」

(Are) you Hinata's friend?

「あなたはヒナタの友達ですか。」

— No, I (am)(not).

「いいえ、ちがいます。」

(Is) she Hinata's friend?

「かの女はヒナタの友達ですか。」

— Yes, she (is).

「はい、そうです。」

最重要ポイント

be 動詞の疑問文は、be 動詞を主語の前に置く。Yes で答えるときは(am)、(are)、(is)を使い、No で答えるときはこれらのうしろに(not)を置く。

チェックテスト

1 [　]内から正しい語《ご》(句《く》)を選んで、英文を完成させよう。

① (Is) he Ohtani Shohei?　[Are / Is]
— No, he (is) (not).　[is not / are not]

② (Are) you his fan?　[Is / Are]
— Yes, (I) (am).　[I am / am I]

③ You (are) (not) his friend.
[are not / am not]

2 次の絵と日本語に合うように、英文を完成させよう。

①

かれは体育の先生ではありません。
He (is) (not) a P.E. teacher.

②

わたしは卓球《たっきゅう》の選手ではありません。
I (am) (not) a table tennis player.

③

かの女はあなたのお姉さんですか。
— はい、そうです。
(Is) (she) your sister?
— Yes, (she) (is).

英語

知っ得！

★否定文・疑問文での短縮形《たんしゅくけい》

「〜ではありません」というときは、次のように短く表せる。

- I am not ➡ (I'm) (not)　are not ➡ (aren't)
  is not ➡ (isn't)

Is he your brother?
「かれはあなたのお兄さんですか。」
— No, he isn't.　「いいえ、ちがいます。」

3 I like English.（一般動詞）

1 一般動詞《いっぱんどうし》の基本《きほん》

動作や状態を表す動詞をまとめて「一般動詞」という。

参考＞動詞には、一般動詞とbe動詞の２種類がある。

I（ like ）English.

「わたしは英語が好きです。」

I（ play ）soccer on Saturdays.

「わたしは土曜日にサッカーをします。」

最重要ポイント

動作を表す動詞には、（ go ）「行く」、（ study ）「～を勉強する」などがある。また、状態を表す動詞には（ like ）「～が好き」、（ want ）「～がほしい」などがある。

2 一般動詞の否定文《ひていぶん》

注意＞don't はdo notを短く表した形。

I like tomatoes.

「わたしはトマトが好きです。」

➡I（ don't ）like carrots.

「わたしはニンジンが好きではありません。」

最重要ポイント

否定文は、一般動詞の前に（ don't ）を入れる。

3 一般動詞の疑問文《ぎもんぶん》

疑問文の最後には〈?〉をつける。

I have a dog.　「わたしはイヌを飼《か》っています。」

➡（ Do ）you（ have ）a dog?

「あなたはイヌを飼っていますか。」

— Yes,（ I ）（ do ）.

「はい、飼っています。」

— No,（ I ）（ don't ）.

「いいえ、飼っていません。」

最重要ポイント

疑問文は、主語の前に（ Do ）を置き、一般動詞をそのまま使う。Yesで答えるときは（ do ）を使い、Noで答えるときは（ do ）（ not ）または（ don't ）を使う。

チェックテスト

1 次の英文の意味になるように、日本語を完成させよう。

① I have math on Mondays.

わたしは月曜日に算数が(あります)。

② I don't drink green tea.　わたしは緑茶を(飲みません)。

③ Do you play the piano?　あなたはピアノを(ひきますか)。

— No, I don't.　— いいえ、(ひきません)。

2 次の絵と日本語に合うように、英文を完成させよう。

①

わたしはいつも家で食器をあらいます。

I always (wash[do]) the dishes at home.

②

わたしはアイスクリームはほしくありません。

I (don't) (want) ice cream.

③

あなたは英語を話しますか。— はい、話します。

(Do) you (speak) English?

— Yes, (I) (do).

知っ得！

★「～に」、「～を」を表す me、you など

- 「わたしに〔を〕」➡ (me)　「あなたに〔を〕」➡ (you)
  「かれに〔を〕」➡ (him)　「かの女に〔を〕」➡ (her)
- 人やものの名前は、そのままの形を使う。
  Do you know Mika?
  「あなたはミカを知っていますか。」
  — No.　I don't know her.
  「いいえ。わたしはかの女を知りません。」

4 I can play tennis well.

1 canの基本《きほん》

注意 主語が何でもcanの形は変わらない。

I (can) play tennis well.

「わたしは上手にテニスをすることができます。」

She (can) play the guitar.

「かの女はギターをひくことができます。」

最重要ポイント

「～できます」というときは、動詞《どうし》の前に(can)を置く。

2 canの否定文《ひていぶん》

注意 否定の形はcan'tやcannotを使う。ただし、can notとはなして書かない。

He can run fast.

「かれは速く走ることができます。」

➡He (can't[cannot]) run fast.

「かれは速く走ることができません。」

最重要ポイント

「～できません」という否定文は、動詞の前に(can't)または(cannot)を置く。

3 canの疑問文《ぎもんぶん》

疑問文の最後には〈?〉をつける。

注意 canと主語の順番が変わることに気をつける。

I can swim fast.

「わたしは速く泳ぐことができます。」

➡(Can) you swim fast?

「あなたは速く泳ぐことができますか。」

— Yes, I (can). 「はい、できます。」

— No, I (can't).

「いいえ、できません。」

最重要ポイント

「～できますか」という疑問文は、主語の前に(Can)を置き、動詞はそのまま使う。Yesで答えるときは(can)を使い、Noで答えるときは(can't)を使う。

チェックテスト

1 次の英文を[ ]の指《し》示《じ》にしたがって書きかえよう。

① I can play the piano. ［否定文に］

➡I (can't[cannot]) (play) the piano.

② He can cook well. ［疑問文にして Yes で答える］

➡(Can) he (cook) well?

— Yes, he (can).

2 次の絵と日本語に合うように、英文を完成させよう。

①

かの女はスケートができません。

She (can't[cannot]) skate.

②

わたしは高く跳《と》ぶことができます。

I (can) jump high.

③

かの女は一輪車に乗ることができますか。

— いいえ、できません。

(Can) she ride a unicycle?

— No, she (can't).

知っ得！

★「～することが可《か》能《のう》です」の意味の can

「～できます」は、「～することが可能です」の意味でも使われる。

• You can see a castle in my town.

「あなたはわたしの町で城を見ることができます。」

• We can watch fireworks in summer.

「わたしたちは夏に花火を見ることができます。」

5 What do you want?

1 Whatでたずねる表現《ひょうげん》

疑問文《ぎもんぶん》の最初に置くwhatなどのことばを疑問詞《ぎもんし》という。

注意 「どんな～」とたずねるときに、howとまちがえないようにしよう。

(What) do you want?

「あなたは何がほしいですか。」

— I want a new bike.

「わたしは新しい自転車がほしいです。」

(What) (sport) do you like?

「あなたはどんなスポーツが好きですか。」

— I like rugby.

「わたしはラグビーが好きです。」

最重要ポイント

「何を」、「何が」など「何」とたずねるときは(what)を使う。
(what) (time)は「何時に」、(what) (sport)なら「どんなスポーツ」とたずねる表現になる。

---

2 そのほかのたずねる表現

それぞれの疑問詞の意味と使い方を、答え方と一緒《いっしょ》に覚える。

注意 疑問詞のうしろは、be動詞《どうし》や一般動詞《いっぱんどうし》の疑問文の形にする。

(When) is your birthday?

「あなたの誕生日《たんじょうび》はいつですか。」

— My birthday is June 1st.

「わたしの誕生日は6月1日です。」

(How) do you spell your name?

「あなたの名前はどのようにつづりますか。」

— R-I-E. Rie.

「R・I・E。リエです。」

最重要ポイント

「いつ」と時をたずねるときは(when)、「どこ」と場所をたずねるときは(where)、「だれ」と人をたずねるときは(who)、「どのように」と方法をたずねるときは(how)を使う。

チェックテスト

1 [ ]内から正しい語を選んで、英文を完成させよう。

① (What) do you do on Sundays? [What / Where]
— I clean my room.

② (Who) is your hero? [When / Who]
— My hero is my father.

③ (What) subject do you like? [What / How]
— I like science.

2 次の絵と日本語に合うように、英文を完成させよう。

①

かれの誕生日はいつですか。— 4月15日です。
(When) is his birthday?
— His birthday is April 15th.

②

わたしの本はどこにありますか。
— それはテーブルの上にあります。
(Where) is my book?
— It is on the table.

③

あなたは何時に起きますか。— わたしは6時に起きます。
(What)(time) do you get up?
— I get up at 6:00.

知っ得!

★疑問詞と be 動詞 is の短縮形《たんしゅくけい》

- What is ➡ (What's) When is ➡ (When's)
  Where is ➡ (Where's) Who is ➡ (Who's)
  How is ➡ (How's)

Who's he? 「かれはだれですか。」
— He's my brother.「かれはわたしの兄です。」

6 This is my mother.

1 This

注意 this is は短く表せないことに気をつける。

(This) is my mother.

「こちらはわたしの母です。」

(This) is a new restaurant.

「これは新しいレストランです。」

最重要ポイント

自分の近くにあるものやいる人を指すときは、(this)「これ、こちら」を使う。「これは〔こちらは〕～です。」というときは(This) (is) ～. で表す。

2 That

注意 that is の短《たん》縮形《しゅくけい》は that's。

(That) is Aya, my friend.

「あちらはアヤ、わたしの友達です。」

(That) is a famous temple.

「あれは有名な寺です。」

最重要ポイント

自分からはなれたところにあるものやいる人を指すときは、(that)「あれ、あちら」を使う。「あれは〔あちらは〕～です。」というときは(That) (is) ～. で表す。

3 It

注意 it is の短縮形は it's。

I have math on Tuesdays.

(It) is my favorite subject.

「わたしは火曜日に算数があります。
それはわたしの大好きな教科です。」

最重要ポイント

一度話題に出たものを指すときは、(it)「それは」、「それを」を使う。「それは～です。」というときは(It) (is) ～. で表す。

チェックテスト

1 次の英文の意味になるように、日本語を完成させよう。

① It is a ball.　（ それは ）ボールです。

② That is your racket.（ あれは ）あなたのラケットです。

③ This is his cap.　（ これは ）かれのぼうしです。

2 次の絵と日本語に合うように、英文を完成させよう。

①

こちらはだれですか。— こちらはわたしの妹です。

Who （ is ）（ this ）?

—（ This ）（ is ） my sister.

②

あれは何ですか。— それは美《び》術館《じゅつかん》です。

What （ is ）（ that ）?

—（ It ）（ is ） a museum.

③

これはお好み焼きです。わたしはそれをじょうずに作れます。

（ This ）（ is ） *okonomiyaki*.

I can cook （ it ） well.

知っ得！

★this、that のほかのはたらき

近くの人やものを指して「この～」というときは、this を人やものの名前のことばの前に置く。遠くの人やものを指して「あの～」というときは、that を置く。

- this「（ この ）」➡ this T-shirt
  「このＴシャツ」
- that「（ あの ）」➡ that dog
  「あのイヌ」

7 I'd like a sandwich and tea.

1 ていねいな言い方で注文する表現《ひょうげん》

食事を注文するときは、～, please.「～をお願いします。」でも伝わるが、ていねいな表現を使えるようにしよう。

参考 I'd like ～. は I want ～.「わたしは～がほしいです。」のていねいな表現。

What (would) you (like)?

「何になさいますか。」

— (I'd) (like) a sandwich and tea.

「サンドイッチと紅茶《こうちゃ》をお願いします。」

— (I'd) (like) pizza, salad, and coffee.

「ピザとサラダとコーヒーをお願いします。」

最重要ポイント

(I'd)は I would の短縮形《たんしゅくけい》で、(would) (like)は「～をほしい(のですが)」とていねいに伝えるときの表現。「わたしは～がほしい(のですが)。」は(I'd) (like) ～. で表す。I'd like ～, (please). とすると、よりていねいになる。

2 値段をたずねる表現

注意 店の人に話しかけるときは、Excuse me.「すみません。」をわすれないようにしよう。

I like this sweater.

(How) (much) is it?

「わたしはこのセーターが気に入っています。
おいくらですか。」

— (It's) 1,980 (yen).「1,980円です。」

Excuse me. (How) (much) is this bag?

「すみません。このかばんはいくらですか。」

— (It's) 2,000 (yen).「2千円です。」

最重要ポイント

「～はいくらですか。」と値段をたずねるときは(How) (much) ～? という。一度話題に出てきた1つのものについては、How much (is) (it)? とたずねる。

チェックテスト

1 [　]内から正しい語を選んで、英文を完成させよう。

① What (would) you like?　　[do / would]

— I'd like curry and rice.

② What would you like?

— I'd (like) spaghetti.　　[want / like]

③ How (much) is it?　　[much / many]

— It's 1,000 yen.

2 次の絵と日本語に合うように、英文を完成させよう。

①

何になさいますか。

What (would) you (like)?

②

パンケーキとオレンジジュースをお願いします。

(I'd) (like) pancakes and orange juice, please.

③

このかさはいくらですか。

(How) (much) is this umbrella?

知っ得！

★注文のときのそのほかの表現

- How about ～?「～はいかがですか。」

How about drinks?

「飲み物はいかがですか。」

— Yes, please.　　「はい、お願いします。」

— No, thank you.　「いいえ、けっこうです。」

8 Go straight for two blocks.

1 命令文

命令文とは、相手に「～しなさい」と命令するときのほかに、道案内で「～してください」と指示《しじ》をするときや、たのみごとをするときにも使う。

注意 命令文には主語を置かない。

Where is the park? 「公園はどこですか。」

—（ Go ）straight for two blocks.

「まっすぐ2ブロック行ってください。」

—（ Turn ）left. 「左に曲がってください。」

（ Please ）（ be ）quiet.

「静かにしてください。」

最重要ポイント

命令文は、文を動詞《どうし》ではじめる。be 動詞の表現《ひょうげん》では（ Be ）～.「～しなさい。」とする。（ please ）「どうぞ」をつけると、ていねいな言い方になる。

2 否定《ひてい》の命令文

（ Don't ）（ open ）the window.

「まどを開けてはいけません。」

（ Don't ）（ be ）noisy here.

「ここでさわがしくしてはいけません。」

最重要ポイント

「～してはいけません。」というときは、文を（ Don't ）ではじめ、そのうしろに動詞を続ける。be 動詞の表現では（ Don't ）（ be ）～.「～してはいけません。」とする。

3 Let's ～.

（ Let's ）go to the zoo.「動物園に行きましょう。」

— Yes,（ let's ）. 「はい、そうしましょう。」

— I'm （ sorry ）. I （ can't ）.

「ごめんなさい。行けません。」

最重要ポイント

「～しましょう。」と相手をさそう言い方は、文を（ Let's ）ではじめ、そのうしろに動詞を続ける。

チェックテスト

1 次の英文の意味になるように、日本語を完成させよう。

① Don't swim here.　　ここで（ 泳いではいけません ）。

② Wash your hands.　　手を（ あらいなさい ）。

③ Let's start.　　（ はじめましょう ）。

④ Turn right at that corner.

あのかどを右に（ 曲がってください ）。

2 次の絵と日本語に合うように、英文を完成させよう。

①

空を見てごらん。

（ Look ）at the sky.

②

ここでサッカーをしてはいけません。

（ Don't ）（ play ）soccer here.

③

ビーチに行きましょう。

（ Let's ）（ go ）to the beach.

知っ得！

★「～してください」というとき

- Please を動詞の前に置く。

  Please cook soup.「スープを作ってください。」

- カンマ〈,〉と please を文のうしろに置く。

  Clean your classroom, please.

  「あなたの教室をそうじしてください。」

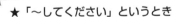

2 具体的な書き方

参考 物語や新聞のコラム(囲《かこ》み記事)などを書き写すのも、よい文章を書くための練習になる。

❶**伝える内容をまとめておく**…伝える内容がまとまっていないと、書いた文章もだらだらとしたものになりやすい。

❷**正しい語句《ごく》を使う**…漢字や言葉の意味がまちがっていないか、**接続詞《せつぞくし》**の使い方は正確《せいかく》かなどに注意する。

❸**正しい文を書く**…主《しゅ》・述《じゅつ》が整った文、**文体の統一《とういつ》**された文。
（↓常体と敬体のこと）

❹**正しい敬語《けいご》を使う**…目上の人に対して書く場合は、特に、**尊敬語《そんけいご》とけんじょう語**の使い方が正しいかを確認《かくにん》する。

3 原稿《げんこう》用紙の使い方

参考 原稿用紙を使って、読書感想文や作文を書くことがあるので、原稿用紙の使い方を覚えておこう。

原稿用紙の使い方の注意点には、次のものがある。

①題名は一行目、名前は二行目、本文は三行目から。
②書き出し、段落《だんらく》の改行は、**一マス下げて**書く。
③会話文は、行を変えて書く。
④句読点《くとうてん》やかぎは**一マス**、……や——は**二マス**に書く。
⑤一マス目に句読点は、打たない。
（↓句点は「。」、読点は「、」である）

最重要ポイント
読みやすく、伝えたい内容が相手に正確に伝わるような文章を書くことを、つねに心がけよう。

くないものには×をつけなさい。
① 句読点は一マス目につけてもよい。
② 本文は四行目から書き始める。
③ 会話文については行を変えて書き出す。

答え

1 ① 一鳥二石→一石二鳥 ② ～になりたいと思います→～になることです ③ 申して→おっしゃって ④ でも→それで、だから など ⑤ てれび→テレビ
2 ① × ② × ③ ○
考え方 **1** ② 主・述の関係を正す。 ③ 尊敬語を使う。

15 文章の書き方

国語

1 書き方の注意点

参考 自分の思いや考えを、言葉を使って表現《ひょうげん》する力が重視《じゅうし》されるようになっている。話すことと同様に、文章を書くことも、ますます大切になってきている。

参考 書き終わったあとに読み返して文章をねり直すことを、「推《すい》こう」という。

日記や個人的《こじんてき》なメモ、あるいは、読書感想文や報告文《ほうこくぶん》、さらには、詩や物語などの創作文《そうさくぶん》まで、わたしたちは、いろいろな文章を書く。その際《さい》の注意点は何かを考えてみよう。

❶内容《ないよう》を正しく伝えること…両親の不在中《ふざいちゅう》に父あての電話があり、父への伝言をたのまれた場合を想像《そうぞう》してみよう。相手の氏名、用件《ようけん》の内容、伝えられた日時などを、正しくメモしていく。しかし、そのメモをあとで読んで、何が書いてあるのかわからないことがある。文章を読むのは、他人である。文章は、伝えたい内容が相手に**正しく伝わる**よう整理されて書かれていることが重要である。

❷言葉を選んで使う…話し言葉でも書き言葉でも、言葉はいったん出てしまうと、取り消すことができない。言葉は、相手をきずつけたりおこらせたりすることもある。したがって、**言葉を注意深く選んで使う**必要がある。ただ、書き言葉の場合は、書いたあとで見直して正しい文章に直すことができるので、見直す習慣《しゅうかん》をつけておく。

チェックテスト

1 次の文を、正しい文に直しなさい。

① その考えは、一鳥二石だ。
② わたしの夢《ゆめ》は、音楽の先生になりたいと思います。
③ 校長先生が、このように申していました。
④ 昨日は雨だった。でも、遠足は中止になった。
⑤ ぼくは、てれびをよく見る。

2 原稿用紙の使い方について説明した次の文のうち、正しいものには○、正し

・報告文にそってわかりやすく話す
・報告の中心点をはっきりさせる
・他に資料《しりょう》があれば、それを利用する

❷報告文の組み立て

	あつかう内容《ないよう》の例
①	研究や調査の目的・理由・動機など。
②	計画や準備《じゅんび》など。
③	期間、たん当者や人数、場所など。
④	研究したこと、調査したこと。（**見出し**などで区切る）
⑤	研究や調査からわかったこと。（**か条書き**などで示《しめ》す）
⑥	うまくいかなかったことや今後の問題点など。

↳内容ごとに分けて書くことを「か条書き」という

❸ 通《つう》信《しん》文《ぶん》

注意 手紙も通信文の一つである。改まった手紙や目上の人に出す手紙には一定の形式がある。それをふまえ、相手に気持ちが通じるよう、ていねいな手紙を書くことを心がけよう。

通信文とは、手紙や事務的《じむてき》な連絡《れんらく》に用いる事務通信文、電子メールなどの文章である。現代《げんだい》ではいろいろな通信文が利用されているが、それぞれに**ルール**や**マナー**がある。一度発信したものは訂正《ていせい》できない場合も多いので、読む側の立場になって、注意深く書く必要がある。

↳電子メールは便利だが、マナーを守って使うことが大切である

最重要ポイント

通信文は、正確《せいかく》に、具体的に、また、相手に対して失礼にならないように、言葉を選んでていねいに書くこと。

---

❷ 次の文のうち、結論が書いてあるのはどの文ですか。

ア びんに火のついたろうそくを入れると、しばらくして火が消えた。
イ このびんに石灰《せっかい》水を入れてふると、白くにごった。
ウ かれ草や、わりばしでも同じ結果になった。
エ ものが燃《も》えると、二酸化《にさんか》炭素《たんそ》が発生することがわかった。

答え

❶ ①ウ ②ア ③イ
❷ エ
考え方 ❷ 二酸化炭素発生の実験を記録した文である。

14 記録・報告のしかた、通信文

国語

1 記《き》録《ろく》文《ぶん》

参考 記録文の書き方として、
・文章を常体《じょうたい》（だ・である）にする
・文を短くする
・番号をつけながら、か条書《じょうが》きにする
などがある。

❶**記録文とは**…あとで役立てるために必要なことを書きとめておいたもので、観察記録文や見学記録文、会議の記録文などの文章である。ものごとの進行とあわせて記録されるため、**重要なことのみを簡潔《かんけつ》に**書いたものが多い。

❷**記録文の特色**

(1)**日時**、場所など、その事がらの起こった条件《じょうけん》が書かれている。

(2)**事実はありのままに**、また、図や表などを入れて、だれが読んでもわかるように書かれている。

(3)時間をおって、順序《じゅんじょ》正しく書かれている。

(4)事実と、意見や感想が区別して書かれている。

2 報《ほう》告《こく》文《ぶん》

参考 報告文をくばり、口頭《こうとう》でも報告する場合には、次のようにする。

❶**報告文とは**…ある事がらについて、研究したり調査《ちょうさ》したりしたことの経過《けいか》や結果などをまとめたものを、あとで発表するために書かれた研究報告や調査報告などの文章である。

チェックテスト

1 次の文章は、どのような種類の文章ですか。あとから選びなさい。

① 恩師《おんし》を祝う会への案内状《あんないじょう》に入っていた、出欠をたずねる返信用ハガキ。

② 学級会で話し合いを行った内容をまとめて書いた文章。

③ 夏休み明けに学級で発表する予定の、身近にいる蝶《ちょう》について調べた文章。

ア 記録文　イ 報告文
ウ 通信文

2 論《ろん》説《せつ》文《ぶん》

参考 自らの主張について理解《りかい》をえるために、論説文は書かれている。したがって、筆者の意見だけでなく、その根《こん》拠《きょ》となる事実についても気をつけて読む。

❶ **論説文とは**…筆者の考えを主張する文章である。

❷ **論説文の読み方**…普通《ふつう》は、序論《じょろん》→本論→結論の順となる。筆者の考えや意見がどのように説明されているかを、正《せい》確《かく》に読み取っていく。特に、**最後の段落は重要**である。

最重要ポイント 説明文・論説文では、文末の表現に注意しながら、事実と感想・意見・主張を分けて読むことが必要である。

3 報《ほう》道《どう》文《ぶん》

注意 「要旨」や「要点」と「要約」のちがいをはっきりさせておくこと。「要約」とは、文章全体を簡単《かんたん》にまとめることである。

❶ **報道文とは**…新聞記事やニュース原稿《げんこう》のように、ある事がらを多くの人に伝えるために書いた文章である。**事実をありのままに伝えること**が目的であり、感想や意見は書かない。新聞記事は、短い言葉で、ニュースの中心点を示《しめ》す「**見出し**」、ニュースのあらましを述べる「**要約文**」、くわしい内容を示す「**本文**」から組み立てられている。

↑新聞では、写真・図表・解説などもつけられている

❷ **報道文の読み方**…**いつ、どこで、だれが、何を、なぜ、どのように**という要素《ようそ》で文章が書かれているので、それをおさえる。

な生物が生活している。このような小さな生物をび生物という。水中のび生物には、プランクトンが多い。

(1) この文章の種類は何ですか。

(2) この文章の見出しを、文章中から六字でぬき出しなさい。

(3) び生物とはどのようなもののことですか。

答え

1 ①イ ②カ ③ア

2 (1) 説明文 (2) 水中のび生物 (3) 肉眼で見えないような小さな生物

考え方 2 文章の中心的内容である見出しをとらえるには、その文章のキーワードをつかむ。

13 説明文・論説文・報道文

国語

1 説明文

❶**説明文とは**…ある事がらについて、読み手に正しい知識《ちしき》をあたえるために、わかりやすく書いた文章である。

❷**説明文の読み方**

(1) **題目**から、何を説明している文章なのかをつかむ。

(2) **段落**《だんらく》ごとに何が書かれているかをつかみ、重要な文や語句《ごく》を手がかりに、段落の**要点**をとらえる。

(3) **段落と段落の関係**をとらえ、文章全体の構成《こうせい》をつかむ。特に、**事実と筆者の意見**については、**区別して**読む。

	段落と段落の関係の具体的な例
①	前で述《の》べた内容《ないよう》を受けて、**具体例**をあげている。
②	前で述べた内容を受けて、その**理由**を説明している。
③	前で述べた内容に対して、**反対の内容**を述べている。
④	前で述べた内容をはなれて、**別の内容**に移《うつ》っている。

↳段落と段落の関係をつかむには、接続詞に着目するとよい

(4) **結論**《けつろん》(筆者の考え・主張《しゅちょう》)をつかむ。

参考 説明文の題目について

「題は文章の目」といわれ、大切な役目を持っている。要旨《ようし》、意図を最も短い言葉で表現《ひょうげん》したものが題目である。

参考 接続詞《せつぞくし》の例

たとえば…例を述べる

なぜなら…理由を述べる

しかし…反対の内容を述べる

ところで…別の内容に移る

チェックテスト

1 次の文の説明に合うものを、あとから選びなさい。

① 筆者の考えや主張のこと。

② 筆者の意見を主張するために書かれた文章。

③ ニュースなどの中心点を示したもの。

ア 見出し　イ 結論

ウ 要点　エ 事実

オ 説明文　カ 論説文

2 次の文章を読んで、あとの問いに答えなさい。

海や川、池などの中には、肉眼《にくがん》で見えないような小さ

2 古文の読み方

参考 現在《げんざい》の日常語を口《こう》語《ご》、古い時代の書き言葉を文語というが、古文は文語で書かれている。口語と文語とでは、使う言葉にちがいはあるが、基本的《きほんてき》な文法は変わらない。

古文の読み方において注意すべき点には次のものがある。

	注意点	「徒然草」での例
①	古文は、**歴史的かなづかい**で書かれている。	言はざりし→言わざりし　言ふ→言う　言ひ→言い
②	**現代《げんだい》では使われていない言葉**が使われている。	人のがり(人のもとに)　ひがひがし(ひねくれた)
③	**言葉の意味**が現代とは異《こと》なっている。	おもしろし(おもむきがある)　をかし(おもしろい　など)

↳現在とは異なる、古文にある昔のかなづかいを、歴史的かなづかいという

最重要ポイント

口語は、**文語**が長い間に少しずつ変化してできあがったものであり、まったく異なる言葉ではない。

3 漢詩の読み方

参考 漢詩は対句《ついく》(言葉の形式をそろえる)が使われているので、リズムに気をつけて読む。

古代中国で書かれた詩のことを「**漢詩**」という。

絶句《ぜっく》　杜甫《とほ》
江碧《こうみどり》にして　鳥逾《いよいよ》々白く
山青くして　花然《も》えんと欲《ほっ》す
↳一行目と二行目が対句となる
今春《こんしゅん》　看《みすみす》又《また》過《す》ぐ
何《いず》れの日か　是《こ》れ帰年《きねん》ならん

川の水は深緑色で、鳥はまっ白だ。山は緑がこく、花は燃《も》えるように赤い。今春も、みるみるうちに過ぎてゆく。いつになったら故郷《こきょう》に帰れるのか。

ですか。現代語訳の中からぬき出しなさい。

(3) ――線③「情けない」という意味の言葉を、古文の中からぬき出しなさい。

答え

1 ① まわす　② かい

2 (1) 手紙　(2) おっしゃる　(3) 口をしき

考え方 **1** ①「は」を「わ」に直す。②「ひ」を「い」に直す。**2** 古文と現代語訳を読み比《くら》べる。(1)「手紙、文書、書物」のことで、現代でも使う言葉。(2)「言ふ」の尊敬《そんけい》語《ご》。(3) 現代語の「口おしい」に当たる。

12 古典に親しむ

国語

1 古典とは

参考 「漢文」は、中国の古典を日本語の語順で読むようにくふうしたものである。そのため、特殊《とくしゅ》な記号を用いて、読みやすくしている。

参考 「徒然草」は、今から約七百年前、鎌倉《かまくら》時代の末に書かれた随筆《ずいひつ》で、作者は、兼好法師である。

歴史《れきし》の中で尊重《そんちょう》され読みつがれてきた文章を「**古典**」という。「古典」には、「**古文**」（日本の古典）と「**漢文**」（中国の古典）の二つがある。まずは、「古文」を読んで「古典」の空気にふれてみよう。

【古文】 雪のおもしろう降《ふ》りたりし朝《あした》、人のがり言ふ《(う)》べき事ありて、①文《ふみ》をやるとて、雪のことなにとも言は《(わ)》ざりし返《かへり》事《ごと》に、「この雪いかが見ると一筆《ひとふで》のたまは《(わ)》せぬほどの、ひがひがしからん人の②おほ《(お)》せらるる事、聞き入《い》るべきかは《(わ)》。返々《かへすがへす》口を《(お)》しき御心《みこころ》なり」と言ひ《(い)》たりしこそ、を《(お)》かしかりしか。

（兼好法師《けんこうほうし》「徒然草《つれづれぐさ》」第三十一段《だん》）

【現代語訳《げんだいごやく》】 雪が趣《おもむき》深く降り積もった朝、ある人のもとに伝えることがあって手紙を送ったのだが、雪のことを何も言わなかった返事に、「この雪をどのように見るかと、一言もおっしゃらないほどの、ものの趣もわからない人のおっしゃることを、聞き入れるべきでしょうか。かえすがえすも③情《なさ》けない思いです」とあったのが、おもしろかった。

チェックテスト

1 次の言葉は歴史的かなづかいで書かれている。上の表を参考にして、現代かなづかいに直し、すべてひらがなで書きなさい。

① まはす　② かひ

2 上の「徒然草」を読んで、あとの問いに答えなさい。

(1) ——線①「文」とは何ですか。現代語訳の中からぬき出しなさい。

(2) ——線②「おほせらるる」とは、どういう意味

2 短歌

参考 「枕詞」の「たらちねの」は、「母・親」を導《みちび》く。

❶ **短歌とは…五・七・五・七・七の三十一音による定型詩。**

（「五七五」を「上の句」、「七七」を「下の句」という）

❷ **短歌の味わい方**

(1)作者の感動（主題）を読み取る

(2)リズムを感じ取る…句切《くぎ》れ、五七調、七五調など。

(3)表現技法を味わう…とう置法、体言止め、枕詞《まくらことば》など。

（ある特定の語句を導く言葉）

3 俳《はい》句《く》

参考 俳句は、和歌（短歌）から生まれたものであり、江戸《えど》時代初期に、松尾芭蕉《まつおばしょう》によって、文学にまで高められた。芭蕉の作品では、「おくのほそ道」が有名である。

❶ **俳句とは…五・七・五の十七音による定型詩。**

❷ **俳句の味わい方**

(1)「季語」（季節を表す言葉）から、季節を感じ取る。主な季語に次のものがある。

（「季語」は、古い暦（こよみ）がもとになる）

春	残雪・流氷・桜《さくら》・菜の花
夏	つゆ・わか葉・田植え・時鳥《ほととぎす》
秋	残暑・月・天の河《がわ》・すず虫
冬	小春・木がらし・大根・みかん

（「初日」「門松（かどまつ）」「こま」などは、「新年」の季節に入る）

(2)「や、かな、けり」などの「切れ字」（感動の中心と、意味が切れることを表す）から、作者の感動を読み取る。

最重要ポイント

詩・短歌・俳句とも、表現技法に注意しながら、主題（作者が何に感動しているか）を読み取っていこう。

---

② 短歌の上の句と下の句について説明しなさい。

① 上の句

② 下の句

③ 次の俳句の切れ字をぬき出しなさい。

閑《しずか》さや岩にしみ入る蝉《せみ》の声

答え

① エ

② ① 五七五の十七音。 ② 七七の十四音。

③ や

考え方 ① 体言止めは、文の最後を名詞《めいし》・代名詞で終える表現技法。 ③「閑さや」の「や」が切れ字。

11 詩・短歌・俳句

国語

1 詩

参考 詩の種類としては、他に内容《ないよう》から分けることもある。
叙情詩《じょじょうし》…作者の気持ちや感動を中心に書いた詩。
叙事詩…歴史《れきし》上の事件《じけん》や事がらを書いた詩。
叙景詩…美しい自然や景色を書いた詩。

参考 普通の文章の段落《だんらく》にあたるものを、詩では「連」という。連と連は、一行あける。

❶詩とは…**心に強く感じたこと**を、自分の言葉や調子によって短く言い表したもの。詩は、**感動を中心とした言葉**で書かれており、くわしい説明は省かれているが、その点において、読む者に感動をあたえることになる。

❷詩の種類…形式で分けると、次の三種類がある。

(1) **定型詩《ていけいし》**…五七調・七五調など、**一定のリズム**を持つもの。
(2) **自由詩**…**自由な形式**で、美しいリズムを持つもの。
↳最近の詩は、自由詩が多い
(3) **散文詩**…普通《ふつう》の文章に近いが、詩のリズムを持つもの。

❸詩の味わい方

(1) **作者の感動（主題）を読み取る**…作者が書こうとした考えや何に感動しているのかをつかむ。
(2) **表現《ひょうげん》・リズム**…作者の感動や考えが、どのような言葉や表現技法《ぎほう》、リズム、行と行、連と連の組み立てによって書き表されているかをつかむ。
(3) **情景《じょうけい》**…書かれている情景を想像《そうぞう》してみる。

チェックテスト

① 次の文の中で、「体言止め」が使われているものを選びなさい。

ア かれの走るすがたは、チーターのようだ。
イ 見てごらんよ、夜空にかがやくあの星を。
ウ はげしくふく風は、わたしをしかっていた。
エ あっと言う間に消えてしまった空のにじ。

昔話…「浦島太郎《うらしまたろう》」「金太郎」などの物語や、各地方に伝えられている民話や伝説など。

歴史《れきし》物語…「平家《へいけ》物語」など。

ぐう話…「イソップ物語」など。

文学的な物語…「風の又三郎《またさぶろう》」など。

起	話の起こり（発端《ほったん》）
承	話の広がり（発展）
転	話の高まり（転かん）
結	話の結び（結末）

❸**物語の読み方**…作者がうったえる主題をとらえるための読み方をする。

(1) **話のすじをとらえる**…登場人物の行動や、場面の移《うつ》り変わりなどから、話のすじをとらえる。

(2) **人物の心情《しんじょう》をとらえる**…会話や行動などから、その人の性格《せいかく》や心情の変化を読み取る。

(3) **主題をとらえる**…作者が物語をとおして伝えようとしている内容《ないよう》を読み取る。

最重要ポイント

作者の思想やうったえを深く読み取り、それについて、自分ならどうするかなどを考える。

3 伝記の読み方

❶**いつ・どこで**…その人がいつ、どこで生まれ、どのような環境《かんきょう》で育ったかを読み取る。

❷**考え・仕事**…その人がどんな考えを持ち、どのような仕事を、どのようにしたのかを読み取る。

④ 二十四の瞳《ひとみ》
⑤ 伊豆《いず》の踊子《おどりこ》
⑥ しろばんば
⑦ 金閣寺《きんかくじ》

ア 壺井《つぼい》 栄《さかえ》
イ 芥川龍之介《あくたがわりゅうのすけ》
ウ 井上《いのうえ》 靖《やすし》
エ 三島由紀夫《みしまゆきお》
オ 宮沢賢治《みやざわけんじ》
カ 川端康成《かわばたやすなり》
キ 新美南吉《にいみなんきち》

答え

1 ① ア ② エ ③ ウ ④ イ

2 ① イ ② キ ③ オ ④ ア ⑤ カ ⑥ ウ ⑦ エ

考え方 **2** 有名な作家やその作品は、覚えておこう。

10 物語・伝記

1 物語・伝記

参考 ある人物の一生を物語風に書いた、「伝記物語」もある。

❶**物語**…ある「**すじ**」にそって、まとまった話のある文章である。基本的《きほんてき》には、作者が**想像**《そうぞう》によってつくった、実《じっ》際《さい》にはない話や事がらになる。

❷**伝記**…**ある人物の一生**を、物語風にまとめた文章である。その人物が生きた時代の特色を紹介《しょうかい》しながら、その人物の人がらや行った仕事を書いている。

2 物語の読み方

参考 物語には次の種類がある。
神話…「古事記《こじき》」などの書物にのっている話を題材にした、「いなばの白うさぎ」など。

❶**物語の要素**《ようそ》

(1)**だれが、何が**…登場人物、その中心になる人物（主人公）の行動によって、話のすじが運ばれていく。

(2)**いつ**…どういう時代・季節・ときの出来事か。

(3)**どこで**…どういう場所・場面での話か。

(4)**何をどうした**…出来事がどのように展開《てんかい》していくか。
↓他に、「なぜ」(どのような理由や考えから)も、大事な要素になる

❷**物語の組み立て**…物語文にはいろいろな形があるが、だいたい次のように「**起**《き》↓**承**《しょう》↓**転**《てん》↓**結**《けつ》」の流れとなっている。

チェックテスト

1 次の物語における起承転結を、あとから選びなさい。

① 話の起こり
② 話の結び
③ 話の高まり
④ 話の広がり

ア 起　イ 承
ウ 転　エ 結

2 次の作品の作者名を、あとから選びなさい。

① くもの糸
② ごんぎつね
③ 注文の多い料理店

意味段落の二つがある。形式段落…一字下げて書き出し、行を変えるまでのまとまりのこと。意味段落…内容のまとまりにより大きく区切った段落。

参考 特に文学的文章では、表現《ひょうげん》を味わうということも読み方の重要な要素《ようそ》である。比《ひ》ゆ（たとえ）やとう置などの表現技法《ぎほう》、あるいは、作者の個性的《こせいてき》な書き方などに注意しながら読む。

(2) 文章の中の**重要な段落《だんらく》**、文章や段落の中の**重要な語句**、**中心になる文**をとらえる。

(3) 段落の中の**要点**（重要な点）をとらえて、段落と段落の関係をはっきりさせながら、**接続語《せつぞくご》**や**指示語《しじご》**に気をつけて、文章全体を手短にまとめる。

↓要点を使って文章を短くまとめることを「要約」という

(4) **要旨**をつかむ。

❷文学的文章

(1) 文や文章の流れにそって、**いつ、どこで、だれが、なぜ、どうした**などの、話の「**すじ**」を読み取る。

(2) **情景《じょうけい》**や、登場人物の**関係・言動・心情**などを考えていく。

↓「情景」とは、特定の感情をうむような場面のこと

(3) **主題**をつかむ。

最重要ポイント

説明的文章では筆者の主張を正しくつかむこと、文学的文章では作者の思想や感動を味わうことが重要である。

3 いろいろな読み方

❶音読…声に出して読み、文章や作品をとらえる読み方。

❷朗《ろう》読《どく》…情景や人物の心情などをとらえ、音読する読み方。

❸黙《もく》読《どく》…声に出さず、内容をとらえる読み方。

答え

1 ①イ ②ア ③ア ④イ ⑤イ ⑥ア ⑦イ

2 (例) ①文学的文章における、作者の思想や感動、うったえたいことなど。 ②説明的文章における、筆者の考えや主張など。 ③情景や人物の心情などをとらえて、声に出す読み方。 ④リズムや形にとらわれない、普通の文章。

考え方 1 ⑥「論説文」は新聞の社説などの筆者の意見を説明した文章をいう。 2 主題と要旨は、分けて考えること。

9 文章の読み方

国語

1 文章の種類

参考 文章は、その形やリズムから、次のように分類することもある。
散文《さんぶん》…リズムや形にとらわれない、普通《ふつう》の文章。
韻文《いんぶん》…詩・短歌・俳句《はいく》など、一定の形やリズムを持った文章。

いろいろな種類の文章があるが、**説明的文章**と**文学的文章**に大きく分けることができる。読み取り方が異《こと》なってくるので、その特色をとらえる。

文章	特色	例
説明的文章	内容《ないよう》を正確《せいかく》に理解《りかい》しながら読む必要のある、説明文などの文章。筆者の考えや主張《しゅちょう》の中心となる部分を要旨《ようし》という。	説明文 論説文《ろんせつぶん》 解説文 報告文《ほうこくぶん》
文学的文章	楽しんだり想像《そうぞう》豊《ゆた》かに味わったりして読む、小説などの文章。作者のうったえたいことや思想を主題《しゅだい》という。	物語(小説) 随筆《ずいひつ》 紀行文《きこうぶん》 詩歌《しいか》

「詩歌」とは、詩・短歌・俳句などの文章である↲

2 文章の読み方

参考 説明的文章の段落分けには、形式段落と

❶説明的文章

(1) 文や文章の流れにそって、細かい点にも注意しながら内容を読み取っていく。

チェックテスト

1 次の文章の種類を、あとから選びなさい。

① 短歌
② 報告文
③ 解説文
④ 小説
⑤ 紀行文
⑥ 論説文
⑦ 随筆

ア 説明的文章
イ 文学的文章

2 次の語句を説明しなさい。

① 主題　② 要旨
③ 朗読　④ 散文

も前にくる文もある。このような文を、とう置文という。

例　きれいだ、海は。学生です、兄は。

参考　文には「…だ。」「…である。」という常体《じょうたい》の文と、「…です。」「…ます。」という敬体《けいたい》の文がある。一つの文章では、そろえて書くのが原則《げんそく》である。

	主語と述語の基本形	例
①	何が（は）　どうする。 動詞《どうし》が述語になる。	花が　さく。 母は　歩く。
②	何が（は）　どんなだ。 形容詞《けいようし》・形容動詞が述語になる。	空が　青い。 海は　静かだ。
③	何が（は）　なんだ。 「名詞＋だ・です」が述語になる。	あれが　学校だ。 妹は　年少です。

↳初めに主語と述語をつかみ、そのあとから修飾語をおさえる

最重要ポイント

主語は、「～が（は）」以外の場合もある。

わたし**も**行く。水**さえ**おいしい。君**こそ**勝者だ。

3 文の構成《こうせい》

参考　文の中には、主語、あるいは、述語が省略《しょうりゃく》されているものもあるので、気をつけよう。

❶ **単　文**…主・述の関係が**一つ**の文。

例　寒い　冬が（主語）　まもなく　来る（述語）。

❷ **重　文**…単文が二つ以上、**対等**につながってできた文。

例　兄は（主語①）　中学生で（述語①）、妹は（主語②）　小学生だ（述語②）。

❸ **複《ふく》　文《ぶん》**…主・述の関係が、**他の主語や述語を修飾する文**。

例　これは（主語①）、わたしの（主語②）　借りた（述語②）　本です（述語①）。

↳「わたしの・借りた」という主・述の関係が、「本（です）」を修飾

2 次の文の構成を、あとから選びなさい。

① 大人は働き、子どもは勉強する。

② 雨のたくさん降《ふ》る季節が、近づいた。

③ 赤い服を着た女の子は、わたしの妹です。

ア 単文　イ 重文　ウ 複文

答え

1 ① 客船が・ア　② 山は・イ　③ 建物は・ウ　④ 海も・イ

2 ① イ　② ウ　③ ア

考え方　**2** ② 「雨の・降る」という主語・述語関係が「季節」を修飾している。

8 文の組み立て

国語

1 文とは

注意 文章と文を同じ意味で使う場合もあるが、はっきりと分けて考えることが必要である。

参考 文の種類には次のものがある。

平じょ文…普通《ふつう》いっぱんのことを述べる文。

疑問文《ぎもんぶん》…相手に何かをたずねる文。

命令文…相手に命令したり禁止《きんし》したりする文。

感動文…感動を表す文。

❶**文　章**…一つの考えや感情《かんじょう》、事がらなどを述《の》べた言葉の集まりを**文章**という。

❷**段《だん》　落《らく》**…共通する意味でまとまった文章の一区切りを**段落**という。一字下げて始まり、終わりは改行する。

❸**文**…一つの考えや感情を人に伝える基本的《きほんてき》な言葉の単位を**文**という。文が集まって、段落や文章になる。文は、終わりに句点《くてん》（。）をつける。

↳読点（、）は文の意味のまとまりを示すはたらきを持つ

❹**文の組み立て**…文は、主語や述語《じゅつご》、主語や述語をくわしく説明する修飾語《しゅうしょくご》などによって組み立てられている。

大きいものから順に
文章↓段落↓文 になるよ。

2 文の基本形

参考 述語が、主語より

文の基本は、**主語**と**述語**である。日本語では、述語は最後に、主語は述語より前にくるのが普通である。主語と述語の関係は、次の三つが基本になる。

チェックテスト

1 次の文の主語に——線を引き、主・述の関係をあとから選びなさい。

① 今日の　朝、港に　外国の　白い　客船が　入った。

② とても　美しいね、向こうに　見える　山は。

③ あの　大きな　建物は、この　町の　図書館だ。

④ 荒々《あらあら》しい　冬の　海も　なかなか　みごとだ。

ア 何が（は）　どうする

イ 何が（は）　どんなだ

ウ 何が（は）　なんだ

参考 指示語の問題では、「この本」「そんな問題」などのように、指示語の直後の言葉が、手がかりとなる。

指すもの	こ	そ	あ	ど	種類
もの	これ	それ	あれ	どれ	代名詞
場所	ここ	そこ	あそこ	どこ	
方角	こちら	そちら	あちら	どちら	
指定	この	その	あの	どの	連体詞
様子	こんなだ	そんなだ	あんなだ	どんなだ	形容動詞

指示語でも言葉の種類は異なる

最重要ポイント 指示語は、すぐ前に出た語句《ごく》を指すことが多いが、文や段落《だんらく》全体を指す場合もある。

3 敬語《けいご》の使い方

参考 尊敬語とけんじょう語はセットで覚えるとよい。

例 言う・見る

尊敬語
おっしゃる・ごらんになる

けんじょう語
申し上げる・はい見する

敬語とは、相手や第三者をうやまう表現《ひょうげん》方法で、次の三種類がある。

（第三者：そのことに直接関係のない人）

❶**ていねい語**…「です」「ます」を文末に使う言い方。

例 わたしは五年生です。

❷**尊敬語《そんけいご》**…相手に敬意を表す言い方。

（相手の動作に用いる表現）

例 お客様がお茶をめしあがる。

❸**けんじょう語**…自分がへりくだって話す言い方。

（自分の動作に用いる表現）

例 校長先生から賞状《しょうじょう》をいただく。

身内の動作にはけんじょう語を使うよ。

行った。①そこまで電車に乗ったが、車内でぼうしをなくしてしまった。②それは父からもらった大切なものだった。

3 次の文は、「ていねい・尊敬・けんじょう」のどの敬語表現ですか。

① これは、わたしのくつです。

② 先生がいらっしゃいました。

③ 父がうかがいます。

答え

1 ①ア ②ウ ③イ

2 ①野球場 ②ぼうし

3 ①ていねい ②尊敬 ③けんじょう

考え方 **1** （　）の前後の内容が、どのような関係になっているかに注意する。

7 言葉の種類とはたらき (2)

国語

1 接続詞《せつぞくし》

注意 接続詞と他の語を見分ける必要がある。

例 また

あなたは、よく遊び、また、よく学ぶ人だ。〔並列の接続詞〕

晴れたかと思ったら、また雨だ。〔副詞〕

参考 接続詞のはたらきには次のものもある。

補足《ほそく》…前の内容に説明をつけ加える。

例 なぜなら・ただし

接続詞とは、前後の語や文をつなぐはたらきをする言葉である。主なものに次のようなものがある。

名称《めいしょう》	具体的なはたらき	例
並列《へいれつ》	同じような内容《ないよう》の文をつなぐ。	また・および ならびに
添加《てんか》	前の内容にあとの内容をつけたす。	そして・しかも それから
順接《じゅんせつ》	原因《げんいん》と結果の関係となる。	だから・それで したがって
逆接《ぎゃくせつ》	前の内容と逆の内容をつなぐ。	しかし・だが けれども

例 かれはよく勉強する。**だから**、成績《せいせき》が良い。〔順接〕

↳「ゆえに」などの接続詞でもよい

例 雨がふりました。**けれども**、遠足に行きました。〔逆接〕

↳「しかし」などの接続詞でもよい

2 指示語《しじご》

指示語とは、物事を指し示《しめ》す言葉である。何度も同じ内容をくり返す場合、指示語を使うと文章がすっきりする。また、語形によって指し示すものが変化する。

チェックテスト

1 次の（　）に入る接続詞を、あとから選びなさい。

① 給食はおいしい。（　）、ただおいしいだけではだめだ。

② この本は売れている。（　）おもしろいからだ。

③ 試合でゴールを決めた。（　）チームも勝利した。

ア しかし　イ そのうえ　ウ なぜなら

2 次の——線部の指示語が指す言葉を答えなさい。

父と野球場に試合を見に

❷**形容詞**…物事の**性質**《せいしつ》や**状態**《じょうたい》を表し、言い切りの形が「…い」になる。使い方によって、形が**変化する**。

例 高い・軽い・明るい・美しい・やさしい

広かろう・広かった・広く・広ければ

❸**形容動詞**…物事の**性質**や**状態**を表し、言い切りの形が「…だ」になる。使い方によって、形が**変化する**。

例 正直《しょうじき》だ・きれいだ・ほがらかだ・不思議だ

静かだろう・静かだった・静かに・静かで・静かな・静かなら

最重要ポイント

名詞を**体言**、動詞・形容詞・形容動詞を**用言**という。

参考 動詞・形容詞・形容動詞には、次のようなはたらきがある。

・述語

例 花がさく。

空が青い。

風があたたかだ。

・修飾語

例 よく笑う人だ。

重いカバンだ。

3 副詞《ふくし》・連体詞《れんたいし》

❶**副　詞**…主に動詞・形容詞・形容動詞を修飾する言葉。形は**変化しない**。

例 ゆっくり話す・たいへん美しい・とても元気だ

けっして落とさない・まるで雪のようだ

↳「けっして」「まるで」などは、ある決まった言葉とともに使われる

❷**連体詞**…名詞を修飾する言葉。形は**変化しない**。

例 大きな自動車・おかしな話・あの人・たいしたこと

注意 「大きな」「おかしな」は、「大きい」「おかしい」という形容詞が変化したものではない。

ア 動詞　イ 形容詞

ウ 形容動詞　エ 副詞

オ 連体詞

3 次の（　）に入る言葉を、あとから選びなさい。

①（　）休んだのですか。

②（　）休むでしょう。

③（　）休んでください。

ア たぶん　イ ぜひ

ウ なぜ

答え

1 ① イ ② ウ ③ エ ④ ア

2 ① ウ ② イ ③ ア ④ オ ⑤ エ ⑥ イ ⑦ ア ⑧ ウ

3 ① ウ ② ア ③ イ

考え方 **3** 決まった言い方で使われる副詞。

6 言葉の種類とはたらき (1)

国語

1 名《めい》詞《し》

参考 名詞は、主語になる以外にも、他の言葉をともなって文中でいろいろなはたらきをする。

・主語 例 山が見える。

・述語《じゅつご》 例 あれは山だ。

・修飾語《しゅうしょくご》 例 父と山に登る。

❶名　詞…ものや事がらの名前を表す言葉。「が」や「は」をともなって、主語になる。言葉の形は変化しない。

例 富士山《ふじさん》は、日本でもっとも高い山だ。

↳「富士山」「日本」は固有名詞、「山」は普通名詞である

❷名詞の種類

種類	内容	例
普通《ふつう》名詞	いっぱんのものや事がらの名前	学校 自動車
固有《こゆう》名詞	人名、地名などの決まった名前	東京 ドイツ
数《すう》　詞《し》	物事の数量や順序《じゅんじょ》を表す言葉	一つ 十五日
代名詞	名詞の代わりに使われる言葉	これ あなた

2 動詞《どうし》・形容詞《けいようし》・形容動詞《けいようどうし》

❶動　詞…ものの動きや作用を表し、言い切りの形が「ウ段《だん》の音」になる。使い方によって、形が変化する。

例 読む・見る・食べる・する・くる

歩かない・歩きます・歩けば・歩こう・歩いた

チェックテスト

1 次の名詞の種類を、あとから選びなさい。

① 五月五日　② 太平洋

③ そちら　④ 百貨店

ア 普通名詞　イ 数詞

ウ 固有名詞　エ 代名詞

2 次の言葉の種類を、あとから選びなさい。

① 冷ややかだ

② 冷たい　③ 冷める

④ いろんな　⑤ おそらく

⑥ おそろしい

⑦ おそれる

⑧ おごそかだ

ことわざには、意味が反対のもの、意味が同じようなものがある。

例 まかぬ種は生えぬ ↕ 果報《かほう》はねて待て
↳「よい運・幸せ」という意味

好きこそものの上手なれ ↕ 下手の横好き

猿《さる》も木から落ちる ＝ 弘法《こうぼう》にも筆のあやまり

ねこに小判《こばん》 ＝ 馬の耳に念仏《ねんぶつ》 ＝ ぶたにしんじゅ
↳価値がわからないことから、何の役にも立たないことのたとえ

3 故事成語《こじせいご》

参考 日本の故事から生まれた言葉もある。

例 敵《てき》に塩を送る…上杉謙信《うえすぎけんしん》が、敵対する武田信玄《たけだしんげん》に塩を送って助けた、という故事から。
↓敵が苦しんでいるときに、弱みにつけこむのではなく、救《すく》いの手を差しのべる。

昔の**出来事**や**言い伝え**（**故事**）がもとになって生まれた言葉。そのほとんどが、中国で生まれている。

例 一炊《いっすい》の夢《ゆめ》

昔、中国の青年が、めし屋で借りたまくらでひるねをしたところ、あわが炊《た》きあがらない、わずかな間に自らの一生の夢を見たことで、人生のはかなさを知ったことから。
↳穀物（こくもつ）の一つ
↓人生の栄華《えいが》は夢のようにはかないことのたとえ。

最重要ポイント
故事成語は、もとになった故事を知っていると、その意味がはっきりと理解《りかい》できる。

④ 残りものには（　　）がある

3 次の故事成語の意味を、あとから選びなさい。

① 蛇足《だそく》　② 四面楚歌《しめんそか》
③ 逆鱗《げきりん》にふれる

ア 周囲《しゅうい》がみな敵《てき》であること。
イ 余計《よけい》なこと。
ウ 目上の人の怒《いか》りをかうこと。

答え

1 ① ウ　② ア　③ イ　④ エ
2 ① 花　② 目薬　③ 川　④ 福
3 ① イ　② ア　③ ウ

考え方 **1** ①「舌を巻く」とは感心すること。**2** ③ 上手な人でも失敗することのたとえ。**3** ② 敵国の歌が周りから聞こえる故事から。

5 慣用句・ことわざ・故事成語

国語

1 慣用句《かんようく》

参考 「目・口・耳・鼻」を使ったものが多い。

例 目を細める・口がかたい・耳がいたい

二つ以上の言葉が結びついて**特別な意味**を表すようになった言葉。体の一部を用いたものが多い。人生の**教え**や生活するうえでの**教訓**・**知恵**《ちえ》がこめられている。

例 顔にどろをぬる（人にはじをかかせる、面目《めんぼく》をつぶす。）

例 気が置けない（えんりょがいらない。）
↳「安心できない」という意味ではない

2 ことわざ

参考 ことわざの表現《ひょうげん》には、たとえを用いたものやリズム感を持たせたものがある。

例 たとえ
どんぐりのせい比《くら》べ
たなからぼたもち

例 リズム感
魚心あれば水心
備《そな》えあればうれいなし

昔から言いならわされてきた言葉。人生の**教え**や生活するうえでの**教訓**・**知恵**がこめられており、次のような形がある。

	文の形	例
①	何が（は）　どうする	能《のう》あるたかはつめをかくす せいては事を仕損《しそん》じる
②	何が（は）　どうである	情《なさ》けは人のためならず 仏《ほとけ》の顔も三度
③	（何を）　どうせよ	かわいい子には旅をさせよ 習うよりも慣《な》れろ

チェックテスト

1 次の（　）に入る体の一部を表す言葉を、あとから選びなさい。

① （　）を巻《ま》く
② （　）を張《は》る
③ （　）に余《あま》る
④ （　）が高い

ア 胸《むね》　イ 目
ウ 舌《した》　エ 鼻

2 次の（　）に入る言葉を答えなさい。

① （　）よりだんご
② 二階から（　）
③ かっぱの（　）流れ

❹**複合語**《ふくごうご》…二つ以上の言葉が組み合わさって新たに別の語となった言葉。

例 走り出す…走る＋出す　泣き声…泣く＋声

3 熟語《じゅくご》の成り立ち

二字熟語の構成《こうせい》（成り立ち）には、次のようなものがある。

	構成（成り立ち）	例
①	似《に》た意味の字を重ねたもの	行進・絵画
②	反対の意味の字を重ねたもの	高低・苦楽
③	上の字が下の字を修飾《しゅうしょく》するもの	早春・寒風
④	下の字が上の字の目的や対象《たいしょう》になるもの	読書・登山
⑤	上の字が主語で下の字が述語《じゅつご》のもの	人造《じんぞう》・国立
⑥	上に打ち消しの言葉がついたもの	不安・無限《むげん》
⑦	下に接尾語《せつびご》がついたもの	急性《きゅうせい》・電化
⑧	長い熟語を省略《しょうりゃく》して短くしたもの	国連・入試

↳③は「急行」「再会」のように、上の字が下の字の行動・動作を修飾するものもある

最重要ポイント
熟語の構成とともに、「意外＝案外」のような**類義語**《るいぎご》や、「反対↔**賛成**《さんせい》」のような**対義語**も覚えておこう。

参考 三字熟語の構成の主なものは、以下のとおりである。

例
・物理学（二字＋一字）
・初対面（一字＋二字）
・不可能《ふかのう》（打ち消しの漢字＋二字）
・衣食住（三字が対等）

ア 明暗　イ 頭痛《ずつう》
ウ 生産　エ 投球

3 次の①・②は同じ意味、③・④は反対の意味の熟語をあとから選びなさい。

① 賛成　② 欠点
③ 原因《げんいん》　④ 集合

ア 解散《かいさん》　イ 短所
ウ 同意　エ 結果

答え

1 ① イ　② エ　③ ア
④ ウ
2 ① エ　② ウ　③ ア
④ イ
3 ① ウ　② イ　③ エ
④ ア

考え方 **1** 言葉の意味は、文中での使われ方から考える。

4 言葉の意味

国語

1 言葉の意味

注意 その言葉が、文章中でどのような意味で使われているかは、国語辞典で調べ、適切《てきせつ》な意味をとらえること。

言葉の意味を文脈《ぶんみゃく》の中で正しくとらえ、その使い方に慣《な》れることが、文章の読解《どっかい》や作文の力をのばすもととなる。

例 「ゆるい」
・くつがゆるい。（大きくてぴったりしない。）
・この坂はゆるい。（なだらかである。）
・守りがゆるい。（きびしくない。）
↳他にも「結び目がゆるい。」などと使う場合もある

2 日本語の種類

参考 「複合語」とは、もとは別々の二語であったものだが、つながりが強いために分けられないものをいう。例えば、「古くさい」には「くさい」とあるが、もとの意味は弱まっている。

日本語は、和語、漢語、外来語などに分けられる。

❶**和　語**…もともと日本で使われていた言葉。
例 やま・あるく・ながい・おだやかだ

❷**漢　語**…中国から入ってきた言葉や日本で漢字の音を組み合わせて作った言葉。
例 安全・未来・文明・行動・自然・美術《びじゅつ》

❸**外来語**…主に西洋から入ってきた言葉で、今は日本語のように使われている言葉。
例 カステラ・ピアノ・マンション・コップ

チェックテスト

1 次の――線部の意味を、あとから選びなさい。

① 店の料理がうまくなった。
② 実験がうまくいく。
③ 習字がうまくなりたい。
④ 友達とうまくやっている。

ア 技術《ぎじゅつ》がすぐれている。
イ 味がよい。
ウ 仲がよい。
エ 思い通りになる。

2 熟語の構成が同じものを、あとから選びなさい。

① 習字　② 断絶《だんぜつ》
③ 強弱　④ 市営《しえい》

2 漢字の書き方

注意 「臣」「必」「飛」「乗」「帳」などの漢字は、試験にもよく出るので、筆順を正確《せいかく》に覚えておこう。

注意 はらいが先になるのが「右」、あとになるのが「左」である。

❶**筆　順**…書きやすい、形を整えやすい、はやく書けるという観点から考えられた、**漢字の書き順**。

❷**筆順の原則《げんそく》**

	原則	例	例外
①	上から下へ	三・重	
②	左から右へ	川・林	
③	横から先に	十・土	田・日
④	中から左右へ	小・赤	火・性《せい》
⑤	外側から中へ	内・国	歯・医
⑥	左はらいから先に	文・父	力・刀
⑦	つらぬく縦画《たてかく》は最後に	半・中	里
⑧	つらぬく横画は最後に	女・毎	世
⑨	横画から左のはらいへ	左・友・在《ざい》	右・有・布《ぬの》
⑩	走は先、辶は最後に	起・述《じゅつ》	

3 漢字の書体

参考 行書をさらにくずした草書もある。

❶**楷《かい》　書《しょ》**…一点一画を正確に書く書体。

例 海・花・初

❷**行《ぎょう》　書《しょ》**…点画を続けたり、少しくずしたりした書体。

例 海・花・初

① 強（　）画
② 昼（　）画
③ 逆（　）画
④ 師（　）画

3 次の漢字と画数が同じものを、あとから選びなさい。

① 第　② 級

ア 船　イ 開　ウ 持
エ 性　オ 村　カ 馬

答え

1 ① 感想　② 完走　③ 減少　④ 現象　⑤ 器械　⑥ 機会　⑦ 解　⑧ 説　⑨ 織　⑩ 折

2 ① 11　② 9　③ 9　④ 10　**3** ① ア　② ウ

考え方 **2** ① 「弓」は3画である。

3 漢字の書き

国語

漢字には、読み方が同じでも意味のちがうものがある。正しく使い分けよう。

❶**同音異字《いじ》**…音読みは同じでも、意味や形のちがう漢字。

例 イ…以・衣・位・囲・医・委・易・移・意

例 トウ…当・灯・投・島・刀・冬・答・登・等・統

❷**同訓異字**…訓読みは同じでも、意味や形のちがう漢字。

例 のぼる…上る・登る

例 つとめる…務める・努める

❸**同音異義語《いぎご》**…音読みは同じでも、意味が異《こと》なる熟語《じゅくご》。

例 イギ…意義・異義

例 カンショウ…観照・観賞・官省・完勝

最重要ポイント

どの漢字や熟語を使うかは、その漢字の持つ意味を正しく理解《りかい》するとともに、文の前後の内容《ないよう》から判断《はんだん》するとよい。

1 漢字の使い方

参考 同音異字や同訓異字の使い分け方

同音異字は訓読みを手がかりとする。

「易」「移」は、「易《やさ》しい」と「移《うつ》る」。「等」「投」は、「等しい」と「投げる」。

同訓異字は熟語をつくって手がかりとする。

「務める」は「任務《にんむ》」、「努める」は「努力」となる。いずれも意味のちがいを参考に正しく使い分ける。

チェックテスト

1 次の――線部のかたかなを漢字に直しなさい。

① カンソウ文を書く。

② マラソンをカンソウする。

③ 人口がゲンショウする。

④ 不思議な自然ゲンショウ。

⑤ キカイ体操《たいそう》。

⑥ 絶好《ぜっこう》のキカイ。

⑦ 問題をトく。

⑧ 人の道理をトく。

⑨ 布をオる。

⑩ 枝《えだ》をオる。

2 次の漢字の画数を、算用数字で書きなさい。

参考 二字以上の漢字が組み合わさった熟語になると、「訓読み」と「音読み」を交ぜて読まないのが基本。

例 牧場
○ボクジョウ
×まきジョウ
×ボクば
○まきば

❶**音読み＋音読み**…上下とも音で読む。

例 国語（コクゴ）　食事（ショクジ）　電池（デンチ）

❷**訓読み＋訓読み**…上下とも訓で読む。

例 朝日（あさひ）　海風（うみかぜ）　野原（のはら）

❸**重箱《ジュウばこ》読み**…上を音、下を訓で読む。

例 駅前（エキまえ）　客間（キャクま）　絵心（エごころ）

❹**湯桶《ゆトウ》読み**…上を訓、下を音で読む。

例 店番（みせバン）　手本（てホン）　大勢（おおゼイ）

3 特殊《とくしゅ》な読み方

注意 まちがえやすい熟語の読み方

例 合図《あいず》・率先《そっせん》・屋内《おくない》・気性《きしょう》・戸外《こがい》・発作《ほっさ》・都合《つごう》

❶**特殊な読み方の熟語**…昔からの習慣《しゅうかん》で、決まった読み方をするもの。

例 境内《けいだい》・風情《ふぜい》・兄弟《きょうだい》・弟子《でし》・修業《しゅぎょう》

❷**全体で特別な読み方をする熟語**…「熟字訓《じゅくじくん》」という。

例 今日《きょう》・今朝《けさ》・果物《くだもの》・七夕《たなばた》・部屋《へや》・眼鏡《めがね》
↳「こんにち」と読むこともある

最重要ポイント
一字で読んで意味がわかりにくい場合は**音読み**。送りがながつく、または一字でも意味がわかりやすいものは**訓読み**。

⑤苦い　⑥治る
⑦省く　⑧応える
⑨川原　⑩友達
⑪迷子　⑫景色
⑬八百屋　⑭真面目

答え

1 ①ウ　②ア　③イ　④イ　⑤エ　⑥ア　⑦ウ　⑧エ

2 ①せきがいせん　②とうてん　③こうたい　④けいば　⑤にが　⑥なお　⑦はぶ　⑧こた　⑨かわら　⑩ともだち　⑪まいご　⑫けしき　⑬やおや　⑭まじめ

考え方 **1** ①・⑦は音＋訓の「重箱読み」、⑤・⑧は訓＋音の「湯桶読み」。**2** ⑤〜⑧は送りがなに注意。⑨〜⑭は「熟字訓」である。

2 漢字の読み

国語

1 音読み・訓読み

参考 大部分の漢字には音と訓の二つの読みがあるが、中には、音読みだけのもの、訓読みだけのものがある。

例 音読みだけ …法・茶・算
訓読みだけ …畑・箱・貝

注意 訓読みの場合は、「細《ほそ》い」「細《こま》かい」のように、送りがなに注意して読む。

❶**音読み**…中国での発音のしかたをもとにした読み方。生まれた時代や地域《ちいき》のちがいから、次のようないろいろな音がある。

名称《めいしょう》	具体的な特徴《とくちょう》	例
呉音《ごおん》	中国の南の地方（長江下流《ちょうこうかりゅう》）から伝えられた音。	行事《ぎょうじ》 一行《いちぎょう》
漢音《かんおん》	遣隋使《けんずいし》や遣唐使《けんとうし》など、隋、唐との交流で伝えられた音。	旅行《りょこう》 行動《こうどう》
唐音《とうおん》	わりあいに新しい、宋《そう》、元《げん》、明《みん》、清《しん》などの音。	行宮《あんぐう》 行在《あんざい》

↳「呉音」は、「お経（きょう）」のように仏教関係の語に多い

❷**訓読み**…日本の言葉をあてはめた読み方。漢字の意味にあたる。

2 熟語《じゅくご》の読み方

熟語は、「**音読み＋音読み**」、「**訓読み＋訓読み**」が基本《きほん》だが、中には例外もある。

チェックテスト

1 次の熟語の読み方を、あとから選びなさい。

① 残高 ② 形式
③ 広場 ④ 初雪
⑤ 指図 ⑥ 学習
⑦ 台所 ⑧ 身分

ア 音読み＋音読み
イ 訓読み＋訓読み
ウ 重箱読み
エ 湯桶読み

2 次の漢字の読み方を書きなさい。

① 赤外線 ② 読点
③ 交代 ④ 競馬

種類	特徴《とくちょう》	例
表音文字	発音だけを持つ	ひらがな・かたかな・ローマ字
表意文字	発音と意味を持つ	漢字

3 漢字の種類

参考 転注《てんちゅう》文字と仮借《かしゃ》文字もある。

転注文字…もとの意味が変化し、新しい意味を持つようになった文字。

例 音楽は楽しいので、「楽」を「たのしい」と読む。

仮借文字…音だけを借りて他の意味に用いた文字。

例 露西亜（ロシア） 英吉利（イギリス）

❶**象形文字**…**ものの形**を写した絵がもとになってできた文字。

例 →山 →川 →雨 →門 など。

❷**指事《しじ》文字**…形で表せない事がらを、点や線で示した文字。

例 →上 →下 →中 →本 など。

❸**会意《かいい》文字**…二つ以上の漢字の意味を組み合わせて、新しい意味を持たせた文字。

例 日＋月→明 山＋石→岩

❹**形声《けいせい》文字**…**音を表す部分**と**意味を表す部分**を組み合わせてつくった文字。

例 板＝木（意味）＋反（音）「ハン」の音を表す 紙＝糸（意味）＋氏（音）「シ」の音を表す

最重要ポイント 形声文字の成り立ちを知ると、版・飯・阪・販は「ハン」、級・吸・汲は「キュウ」と読むことがわかる。

す文字を（④）と言う。

ア 表音文字 イ 意味 ウ 表意文字 エ ローマ字

3 次の漢字の種類を、あとから選びなさい。

① 鳴 ② 草 ③ 森 ④ 清 ⑤ 末 ⑥ 肉

ア 象形文字 イ 指事文字 ウ 会意文字 エ 形声文字

答え

1 ① 中国・絵 ② 全体・一部分

2 ① エ ② ア ③ イ ④ ウ

3 ① ウ ② エ ③ ウ ④ エ ⑤ イ ⑥ ア

考え方 **3** ④「氵（さんずい）」で「川・水」の意味、「青」で「セイ」の音を表す。

1 文字の起こりと漢字

1 文字の起こり

参考「畑・働」は、国字《こくじ》（日本でつくられた漢字）である。

参考 常用《じょうよう》漢字と学習漢字について

常用漢字…日常生活に使われる漢字のめやすを示《しめ》したもの。全部で二一三六字ある。

学習漢字…小学校で指《し》導《どう》すべき漢字。一〇二六字。

言葉の音声や意味を、決まった記号や形で表そうと考え、つくりだしたものが文字である。

❶**漢　字**…今から三千五百年以上も前に、中国でつくられた文字で、**絵文字→象形《しょうけい》文字→漢字**と発達してきた。

❷**ひらがな・かたかな**…奈良《なら》時代には、漢字の意味に関係なく発音だけを借りて日本語を表していた。平安《へいあん》時代に入ると、漢字全体をくずしたり、簡単《かんたん》にして書いたりするようになった。これが「**かな**」である。

・**ひらがな**…漢字全体をくずしたもの。

例 安→あ　以→い　衣→え

・**かたかな**…漢字の一部分を取り出したもの。

例 阿→ア　伊→イ　江→エ

2 表音文字・表意文字

現在《げんざい》、日本語を表すために用いられている文字は、**漢字・ひらがな・かたかな・ローマ字**である。これらの文字は表音文字と表意文字に分けられる。

チェックテスト

1 文字について説明した次の文の（　）に、適当《てきとう》な言葉を入れなさい。

① 漢字は、（　）でつくられ、（　）文字→象形文字→漢字と発達した。

② ひらがなは漢字の（　）を、かたかなは漢字の（　）を取り出したもの。

2 次の（　）に入る言葉を、あとから選びなさい。

ひらがなや（①）のように音だけを表す文字を（②）、漢字のように音や（③）を表

編集協力　マイプラン(英語)
デザイン　ブックデザイン研究所
図　版　デザインスタジオエキス.
写真提供
一般社団法人 MSC ジャパン／JA 宮崎経済連／トヨタ自動車株式会社／公益社団法人新潟県観光協会／日本気象協会 tenki.jp ／一般社団法人 日本有機資源協会 バイオマスマーク事業事務局／三菱電機／PIXTA　〈五十音順・敬称略〉

小5 全科の要点100%

編著者　小学教育研究会　発行所　受験研究社

発行者　岡本明剛

〒550-0013 大阪市西区新町2—19—15
注文・不良品などについて：(06)6532-1581(代表)／本の内容について：(06)6532-1586(編集)

Printed in Japan　寿印刷・高廣製本
落丁・乱丁本はお取り替えします。